食の文化フォーラム 35

甘みの文化

山辺規子 編

ドメス出版

巻頭言

甘みと人間――この抜き差しならぬ関係

南　直人
Minami Naoto
西洋史学

「ブラックコーヒー」というジャズヴォーカルの名曲がある。一九四八年にサラ・ヴォーンが歌ってヒットし、その後ペギー・リーのヴァージョンも有名となった。現れぬ恋人をむなしく待ちつづける女心を、砂糖なしの苦いコーヒーに象徴させてけだるく歌うのが何とも魅力的である。ということは逆に、愛しい人をハニーとよぶように、甘さは好ましさの象徴となるであろう。英語では「甘い」という言葉は、日本語とは異なり否定的な意味はほとんど含まれないようである。

人間にとって、生理的にも精神的にも甘いものは不可欠である。しかし自然界では、人間はさほど容易には甘味物を手に入れることはできなかったはずで、それゆえ人類は、甘みを獲得するためにあらゆる知恵を絞り努力を重ねてきた。甘みと人類との関係は長い片思いの歴史であったともいえる。そのかいあって現在では、全体としては甘いものに不自由することはなくなった。そうすると皮肉なことに、今度は人間は甘みを軽んじるようになってきた。それどころか、太るとか健康に悪いとか、甘みを敵視する風潮が近年とみに大きくなっている。自販機やコンビニの飲料売り場では無糖をアピールする飲料が幅をきかせ、甘さを抑えたお菓子やデザートが人気を博しているし、ダイエットに関しても当然甘みは基本的に排除すべき対象となる。

しかし、このように甘みに対する人間の側のまなざしが変化したとはいえ、デパ地下に行けば一目瞭然だが、やはり世の中に甘い食べものは氾濫しているし、ユネスコの無形文化遺産となった和食にしても、その調理法に甘みが重要な役割を演じていることは疑いない。人間はやはり甘みがなくては生きていけないのである。こうした抜き差しならぬ愛憎関係は、食文化研究のきわめて大きなテーマとなるのではないか。このような考えに沿って、二〇一六年度の食の文化フォーラムでは「甘みの文化」を年間テーマに選んだ。

人間と甘みの関係を考察するとなると、じつにさまざまな切り口があることがわかる。歴史的・地理的にみて砂糖やそれ以外の甘みはどのように利用されてきたのか、甘みを人間が純化・洗練させたお菓子の世界はどうなっているのか、人間の身体はどのように甘みを感知しそれの虜になっていくのか、そもそも人間にとって甘みとはどのような意味があるのか、などなど。人文・社会科学から自然科学まで、文理を融合した学際的な探求が必要になってくる。食の文化フォーラムはまさにそうした探求にふさわしい場であり、三回のフォーラムできわめて興味深い有益な議論が展開された。本書はその結晶であり、甘みを好む人も好まない人もぜひ手にとって味わっていただきたいと思う。

食の文化フォーラム35

甘みの文化

もくじ

第Ⅱ部　甘みの深化

第Ⅲ部　人はなぜ甘みに惹かれるのか

装幀　市川美野里

序章　「甘い」は「うまい」

山辺規子
Noriko S. Yamabe
西洋史・食文化研究

「甘い」は、もともと「うまい」という言葉が転じてできた言葉であるという。食の文化フォーラムの初年度『食のことば』によれば、とくに九州では甘いという味覚をうまいという。つまり、「甘い」食べものは「うまい」食べものであり、喜んで食べられる食べものである。(1)「うまい」と人びとが感じる「甘み」は、「うまい」からこそとりすぎることもありえる。

「甘み」をもつ糖類にはエネルギー源としての役割もあり、もともと身体が必要としているものである。身体が求めるものを食べるのが人間の本能だとすれば、人間はおそらくはるか昔から甘いものを求めてきた。「甘み」が貴重であれば、さらに強く追い求めてきた。たとえば、代表的な甘味料である砂糖。砂糖の追求は、各地の食の文化のみならず、砂糖の確保を求める諸国、砂糖生産が可能な地域の政治、経済、さらに自然環境にも大きな影響を与えた。とくに近世以降ヨーロッパでは、自国で生産ができないにもかかわらず、コーヒー、茶などに砂糖を加えて飲む文化が発達し、その海外進出に拍車をかけた。

近世ヨーロッパではまた、菓子職人が意匠に富んだ菓子文化を生み出し、それがさらに砂糖のニーズを高めた。菓子が「甘み」の食文化の中心に位置するのは、江戸時代に本格的に和菓子が発達する日本においても同様である。ただし、日本では、江戸時代後期から特色ある「甘み」をもつ料理がみられた。明治期に欧米から新しく洋菓子が入ってくることによって、さらに多様な「甘み」をもつ食文化が発達したことは特筆すべきことである。

現代の日本では、砂糖は容易に手に入る。その過剰摂取は肥満や糖尿病などの生活習慣病にもつながるとされる。「甘み」のある飲料は、缶やペットボトルで手軽に飲めたり、カフェなどでおしゃれに飲めたりするので、人びとは無意識のうちに多くの糖類を摂取する。そのために、砂糖を摂らない、摂りすぎないようにしようとする動きもあれば、魅力ある甘みをもつ食べものをなんとか健康的と思える方法で求める動きも出てくる。

このように考えると、「甘み」は、食文化の複雑な動き、食文化の光と影をもっともよく示すものだといえるのではないか。単なる味の一つとしての「甘味」、あるいは代表的な甘い食べものである「菓子」だけでなく、「甘み」が人類の食文化に対してもつ意味をさまざまな角度からとらえ直す。[2]「甘み」に着目しながら食文化を考える。そこには意義があるはずだ。このような立場から、二〇一六年度の食の文化フォーラムは「甘みの文化」をテーマとすることにした。

例年どおり、食の文化フォーラム「甘みの文化」は、二〇一六年六月、一〇月、二〇一七年三月と三回開催された。本書は、この三回のフォーラムをふまえて書き下ろし論考によりまとめたものだが、「甘みの文化」について、いろいろな見地から議論が展開されていて、読み応えのあるものになっていると自負している。

まず、第Ⅰ部は「甘みとの出合い」と題して、人間と「甘み」の関係を、人類の誕生から現代まで、長期的枠組みで、しかも世界的な広がりをもって考えてみることにした。関野吉晴氏による「甘みの発見」は、初期人類の食に始まり、極北シベリア、モンゴル、チベット、アマゾン流域、エチオピアなど現在の世界各地の伝統社会の食を考察し、「甘み」のある食の始原を問うている。「甘い」と意識される食べものは、果実やベリー類、蜂蜜や砂糖のような「甘み」をもつものだけではない。脂質などもまた「甘い」と意識されることを指摘している。世界中で調査した方らしい内容である。

これに対して、前川健一氏は、「アジアの甘さの勉強ノート——サトウキビの砂糖がなかった世界で」において、自身の主たる研究の場であるタイを中心としながら、アジア全体で「甘さ」のあり方を示す。アジアでは、あまり甘味料を使用しない地域がある一方、蜂蜜、ナツメヤシなどのヤシ類、多くの果物など多様な甘味料が利用されていることを指摘したうえで、前川氏はとくにタイを例にとって、さまざまな食文化の出合いの場における甘味料の存在、その意義に注目している。

かつて川北稔氏は『砂糖の世界史』(3) において、とりわけイギリスが砂糖を求め、砂糖によって生活文化をいかに変えていったかを示した。井野瀬久美惠氏の「砂糖が変えたイギリス近代」

は、この研究を受けながら最近の研究もふまえて、甘党化したイギリスをとらえ直しており、苛酷な砂糖生産がもたらした問題、リスペクタビリティをもつ「砂糖と紅茶」、甘党化したイギリスの文化の甘苦が文字どおり示されている。

なお山辺規子のコラム「古代日本の甘味料『甘葛煎《あまずらせん》』の再現」では、古代日本が独自に生み出し、後世姿を消した伝説的な甘味料「甘葛煎」が、近年奈良女子大学で復元されたことについて紹介している。

第Ⅱ部「甘みの深化」では、「甘み」のある食に、さまざまな材料と技術とによって、おいしく美しい魅力が与えられ，文化的な意味が与えられることについて考える。「甘み」のある食べものといえば、まず思い浮かぶのは菓子である。今の日本では、すばらしい菓子を味わうことができるが、その発展を、和菓子、洋菓子それぞれの歴史の流れのなかで考察している。

和菓子の歴史は、虎屋文庫における和菓子の歴史研究で知られる青木直己氏による。青木氏の「和菓子が求めた甘味」は、学術雑誌『和菓子』を刊行し和菓子研究の重要な中心である虎屋文庫での長年の研究をもとに、とりわけ江戸時代に大成する和菓子の歴史を浮かびあがらせている。

和菓子は、明治以降新たに西洋から入ってきた菓子を洋菓子としたのに対して、江戸時代までに確立した日本の菓子を意味する言葉である。したがって、南蛮人の渡来によって入ったカステラや金平糖などの南蛮菓子も、分類上では和菓子である。[4] 八百啓介氏のコラム「近代北部九州の産業社会と甘味」は、この南蛮菓子の伝統を引いて、近代北九州地域に発達した菓子文化に関するものである。「甘い」が「うまい」とされる九州のあり方を描くコラムとなっている。

洋菓子については、洋菓子職人でもあり多くの著書を世に送り出している吉田菊次郎氏にお願いした。フランスで修業をした洋菓子職人ならではの経験に加えて、自ら収集した料理書などから得られた知識をもとにした「パティシエの目からみた洋菓子」には、西洋菓子の魅力があふれている。

洋菓子についてはさらに、橋本周子氏のコラム「カレームとフランス菓子」がある。このコラムは、一九世紀初めのフランスの伝説的料理人にしてパティシエとしても著名なアントナン・カレームの菓子装飾デザインとその影響に関するもので、優雅なフランス菓子の本質をついている。

甘みのある食は菓子にとどまらない。料理一般で用いられる甘みも重要である。とりわけ日本料理には甘味料が多く使用されている。このような「甘み」のある料理については、調理学の専門家である中澤弥子氏の「甘みをとりこんだ日本料理」で取り扱う。中澤氏は、料理書や統計資料など広汎な資料に基づき、歴史的発展、地域差などを意識しながら、砂糖とみりんという代表的な甘味料を利用するようになった実態を明らかにしている。

この第Ⅱ部の論考はいずれも、「甘みをもつ食物」の魅力を示している。甘みは、味覚として魅力的なだけではない。「甘みのある食」のために、さまざまな技術が駆使されて、モノそのものだけでなく、わくわくする環境、心地よい音楽、甘い香りなどの食の場が設定され、視覚、聴覚、嗅覚など五感に訴えられると、その魅力はさらに増すように感じられる。

しかし、今の日本を考えてみると、必ずしも「甘み」の魅力ばかりが脚光を浴びているわけではない。たとえば、糖質制限ダイエットの流行。炭水化物をとらないというダイエットだが、当然のように甘いものは避けるべきだといわれる。砂糖の害が喧伝され、甘味料の摂取は抑えるべきという考えが影響力をもっていることは、砂糖の一人当たりの消費量が減っていることからもうかがえる。一方、魅力があるからこそ、逆に禁欲的な立場から忌避されてしまうということもありえる。第Ⅲ部「人はなぜ甘みに惹かれるのか」は、このような「甘み」の魅力がもつ意味を、人間の生理の面から、さらに人間がモノとの関係においていかに生きているかという観点から問い直した。

伏木亨氏は、「甘味の生理」において、人間の身体の中で甘味がどうなっているのかという立場から、甘味を考える。甘く感じるものが糖である。糖はエネルギー源であり、体内で有用なので、先天的に好ましく感じられる。さらに、二〇〇〇年の味の素の調査によれば、多くの人が脂肪、砂糖、だしが入っているものが好きで、やみつきになって食べる。[5] このような食の快楽、甘味の嗜好が、食文化形成において見逃せないことを再確認している。

丸井英二氏は「甘み再考」において、伏木氏の議論をさらに進めて、人間が「甘み」と向きあう関係を、環境におけるモノとひとの相互作用という視点から論じる。個人の「甘み」の感覚は、集団がもつ文化の合意で形成され、共通する感覚となる。つまり、「甘み」を感じるという感覚は、モノを介して文化的に規定される。あるモノに責任を押しつけてそれを排除するよりも、モノとひととの関係を考え直してみるよううながす。さらに「甘み」は緊張を緩和させるゆとりの役割をもつことを指摘している。

総括では、改めて砂糖の受容の歴史を概観した。これは、たとえ本書が広く「甘み」を考えるとしても、人類にとってもっとも影響力をもった甘味料である砂糖の歴史を確認しておくことが、世界的にも日本においても「甘み」の文化を考える際には重要であると考えたからである。続いて、「甘み」の文化の拡大において意味があったと思われる「甘み」の特性、とりわけ伝統的な薬として使われる時の効能について述べた。そのうえで、飲料として、軽食として、幸福の象徴として口にする「甘み」のもつ役割を指摘した。

飽食の現代日本において、新しいタイプの甘味料もあふれ、本来「甘み」を有するモノがもっていた生理的意味を喪失している。一方、まさしく糖分であるがゆえに糖尿病などの原因として忌避されたりもする。人間と「甘み」の関係は複雑になっているが、だからこそ、もともと「甘み」がもつ心地よいやさしさの意味を再評価できるのである。

三回のフォーラムを通じて、すばらしい討論が繰り広げられたことはいうまでもない。議論は時間的にも空間的にも広汎なものになった。理系文系を問わず、学際的な視点から「甘みの文化」について議論を重ねた。本書の諸章はそれぞれ魅力的であるが、総合討論は、「甘みの文化」をさらに広く、あるいは角度を変えて考えるのに役立つ。そのおいしい部分を最後に示すことができるのも、この食の文化フォーラムシリーズの魅力の一つである。

本能として人間が求める「甘み」。そのプラス・マイナスから「甘み」と人間の未来を考える。フォーラムを通じて、「甘み」の世界を甘く語るだけではなく、甘すぎると否定するだけでもなく、「甘み」の現在と未来を考えていただければ幸いである。

〈注〉

（1）柴田武・石毛直道編　一九八三『食のことば』ドメス出版。

（2）ここでは、塩味、酸味、苦味、うま味と並んで、味覚の一つをとらえる際には「甘味」と漢字で表記する。砂糖をはじめとする甘味料も、甘味を感じさせるものとして漢字で表記する。これに対して、「甘み」と表記する時には、甘さをもっているもの、甘いことにつながることなど甘いことを広く示す言葉として使用する。したがって、典型的な甘味料だけでなく、人びとが甘いと感じるものであれば、「甘み」のカテゴリーに入る。

（3）川北稔　一九九六『砂糖の世界史』岩波ジュニア新書。

（4）菓子の分類は多種多様である。日本における発達過程によって、江戸時代までに確立した菓子を和菓子とし、明治以降に西洋から入った菓子を洋菓子とするほか、菓子の水分含有量によって、生菓子、半生菓子、干菓子、さらに調理法によって蒸し物、焼き物、練り物などに分けるが、複数の分類にまたがるものもある。なお、フランス菓子の分類としては、ケーキやパイ、バヴァロワなどを扱うパティスリー、砂糖菓子を扱うコンフィズリー、氷菓を扱うグラスがある。

（5）朝倉寛　二〇〇六「現代日本人の食嗜好――味の素『嗜好調査』より『性』『年齢』『地域』との関係を検証する」伏木亨編『味覚と嗜好（食の文化フォーラム24）』ドメス出版。

第I部

甘みとの出合い

第*1*章　甘みの発見

関野吉晴
Sekino Yoshiharu
文化人類学・医学

人間は甘みとどう出合い、どのように利用してきたのか——「甘みの発見」を考えるために、初期人類がどのようなものを食べていたのか、さらに私自身が旅[1]で経験した多くの伝統社会の食という二つの方向からアプローチを試みる。ここでは、いわゆる砂糖の甘みのような話とは少し離れて、むしろ噛めば甘くなる炭水化物や脂の話にまで広がってしまうことを最初にお断りしておく。

そして、今日的な問題として、糖質カットダイエットに代表されるような炭水化物制限の動きについてもふれてみたい。

1　初期人類はどんな甘いものを食べていたのか

では、一つ目のアプローチである初期人類の食からみていこう。それを考えるためには、まずサルおよび類人猿の段階で何を食べているかからみていく必要がある。

(1) サル・類人猿の食性

フルーツやベリーは確実に存在するもので、旧大陸でも新大陸でも重要な、甘みをもった食べものである。私のフィールドとしては南米が長いこともあり、実際にみてきた新世界ザルを中心に話していきたい。

〈新世界ザル〉

アマゾンの森は、樹木が高いものでは七、八〇*m*、そして四、五〇*m*、二、三〇*m*、一〇*m*と階層状になっており、この緑のビルディングともいうべきところにそれぞれのサルが棲み分けを行っている。一番高いところに棲むのがクモザルとウーリーモンキーという大型のサル。新世界には類人猿はいないが、それに匹敵する賢いサルがフサオマキザル。ホエザルは非常に大きな声で鳴く。これらは中層に棲む。夜に活動するのが小型のヨザルで、昼活動する大型・中型のサルとの棲み分けをしている。五種ともに原生林に棲むサルである。

クモザル（写真1）：昆虫やカエル、カタツムリ、小鳥の卵など動物質も少し食べるが、メインとしては果実や木の葉、木の実などを採取する。

ウーリーモンキー：主に果実を食べ、木の葉や木の実、花なども採食する。昆虫やその幼虫も食べるが、割合は少ない。

フサオマキザル：果実のほか木の実や木の根、茎、さらに昆虫や爬虫類、両生類、鳥やその

写真1　クモザル

写真2　ホエザル

写真3　ヨザル

写真4　ピグミーマーモセット

（撮影：以下すべて筆者）

卵、カニ等の甲殻類など動物質も食べる。固い実を石でたたき割るなど道具を使用する。

ホエザル（写真2）：木の葉ばかりを食べる。木の実や花も食べるが珍しい。葉に含まれるアルカロイドやフェノールなどを避けるため、種々の木の若い葉を食べている。

ヨザル（写真3）：雑食性で果実、木の葉のほか、蜂蜜や昆虫、カエル、カタツムリ、小鳥なども食べる。肩にのせているのはペットのヨザル。

人間が切り拓くなど攪乱した二次林に棲むのがリスザルとティティ。ピグミーマーモセットは南米で一番小型のサルである。

・リスザル：木の実や昆虫、小鳥を食べる。

ティティ：果実、昆虫、木の葉などを食べる。

ピグミーマーモセット（写真4）：果実や花、バッタ、クモなどの昆虫、カエル、トカゲなども採食するが、主に樹液や樹皮を食べる。サルは未来を予測して行動することはないという。しかしこのサルは例外だ。樹皮を傷つけ、数時間後に戻ってくると傷から白い樹液が出てくる。その樹液をなめとるのだ。

〈ニホンザルとチンパンジー〉

新世界ザルから目を転じて、日本で身近なニホンザルと、人間に一番近い（DNAでは一・二％の違い）チンパンジーの食性をみてみる。

ニホンザル：果実や木の実、木の芽や花、キノコなどの植物質を食べるが、昆虫や鳥の卵、カエルやトカゲなどのほか、魚、貝類、海藻類を食べることもある。

チンパンジー：主に果実を食べるが、種子、花、葉、樹皮、蜂蜜、昆虫などのほか小型から中型哺乳類なども食べる。

以上みてきたように、これらのサルや類人猿は基本的に雑食であり、甘みのある食物としては果実と蜂蜜があげられる。これらから類推すると、初期人類も猿人の段階では熱帯雨林やサバンナで採集生活を送っていたので、やはり甘みがある食物は熟れた果実や蜂蜜くらいであったと考えられる。

さらに人類は、二五〇万年前にホモ・ハビリスとなり本格的な肉食（死肉あさりの段階）が始まるが甘みをもつ食物は変わらず、原人・旧人を経てホモ・サピエンスとなり武器を用いて狩猟する段階になっても、やはり甘みは果実と蜂蜜にとどまり、デンプン質の多いドングリ、穀類やビート、サトウキビを栽培するようになるまで、ほとんど変わることはなかったのではないか。

(2) 消化管の構造から考える

そもそも初期人類はどのようなものを食べていたのか。別な角度として消化管の構造からも考えてみよう。

人間は、サルや類人猿と同様にもともと雑食だったと考えられる。そこで、ヒトの消化管をみていくと、じつは肉食動物の構造に類似していて、草食動物とはまったく異なり、草食霊長類のゴリラとも違っている。つまり初期人類は、消化管の構造をみる限り、雑食といっても肉食に近い雑食だったと思われる。

それでは草食獣と肉食獣の消化管の違いとは何か、少し解説しておこう。代表的な草食獣であるウシは四つの胃（ミノ・ハチノス・センマイ・ギアラ）をもち、いったん胃に入った食物を口に戻して反芻することが知られている。ウシは草を食べるが、じつは草から栄養を摂っているわけではない。草のセルロースを分解するために膨大な微生物を消化管内にもっていて、分解されたセルロースはブドウ糖となり、共生微生物はそれを嫌気発酵、各種の脂肪酸、アミノ酸を代謝する。そして第四の胃が分泌する胃酸により、細胞内に豊富な脂肪酸・アミノ酸を含む共生微生物の菌体が分解され、腸で吸収される。つまり共生微生物そのものが栄養になっているのだ。

ウマはどうかというと、胃は一つだが大きな結腸をもつ。食べたものを胃で消化し、残りは巨大な結腸の共生微生物の働きを利用している。しかし菌体を消化する部分がないため、草だけでは生きられず、穀類、イモ類、マメ科植物が必要で、それらを自前の消化酵素で分解・吸収する。

ウサギはウマと似ていて、大きな盲腸に大量の共生微生物をもつ。やはり菌体を分解できないため栄養たっぷりの菌体成分を糞として捨ててしまっているが、糞食をすることでそれを取り返し、草だけで生きている。草食獣それぞれの戦略があるわけだ。

一方の肉食獣はどうか。概して常在菌の数は少なく、種類も少ない。これは自前の消化酵素で食べた動物の体を分解・吸収できるからである。つまり肉食獣にとって常在菌との共生は必須でないため消化管の構造はシンプルで、腸管も短くていい。それにより体は軽く動きは敏捷になって狩りに向く。これも生き残り戦略である。

そして再び人類にスポットを当てるなら、胃はもちろん一つだし大きな結腸も盲腸ももっていない。つまり最初から肉食に近い消化管の構造である。この肉食に関して、そもそも人間が二足歩行になったのは狩りをするためとする、いわゆる「狩猟仮説」が唱えられたことがあるが、狩りをした証拠はなく今では否定されている。

初期人類の化石は、アフリカ大陸の大地溝帯付近、現在は草原だがかつて川や湖だった場所で発見されることが多い。そこでは、水辺でとらえることのできる小型の哺乳類、爬虫類、さまざまな昆虫や貝類などが主要な食物だったと想像できる。これらはタンパク質食（肉食）といえよう。それに加えて、水辺の環境で採集できる木の実や果実などを手当たり次第に食べていた。そして巣穴をもたず、食物を求めて少数のグループで遊動生活を送っていたと考えられている。

(3) ドングリ文明——定住は栽培で始まったのか

では、人類が甘みとして栽培食物を手にするようになったのはいつなのか。これまで、人類は一万年前に農業革命が起こるまで狩猟採集生活を続けていたが、農耕を契機に定住生活を始めたというのが定説だった。しかし、「狩猟採集」から「農耕」へどうやって「進化」したのか、これは人類史上の最大の謎の一つとされてきた。

およそ二〇万年前、アフリカで現生人類ホモ・サピエンスが誕生する。そしておよそ六万年前にアフリカを出たのち、氷河期[2]の間にヨーロッパ、アジア、オセアニア、さらに南北アメリカ大陸へ進出。そのとき人類は遊動生活をする狩猟採集民だった。ところが、氷河期が終わった一万五〇〇〇年前から一万年前にかけて、世界各地で人類は突然、定住生活を始め農業を発明するのである。

それでは、農耕を始めるまで、人類はずっと遊動生活を続けていたのだろうか。私自身は農耕以前、すでに温帯地域では定住が始まっていたと考えている。それは、北半球の温帯地域にシイ、カシ、ナラといったドングリの木が広く分布しているからである。後述するように、ドングリの栄養は豊富だ。人類は、氷河期の末期からドングリ林に定住し、その実を蓄え（土中に埋めておけば保存がきく）、自らの食料とともに家畜（原初的な）の餌ともし、木を素材に家や柵、橋、船などをつくり、現在における定住生活の礎を築いたのではないか。

日本では、常緑樹のカシ林をベースとした「照葉樹林文化」が、西日本を中心に縄文時代に発達した。これは、東アジア地域に広がる照葉樹林帯の文化に連なるものである。一方、東日本・北日本にはナラ林文化が広がる。たとえば鹿児島県霧島市東部、標高約二五〇mの台地上にある上野原遺跡は、約九五〇〇年前の定住跡とされている。建物の周辺にはドングリの貯蔵穴があり、あく抜きの施設もあったという。また、青森市にある日本最大級の縄文集落跡、三内丸山遺跡ではクリが栽培されていたという。ならばそれ以前に野生種を採集していたにちがいない。つまりドングリやクリが採れるなら定住したほうがいいということになる。もちろん東日本および日本海側では、川にはサケが遡上し、彼らの食生活を安定させたと思う。

このように、日本やアジア独自のものとして「ドングリ文明」は語られてきたが、じつはドングリの木をベースにした文明は、ヨーロッパや中近東、アフリカ北部、アジア、北米の温帯すべてに普遍的に存在する、まさに狩猟文化と農耕文明の間をつなぐ役割を果たしたものなのである。

すなわち、狩猟文化で獲物を獲りつくした人類は、ドングリ林が無償で与えてくれる栄養価の

表1　ドングリの栄養素　　(100g 当たり)

種類	kcal	水分	タンパク質	脂質	食物繊維	灰分	糖質
シラカシ	236.0	40.7	1.8	2.0	1.1	1.7	52.7
アラカシ	235.0	41.1	1.8	1.9	0.9	1.6	52.7
マテバシイ	236.0	39.9	2.5	0.7	0.9	1.2	54.8
スダジイ	249.0	36.6	2.3	0.5	0.7	1.0	58.9
イチイガシ	252.0	37.6	1.6	2.1	0.8	1.2	56.7
コナラ	281.0	28.1	2.9	1.7	1.2	1.9	64.2
ミズナラ	287.0	26.2	4.6	1.1	1.4	2.1	64.6
クヌギ	202.0	49.3	2.1	1.9	1.2	1.3	44.2

700 万年前	果実、根茎、葉、虫
240 万年前	肉食始まる
ホモ・ハビリス	脂肪 60% タンパク質 30% 炭水化物 10%
1 万年前 農耕開始	炭水化物 60% 脂肪 20% タンパク質 20%

図1　人類の食物摂取の変遷

高い実（表1）と、さまざまに加工できる木に頼って世界各地で定住生活を始めた。この定住生活の仕組みから、次に作物を人工的に育てる農業が発達していく。そして、人類の食は大きく転換し、糖質が半分以上になる。つまり肉食的な雑食から草食的な雑食、炭水化物中心の食に移行するのである。さらに、ここにきてようやく栽培により、甘みをもつ食物の種類も徐々に増えていくのだった。

2　甘みに焦点をあててみた伝統社会の食

次に、もう一つのアプローチである、現在の世界各地の伝統社会における「甘み」をみていきたい。これは先述したように、私自身の体験に基づいた報告である。

〈極北シベリア・アラスカ〉

自然環境の制約もあることから、魚を含む肉食を主とする人びとである。彼らが甘みを感じるとしたら、動物の脂を食べたときであろう。私の体験としてもいえる。じつは野生動物は脂肪が少ない。その脂を逃さないよう煮るのが主たる調理で、肉は脂肪が抜けぼそぼそした感じになるが煮汁はうまい。そんな肉を食べていて脂身にあたると、「うまい」というより「甘い」と感じる。脂肪が味覚的に甘みをもつわけではないのに、とにかく甘いというのが実感だ。

また極北といっても植物食がないわけではない。夏はかなり暑く、ツンドラではベリー類が鈴なりになる。ブルーベリーやクランベリー、コケモモなどはそのまま食べるか、瓶詰めやジャムにして冬に備える。しかしなぜかドライフルーツは作らない。内陸ではトナカイを飼うので当然搾乳も行い、ミルクからは乳糖がとれる。これらが甘みをもつ食物だ。

一七世紀に、コサック兵が太平洋まで到達したが、その前後から、砂糖も毛皮貿易を通じて極北にも入ってきた。現在ではコーヒー、紅茶に砂糖は欠かせないものとなっている。

〈モンゴル〉

冬は肉（ヒツジ、ヤギ、ウシ、ウマ、ラクダ、ヤク、トナカイ：赤い食べもの）、夏は乳をそのまま、またはチーズにして食べる（白い食べもの）。重要なのは馬乳酒（ゴビの方に行くとラクダ乳酒）で、大事なビタミン供給源であるとともに糖質（炭水化物）の補給源でもある。ただし、甘いと感じたことはない。

モンゴルでは原則として野菜、果物などの植物は食べない。最初に入ってきた植物食は小麦で、うどん、ボーズ（モンゴル餃子）にして食べられる（写真5）。砂糖が入ってきたのは新しく、水で練った小麦粉生地に少量の砂糖を加えて揚げたもの（ドーナツ様）が唯一の甘い食べものと言っていい。この砂糖消費の少なさがモンゴルでは特筆されよう。

写真5　ボーズ作り

私はロシア北極圏から南下して陸路モンゴルに入ったが、境界線を越えたかのようにすべてがガラッと変わった。食堂で出てきたお茶がしょっぱく、器には取っ手がない。それまで、南米、中米、北米、アラスカ、ロシアを含めて、コーヒー、紅茶には匙で砂糖四、五杯は当たり前だったのに、モンゴルでは団茶に塩またはミルクを入れて飲み、砂糖は用いない。支配民族も、新大陸、ロシアでは全部白人か白人の血の濃い混血だったのが、ここではアジア人が支配している。いろんなことが変わるが、取っ手のない器や砂糖を入れないことは、チベットや中央アジアにずっと引き継いでいかれる。モンゴルが世界で一番砂糖を使わない国ではないかと思っている。

〈チベット・ヒマラヤ〉

モンゴルと似ていて、ヤギ、ヒツジ、ウマ、ウシ、ラバなどを飼い、とくにヤクが多い（写真6）。遊牧民の国と思われがちだが、東半分では農耕も行われ、大麦、小麦、ソバなどを栽培している。また、お茶はバター茶で、やはり砂糖は使わない。モンゴル同様、ウシとヤクの混血またはヤクやウシから搾乳し、ミルクと乳製品から乳糖を摂っている。もちろん最近はこの地にも、砂糖や飴、菓子など甘い食品は入っている。

ツァンパ（麦こがし）を主食とする場所もあり、これもデンプン源だがけっして甘くはない。

写真6　ヤクの放牧

〈アマゾン〉

アマゾンではサトウキビが栽培され、パパイヤ、パイナップル、マンゴー、柑橘類など甘みをもつ果物が多くつくられている。またサツマイモにも甘みがあるし、キャッサバやユカイモだって噛んでいれば甘みを感じる（これはデンプン質が唾液中のアミラーゼにより分解されて糖に変わるため）。しかし、彼らが甘みにすごく執着する

写真７　青いバナナは主食にされる

写真８　甘いサトウキビはみんなが好き

かというと、果物に関してはそうともいえない。熟れたパパイヤやパイナップルなど、「お前は甘いものが好きだろう」と言ってよく私に優先してくれたものだ。主食などにもされるバナナはむしろ青いうちに、イモなどと同様の食べ方をする（写真7）。

一方、別格なのが蜂蜜である。彼らは蜂蜜に目がなく、野生のハチの巣を探して採取する。巣をまるごと川に浸けるとか煙でハチを追い出して、蜂蜜を巣ごと食べてしまう。

アマゾンの人びとは焼畑も行うので完全な狩猟採集民ではない。カロリーベースでも焼畑に多くを頼っている。だが狩猟は特別の意味をもち、獲物が大型ならそれこそお祭りさわぎで、各家庭に平等に分配し、さらにそれを持ち寄って共食する（男女別に車座になって）。収穫物を食べている限りは腹いっぱい、だけど肉は胸までいっぱいにしてくれる、なかでも脂身は最高、という感じなのだ。

彼らはサトウキビを作っているので、もちろんそれをかじったりして好きである（写真8）。しかし「砂糖」となると別格。私が砂糖を持っていくと大変なことになる。たとえば一〇lくらいの鍋に紅茶一パックを入れて砂糖を入れると群がってくるのに、逆に紅茶をたくさん入れて砂糖を入れなかったら、ぶつぶつ言って帰っていく。彼らにとって砂糖は特別な存在である。

写真9　チチカカ湖畔の集落

〈アンデス〉

写真9にみるように、チチカカ湖畔の集落は湖の岸辺に茂るトトラ（茅の仲間）を使って、家も舟も作り、魚も捕っている。じつはこのトトラのキビは、食べてみると甘い。またアンデスにすむ典型的なインカの末裔たちはトウモロコシを栽培するが、彼らも甘みのあるキビを食べている。

アンデスの先住民に、「宗教は何を信仰しているの」と尋ねると、カトリックだという。しかし、彼らを観察していると、カーニバルや全霊祭のようなカトリックの祝祭日に合わせて、家畜の繁殖儀礼、農作物の豊作を祈る儀礼を行っている。その時、祈りの対象は神ヤーウェやその子キリストではなく、自然神の山の神アプや大地の神パチャママだ。

彼らはデスパッチャという供犠を行う。A4判またA3判ほどの白い紙にお供え物を並べる。それは、リャマの胎児や豚の胎児、トウモロコシやハーブ、コカの葉などで、ほかにキャンディや甘いお菓子を加える。そして供物を紙で包んで火にくべる。この時、彼らは「神が食べた」と言う。甘いお菓子やキャンディを備えることは興味深かった。このキャンディは大人も子どもも夢中になってなめる。

〈エチオピア南部オモ川流域民〉

私のグレートジャーニーの最終目的地は人類誕生の地アフリカだった。そのアフリカではエチオピア南部、オモ川流域にしばらくいたことがある。オモ川はケニアのトゥルカナ湖に流れこむ一〇〇〇*km*を超す大河だ。

エチオピアの中でも南西部の熱帯低地には一〇以上の少数民族がひしめく。私が深くつき合ったのがマジャンギャルとコエグという民族で、どちらもウシをもっていない。彼らは周辺を優勢な牧畜民に囲まれ、ウシの病気を媒介するツェツェバエの生息地をニッチとして選んで暮らしている。

コエグは五〇〇人ほどの弱小民族。氾濫原を利用して肥料を使わずにソルガムを育て、小動物や魚などを捕って補っている。彼らはソルガムのキビも食べ、甘いという（私はあまり甘みを感じないが)。コーヒーの産地なのに豆は高くて手が出ず、殻(少しはカフェインが含まれる)を煮て砂糖を入れずに飲む。ちなみにマジャンギャルは、コーヒーの葉に唐辛子やバジル、塩まで入れスープみたいにして飲んでいる。

コエグは蜂蜜を「森の精霊の贈り物」とよび、好んで食べる。大木に巣をかけて採るので所有者がいる。巣をかけ、蜜を取り出すのは男の役割で、蜂蜜は交易品としても重要だ(写真10、11)。じつは、蜂蜜のもつ意味はそれだけではない。写真12のキビを食べる男はマガヤといい、私は当地を二度目に訪れた時、彼からヒョウタンいっぱいの蜂蜜をもらった。同行していた松田

写真10　大木に巣をかける

写真11　採れた蜂蜜

写真12　キビをくわえたマガヤ

凡氏（ここをフィールドとする研究者）に何かお礼をすべきか相談したところ、必要ないと言われた。後からわかったことだが、私が彼から蜂蜜をもらうことによって「ベルモ」になったのである。これは「兄弟盃」を交わすような関係で、「いつか何かあったら助けてくれ、今は何もしなくていいけれど」と。ソルガムを栽培しても半年分の食料にしかならず、蓄えのできない社会なので、人のつながりだけが将来の安全保障なのだ。そういう時に一番大事なのが蜂蜜ということになる。

〈漂海民〉

私は、「日本列島にやってきた人々」の足跡をたどる「新グレートジャーニー」を二〇〇四年からスタートさせ、最後の「海のルート」、インドネシア・スラウェシ島から石垣島まで手作りの丸木舟による四七〇〇*km*の航海を、二〇一一年六月に終えることができた。この航海とその準備で出会ったのが「漂海民」とよばれる人びと（写真13）で、インドネシア、マレーシア、フィリピンの間あたりで暮らす（家船生活を送る人びとは五〇〇〇人いないと思われる）。

写真13　船上生活をする人びと

サメとかクジラ、ナマコや貝類などの海産物を、自分たちが食べるのはもちろん、交易品として野菜や穀類と交換する。主食は米やキャッサバで、甘い物としてはフルーツ、とくに甘いバナナが好まれているようだった。

3　人間は糖質がなくても生きられるのか

イギリスの医学教育で広く教科書として用いられている『ヒューマン・ニュートリション』には、次のような記述がある。

「現代の食事では、三回の食事ごとに多量の食物を摂取するようになっており（中略）、またデンプンや遊離糖に由来する〝利用されやすいグルコース〟を大量に摂取するようになっている。このような食事内容は血漿グルコースおよびインスリン値の定期的な上昇をもたらし、糖尿病、冠状動脈疾患、がん、老化等、多くの点で健康に有害であることが強く指摘されている。農業の発明以来、ヒトは穀物をベースとした食物を摂取するようになったが、進化に要する時間の尺度は長く、ヒトの消化管はまだ穀物ベースの食物に適応していない。ましてや、高度に加工された現代の食物に対して、到底適応しきれていないのである。」

（『ヒューマン・ニュートリション――基礎・食事・臨床』医歯薬出版、二〇〇四年、七五頁）

一方、日本の医学教育では、栄養学の講義はほとんどなく、医師国家試験の科目にもない。つまり医師である私は、栄養学を学ばないまま、現場での患者への指導・助言に栄養学的知識が求められているのである。

さて、人類史七〇〇万年の歴史をふり返れば、摂取栄養中の割合で炭水化物が六〇％またはそれ以上になったのはドングリの採集や、小麦など穀物の栽培が始まってからのことである。それまでは狩猟採集が主で、糖分摂取はフルーツ、蜂蜜等に限られ、タンパク質、脂質が多かったと思われる。それがデンプン食中心になったのはここ一万年のことで、私たちの消化器官のほうが進化しておらず、じつはデンプン中心の食事に対応できずにいるのではないか。

人体は、必須アミノ酸の八種類は食事で補給しなければ身体を維持できない。リノール酸やα-リノレン酸など必須脂肪酸も同様である。一方「必須糖質」というものはない。糖質が足りないと脳、筋肉、赤血球が働かないといわれてきたが、肝臓での糖新生[3]により、外部からの糖質補給がなくてもタンパク質から必要なブドウ糖は十分に合成できるし、脂肪からできるケトン体[4]もブドウ糖に代わる役割をする。

そう考えると、炭水化物は必須栄養素ではなく、一度味をしめたらやめられない、嗜好品なのではないか。その証拠に野菜なども、いかに糖度を増すかに腐心している。先進国ではメタボ、生活習慣病で苦しんでいる人は多いが、いまや開発途上国でも、飽食によって生活習慣病が増えている。炭水化物、糖はタンパク質や脂肪とは違い、食べなくても生きていける。それでも、嗜好品としてこれからも炭水化物、糖のもつ甘みの魅力は人びとを魅了してやまないのだろう。

〈注〉

（1）私は、一九九三年から二〇〇二年までの間に八年三カ月をかけて「旅」をした。それは、六〇〇万年前に東アフリカで生まれた人類が、世界中に拡散していく壮大な旅「グレートジャーニー」の足跡を、南米の南端から出発してゴールのタンザニア、ラエトリまで逆にたどるものだった。その報告は『食の文化フォーラム20　旅と食』（神崎宣武編，二〇〇二年，ドメス出版）にも寄稿している。

（2）正確には氷河期のなかの氷期。現在は間氷期であり、氷河が地球上に少しでもあれば氷河期である。

（3）脂質摂取に関して、たしかにサラダ油の主成分であるリノール酸の摂取過剰は心臓・脳血管障害、がん、アレルギー、その他炎症性など害があるとわかっている。一方、オリーブオイルなどのオレイン酸、魚油に多く含まれるＥＰＡやＤＨＡ、α-リノレン酸などは健全な体の維持には重要である。

（4）絶食時や進行した糖尿病の場合に、主に脂肪酸が代謝されて生成する。脳、その他の組織のエネルギー源になる。最近、糖尿病・がん治療やダイエットの糖質制限食で、一般的にも知られるようになった。

第2章　アジアの甘さの勉強ノート
——サトウキビの砂糖がなかった世界で

前川健一
Maekawa Kenichi
海外旅行史

1　コーン川の船上で

タイとラオスの国境の村、ラオス側のフエサイからコーン川（メーナム・コーン）を下る船に乗って古都ルアンパバンに行った。一泊二日の船旅の退屈しのぎに、出稼ぎ先のフエサイから帰郷するというラオス人と世間話をしてすごした。年齢は聞かなかったが、四〇歳前後だろう。農村育ちだというので、子どものころの村の生活をあれこれ聞いた。菓子のことが、気になっていた。

「子どものころ、店で売っているお菓子は食べたことはあった？」

「ないよ。だって、店なんてないんだから。電気が来ていたのは、小学校だけという村だよ」

「お菓子はなかったけれど、果物は、庭に、いつも、たくさんあったよ。山に行っても、甘い果物はあったよ。いつもタダだ」

庭にどういう果樹があるのか想像できるが、研究者の観察記録から具体的に紹介しておこう。

古い調査だが、事情は基本的には変わっていないはずだ。一九六〇年代にラオスとタイの農村を調査した岩田慶治は、東北タイ南部の農村の屋敷にはどういう植物が植えられているのかという調査をしている。『東南アジアのこころ』から、その一例を紹介しておく。ココヤシ、サトウヤシ、パイナップル、マンゴー、バナナ、パパイア、パラミツ（クワ科、英語名ジャックフルーツ）、ザボンなどだ。

東北タイの村を調査した福井捷朗《はやお》は、その著書『ドンデーン村』で、村にある果樹類をリストにしている。そのなかからいくつかを書き出しておく。オウギヤシ、ココヤシ、ゴレンシ（カタバミ科、英語名スターフルーツ）、サポジラ（アカテツ科）、ザクロ、バンジロウ（フトモモ科、英語名グアバ）、バンレイシ（バンレイシ科、別名釈迦頭）、パイナップル、パパイア、マンゴーなど。こういう果物界の大御所以外にも、近くの森林に行けば、甘い果実ができる植物はいくらでもある。村の子どもたちは、森の甘い果実をよく知っている。パイナップルを植えている庭の記憶はないが、『ドンデーン村』では、「酒の原料」として畑で栽培しているというが、ときには生食もしただろう。

タイの農村でも街でも、庭に必ずと言っていいほど植えてあるのが、パパイアだ。バンコクの友人の家にもパパイアがあったが、植えたわけではない。パパイアを食べた時のゴミを庭に埋めたら、すぐに芽が出て、たった一年で、三mほどの木になり、実をつけた。パパイアの幹は、外は固いが内部はスカスカだから、「ジャックと豆の木」のように見る見るうちに成長する。熱帯雨林気候の土地だ。

タイやラオスの小さな農村、山村、離島で育った子どもたちは、工業製品としての菓子を食べずに育ってきても、「その辺」にある甘いものをいつも食べていた。普通、日本人が「甘さの文化」を語るとすれば、サトウキビを原料とする砂糖の世界史と、その砂糖を使った菓子や飲み物の日欧の歴史をまとめれば、「それで、できあがり」となるのだろう。しかし、私はどうもしっくりこなかった。サトウキビの砂糖を使ってこなかった世界を多少は知っているからだ。サトウキビの砂糖がなくても、人びとは甘いものを口にしていた。西洋のケーキやチョコレートを食べずに大人になった人は、世界にいくらでもいる。私は、そういう世界のほうをもっと覗いてみたくなった。これから書いていくことは、資料と想像で描こうとした断片である。おもに韓国とタイの話をする。不完全極まりないものではあっても、針で開けた穴をそのまま掘り進む偏狭さよりは、思いっきり拡散させたほうが面白いだろうというのが、ライターである私の趣味だ。そういう性癖だ。

2　アジアの甘さの言葉

果物が育つ土地ならば果物が、ミツバチが活動する地域なら蜂蜜が、その地に住む人びとに甘い味を与えてきた（写真1）。人類が初めて出合った甘いものは果物か蜂蜜だろうが、そののちに出合った甘味料をどういう言葉で表現しているのか知りたくなった。甘いものの語源を知りたくなったのである。

英語のsugarや、フランス語のsucreの語源は、サンスクリット語のsarkara（あるいはsharkara、surkaraなど）らしい。英語やフランス語だけでなく、ヨーロッパの多くの言語で、砂糖はこのサンスクリット語を語源とする。それでは、このsarkaraという語のそもそもの意味はなんだろう。明快に答えた資料は見つからないが、いくつもの資料をまとめて読むと、もともとの意味は、次のうちのどれかということらしい。

①砂糖、②サトウキビ、③砂粒

写真1　ベトナム・モン族の蜂蜜売り
（撮影：以下すべて筆者）

砂粒？　これはどういうことだ。言語学の素人がさまざまな辞書を使って調べてみると、sarkaraはどうやら「砂、砂粒」というのがもともとの意味らしい。そこから転じて、甘い液体が固形化したものや、その固形物が崩れて砂状になったもの、つまり「砂糖」の意味になったのではないかと想像した。その砂糖の原料は、サトウキビだ。

それでは、東アジアと東南アジアの甘さの言語学をちょっと覗いてみよう。

そもそも「糖」という漢字はどういう意味なのか。糖の音読みは「トウ」、訓読みは「あめ」だ。米など穀類を加工して、水あめ状になったものをさしていた。現在の中国語では、「糖」は、砂糖、あめ、砂糖漬けなどを意味する。「飴」は、水あめを意味する。粒状になっている糖が、「砂糖」というわけだ。もともとは、サトウキビとは関係がなさそうだ。

朝鮮の場合はどうか。「砂糖」という漢語はサタンと発音するが、その意味は「あめ」だ。歴史的に解釈すれば、「水あめ」としたほうがいいかもしれない。日本語で「さとう」を意味する語は、漢語で「雪糖」と書き、ソルタンと発音する。朝鮮では、甘い調味料とはもともとは水あめだったのだろう。

ベトナム語で砂糖は、ドゥオンという。漢字では「糖」だ。中国、朝鮮、日本、そしてベトナムといった漢字と箸の東アジア文化圏では、「糖」の世界だということがわかる。

東南アジアに入ると、事情が変わる。

フィリピンのタガログ語で砂糖は、アスーカル（asukal）。スペイン語の azucar がもとの語だろう。カンボジア語では、スコー。サンスクリット語のスルカラ（surkara）からか。ヤシ砂糖を表す語は別にある。タイ語では、砂糖はナム・ターンという。ナムは「汁」、ターンはオウギヤシをさす。つまり、語源としては「オウギヤシの汁」が砂糖の意味だが、現在は原材料が何であれ、砂糖はすべてナム・ターンとよんでいる。ビルマ語で砂糖はダジャーだが、語源はわからない。マレー、インドネシア語には、surkara系と思われるsakarという語もあるが、普通はgulaという語を使う。サンスクリット語で、粗糖という意味らしい。東南アジアの甘さの文化については、のちに詳しくふれる。

3　西アジアの甘さ

『砂糖のイスラーム生活史』では、サトウキビの砂糖が広まる以前の甘さ事情を、次のように解説している。

アッバース朝（七五〇～一二五八年）では、甘さを供給していたのは、アプリコット、ブドウ、ナツメヤシ、蜂蜜、そしてイナゴマメなどだった。イナゴマメ（マメ科、*Ceratonia siliqua*）は果肉が甘く、生でも乾燥したものでも、食用として重宝された。ちなみに、この植物のギリシャ語名はCarotで、宝石の重量を表す単位カラットはこの植物のタネに由来している。アッバース朝の宮廷料理には、甘い果汁を濃縮したディブスという調味料を料理に加えていた。それ自体ぜいたくな料理だが、高価な砂糖や氷砂糖を加えればより高級感があったという。アラブ世界には、昔は甘い料理があったということがわかる。

トルコの場合はどうか。

「オスマン時代（一四～二〇世紀）の料理書では、魚料理には砂糖を用い、ときに色つき砂糖を飾りにふりかけさえしているが、今日のトルコ料理ではますます砂糖の調味料の出番は少ないのである」（鈴木董『世界の食文化9　トルコ』）

かつては、甘味料を入れた料理があって、それが富の象徴でもあったのだろうが、その後砂糖が安く手に入るようになると、砂糖はデザートや飲み物にふんだんに使われるようになり、甘い料理はしだいに姿を消していったようだ。このあたりは、ヨーロッパとよく似ている。中世のヨーロッパでは、果物や蜂蜜を使った料理が多くあった。

ナツメヤシ（*Phoenix dactylifera*）について、ちょっと解説しておく。西アフリカからインドまで広く栽培されているヤシ科の植物で、高さが二〇*m*以上にもなる。実は三～四*cm*ほどの大きさで、英語ではdate、日本語ではデーツという。質のいい実は人間の、質の悪い実は家畜の食料になる。実を生食するほか、乾燥させておやつになり、水でもどして菓子に使うこともある。明るい間は飲食が禁じられているラマダン（断食月）には、夜になって口にする最初の食べ物をこのデーツやイナゴマメにしている人もいる。日本では、ドライフルーツとしてそのまま売られているほか、お好み焼きのソース用に使われている。

リビア砂漠を旅した石毛直道は、ナツメヤシについて、『リビア砂漠探検記』でこう書いている。

「手入れさえよければ、約一〇〇キロの実が毎年収穫できる。ナツメヤシの木を三本持っていれば、人間は飢えることがないといわれる」

（リビアの村人の話）「いまは、オアシスに住むようになって、パンやマカローニャを食べるようになった。砂漠で放牧をしていたころは、ナツメヤシの実とラクダの乳だけで暮らしたものだ」

デーツは、単なる果物でも甘味料となる植物というだけでもなく、食料にもなる重要なものだ。

インド亜大陸の甘さの歴史はまったくわからない。もちろん、現在では、菓子や飲み物にサトウキビを原料とする砂糖が使われているが、料理との関係はよくわからない。インド料理に詳しい友人たちにこの話をすると、インド最西部の「グジャラート州の料理はベタベタに甘い」というのが彼らの共通体験で、インターネットの旅行記でも、甘いグジャラート料理にふれているものがある。ベンガル地方でも料理に砂糖を入れるという情報を得ているが、インド亜大陸の甘さと料理の全貌はまだ見えない。甘い料理がインドでどのくらいの広がりがあるのか、あるいはどういういきさつで甘くなったのかといった過程が、不勉強な私にはまったくわからない。というわけで、「インドの料理と甘さ」の考察は、残念ながらできないままにしておく。

4　韓国人と甘さ

朝鮮の甘い物について調べる。『朝鮮を知る事典』の「菓子」の項に書いてあることを要約する。

仏教が盛んだった高麗時代（九一八〜一三九二年）には、仏教の儀礼食品として寺院で菓子が作られた。その時の甘味は、寺院でやっていた養蜂による蜂蜜だった。「砂糖はソルタン（雪糖）と呼ばれ、元の頃から知られてはいたが、庶民が広く用いるようになったのは二〇世紀に入ってからである」。

「飴」の項には、こうある。

「朝鮮では砂糖が入る以前には甘味料として飴を家庭で作ったものである。この飴作りは冬の仕事であり、キビの粉に麦芽の粉を混ぜ、ぬるま湯にひたしたうえで絹袋などでこし、その汁を煮つめて水飴状にする」

朝鮮ではサトウキビは育たない。輸入といっても、中国からわずかに砂糖が入っていたという程度で、朝鮮王朝時代は、基本的には甘さは寺院の養蜂と家庭で作った水あめだった。日本の植民地時代になって、砂糖が流通するようになったらしい。それでも、砂糖が朝鮮全土に広まったわけではない。伊藤亜人は、一九七二年の調査で、韓国の農村の家庭にはまだ砂糖は置いてなかったと報告している（『韓国珍島の民俗紀行』）。村人たちは、日常的には甘い物をほとんど口にしない生活を送ってきた。料理店を批評する韓国のテレビ番組「水曜美食会」で、「あの店の料理は、甘さがまったくないので、高齢者を客層と考えているようだ」という考察が成り立つように、甘さとはあまり縁のない食生活を送ってきた老人もかなりいるようだ。

韓国のテレビ局ＫＢＳの食文化番組「韓国人の食卓」では、おそらく一九六〇年代か七〇年代の農村で行われていた水あめ作りを再現して、次のような解説をしている。

蜂蜜が手に入らない村では、水あめを作った。その手順は、まず小麦を水につけ発芽させる。その小麦を乾燥して、麦芽粉にする。炊いた米に麦芽粉を混ぜて、ぬるま湯を加えて保温して、甘酒を作る。その甘酒を布で絞って得た汁を煮つめて、水あめが完成する。

「韓国人の食卓」（KBS）や「水曜美食会」（tvN）といった食文化番組の情報と、インターネットや印刷物の資料をもとに、一九八〇年代頃の韓国食文化事情を探ってみる。

韓国食文化史のなかで、大きな変化が訪れるのは一九八〇年代だ。かつて韓国では、米の生産量が少ないために、雑穀入りの飯や粉食が奨励され、学校では弁当に雑穀が半分以上入っているかという検査があった。そういう節米時代が終わるのが一九八〇年代後半である。一九八八年のソウル・オリンピックを前に、漢江《ハンガン》の奇跡とよばれる経済成長をとげるにつれて、韓国料理が大きく変わる。この変化をひとことで言えば、「赤く、甘く」だった。たとえば、キムチだ。それまでのキムチはトウガラシをまぶした漬物だったが、大量にヤンニョムを使うようになった。ヤンニョムとは、トウガラシ、味噌、ニンニク、ゴマ、醬油などに水あめをたっぷり混ぜた混合調味料だ。粘着性の高いこのトウガラシ調味料を塩漬けした白菜に塗りつけると、色鮮やかな赤い白菜キムチができる。キムチが赤く、甘く変身していくのが、一九八〇年代である。この変化の一因は、一九八〇年代初めに始まったテレビのカラー放送である。これによって、料理番組は画面の見栄えをよくするために、甘味種のトウガラシをたっぷり使うようになり、韓国料理の赤色化が本格的に始まった。水あめを使うと、料理に照りが出て、美しく見える。材料によくからむ。トウガラシ味噌であるコチュジャンも、どんどん甘くなっていった。

おもにウルチ米が原料の餅であるトッポッキは、もともとは醬油で炒めた料理だったのだが、コチュジャン炒めになり、今ではトウガラシ汁の煮込みに姿を変えた。おぼろ豆腐のようなスンドゥブは、今では赤い汁に入っているが、もとは日本の湯豆腐のように鍋の湯に豆腐が入っていた。こういう変化が、おもに一九八〇年代に起こった。

塩味や醬油味が、ヤンニョム味に変わっていくということは、濃い味に変わっていくことだ。韓国料理が、次々と甘味種トウガラシと水あめ（あるいは砂糖）がたっぷり入った濃厚なものに変わっていった理由は、先に述べたテレビのカラー放送だけでなく、料理を大きくとりあげた雑誌のカラー写真も大いに影響しているだろう。つまり、マスコミが派手な色使いの料理を好んだというわけだ。暗い色のキムチよりも、赤く輝くソースをたっぷり身にまとったキムチや魚料理が望ましいというわけだ。

トウガラシと水あめなどによる韓国料理の極彩色化には、ほかにも理由がある。外食産業が子どもや若者向けに、「わかりやすい味」を採用したからでもある。一九九三年六月一四日の韓国『朝鮮日報』の記事は、韓国の食文化に興味をもつ者には衝撃だった。韓国の小学生が嫌いな食べ物の第一位がキムチだったからだ。子どもたちは、辛い漬物を嫌った。辛い物を嫌う子どもたちに合わせて、辛さを抑え、甘味を加えた料理が増えていったのだが、それと同時に日本でも激辛ブームが起きたように、韓国でもやはり一九八〇年代に面白がって激辛がはやったそうだ。辛さに関して、弱と強の両極に振られる動きだったという。

辛さと塩辛さと発酵臭が強い農村の料理に慣れた人びとにとって、ソウルで出合う味は、赤く甘い調味料をたっぷり使った美しく、わかりやすい、ぜいたくな料理だったのである。それが、都会的なおしゃれな味だった。その結果、辛さや塩辛さが強く自己主張する料理は敬遠され、砂糖や水あめがたっぷり入った料理が好まれるようになった。こういういきさつがあり、脱北者が韓国に来ると、「料理が甘い」と嘆き、年長者は、「近頃、料理が甘くなった」と嘆くのである。

5　ヤシ砂糖

タイでは、砂糖といえば現在は圧倒的にグラニュー糖が占めているのだが、伝統的な菓子や料理では、今もヤシ砂糖を使う。使用目的によって、砂糖を使い分けているのだ。屋台の料理にヤシ砂糖を使うことがあるから、特別に高価というわけではない。

砂糖作りに利用するヤシは、その名からサトウヤシ（*Arenga pinnata*）だと思われがちだが、ほかのヤシでも砂糖を作ることができる。サトウナツメヤシ（*Phoenix sylvestris*）、ココヤシ（*Cocos nucifera*）、ニッパヤシ（*Nypa fruticans*）、そしてパルミラヤシともよばれるオウギヤシ（*Borassus flabellifer*）などだ。

オウギヤシをタイ語では、トン・ターンという。トンは木という意味で、ターンが植物名。ターンをローマ字表記すれば、taal だ。タイ語では、語尾の r と l は n 音に変わるので、ターンという音になる。「糖」の音に似ているが、関係はないと思う。

このヤシの葉に鉄筆で仏典など文章を書き、紙のように利用してきた。これを漢語では貝多羅《ばいたら》葉《よう》という。Tar あるいは tala というサンスクリット語を漢訳した多羅樹に由来する。インドネシアではこのヤシを、lontar というので、日本ではロンタールヤシとよぶ人もいる。このロンタールのタールと、タイ語のターンも、カンボジア語でこのヤシを意味するターン・タノートのターンも、同じサンスクリット語が語源である。そのくらい、熱帯アジアではオウギヤシが重要な植物だということだ。

オウギヤシは一五〜三〇mほどになる木で、樹齢一五年ほどから八〇年間ほど樹液が採取できる。便宜上「樹液」と書いたが、メープルシロップ製造のようにサトウカエデの幹に穴をあけて樹液を採取するのとは違い、ヤシ砂糖の場合は、花序（実がつく部分の軸）を切って、出てくる液を集める。オウギヤシの砂糖作りの手順を、『ヤシの実のアジア学』を参考に説明する。

オウギヤシは、一二月から一月に房ができるので、花序を切って樹液を集める。この採取作業は六月まで続く。六月までというのは、本格的な雨季に入ってしまうと、樹液を集める竹筒に雨水が入ってしまうからだ。樹液は、ヤシの木一本から一日に、八から一〇lも採れることがある。朝採った樹液は午後には発酵が始まり、酒になり、そのうちに酢になってしまう。そこで、採取したらすぐに、発酵を抑える植物キアム（フタバガキ科、*Cotyleobium lanceolatum*）の木片や皮を液に入れ、採取日にすぐ煮詰めることになっている。

一八五〇年から一九五〇年までの一〇〇年間の、タイの砂糖生産統計を『タイ糖業史』でみると、一九二〇年代の一時期を除けば、ヤシ砂糖はタイの全砂糖生産量の約三割だ。七割は原料がサトウキビだということだが、ヤシ砂糖が三割というのはけっして少なくない量だ。

一九九六年に出版された『ヤシの実のアジア学』には、「危機を迎えたヤシ砂糖産業」という項がある。第二次世界大戦後、サトウキビが不足していたということもあって、一九七〇年代の南タイでは、ヤシ砂糖がブームになりマレーシアに輸出していた。その後、タイの工業化が進むと、ヤシ農園で働くよりも工場労働者になる道を選ぶ人が増えて、労働力不足になった。サトウキビの増産体制が整えられていくのもこの時代だ。そして、一九八〇年代後半から、タイ政府はエビの養殖に力を入れる政策をとり、ヤシ園はエビの養殖池に姿を変えていった。樹液を煮詰める薪がなかなか集められなくなり、発酵を抑えるキアムは稀少植物ということで、伐採が禁止された。ヤシ砂糖はやがて消えゆくというような文章で、この本の記述が終わっている。

そういう関心もあって、久しぶりにバンコクで市場巡りをやった。二〇一五年のことだ。週末市場脇のオートーコー市場に行って、ヤシ砂糖を調べると、昔と同じように売っている（写真2、3）。何の変わりもないようだが、商品をよく見ると、「ナム・ターン・マプラーオ」（ココヤシ砂糖）と書いてあるものが目につく。ヤシ砂糖の世界に大きな変化があったのかと思い調べてみると、私の無知だとわかった。『タイ糖業史』を読むと、一〇〇年以上前から、ヤシ砂糖といえば、ココヤシを原料にしたもののほうが他のヤシよりも生産量が多かった。おそらく、油の原

写真２　ヤシ砂糖２種。左はオウギヤシの砂糖。右はココヤシの砂糖

写真３　オウギヤシの砂糖を盃状の器に入れて乾燥させたもの。ヤシ砂糖には固形のものとペースト状のものがあり、乾燥させたもののほうが保存性はいい

料となるコプラ（果肉を乾燥したもの）生産などでココヤシが農園で大々的に栽培され輸出品になると、砂糖生産もほかのヤシからココヤシに変わったのではないだろうか。

原料となるヤシによって、できる砂糖の味にどういう違いがあるのか、私にはわからない。できあがった料理を食べても、どういうヤシ砂糖を使ったのかはわからない。

6　甘さとタイ人

東南アジアの都市の料理は、ミャンマーを除いてたいてい甘いのだが、私の旅行体験から考えれば、タイは群を抜いて甘いという気がする。そこで、タイを例にして、甘さの考察をしてみよう。

サトウキビを原料にする製糖業がタイで始まるのは、一九世紀初頭である。中国人移民が輸出産業として始めたものだから、こういう砂糖は当時のタイ人の日常生活とはまだ関係がない。タイ人（ここでは、非中国系移民の意味で使うが、少数民族は含まない）にとって甘さの素は、果物と蜂蜜とヤシ砂糖だった。菓子は、作るのに手間と技術と費用がかかるため、もっぱら王宮や貴族の間で作って食べられていたものなので、ここでは菓子についてはふれずに、料理と甘さの問題だけを考える。

タイに姿を見せた飲食店は、西洋人向けのホテルにある西洋料理店や、中国人が客の中国料理店や屋台だった。タイ料理店の歴史は浅い。タイに関する日本最初の本格的ガイドブックだと思われる『暹羅案内』（一九三八年）には、この国にはタイ料理店はないから、タイ料理を食べたければタイ人家庭に招待してもらうしかないと書いてある。タイ料理は家庭で食べられるものだから、カネを払って外で食べるものではないし、タイ料理を商売にしようという発想がタイ人にはなかったのだろう。ちなみに暹羅は「しゃむ」あるいは「しゃむろ」と読む。

タイにタイ料理店ができるのは、観光の時代を迎えた一九五〇年代末から六〇年代、欧米人観光客や、インドシナ情勢にかかわるジャーナリストや各種国際機関の職員といった欧米人たち向けの、レストランシアターだと思われる。「タイの古典舞踊を見ながら、エキゾチックな料理の夕べ」といった趣のレストランだ。中国料理店のメニューに、タイ料理も加わり、一九七〇年代には中国系タイ人を客とするタイ料理店もできる。

タイ料理をどう変容させて、欧米人や中国人の口に合わせたのか。地域性などを無視して、一九世紀頃のタイ料理の全体像をみておく。もっとも基本的なおかずは、山野草をそのまま生か、ゆでて、トウガラシやニンニクや魚醬油を混ぜたペーストをつけて食べるものだ。山野草を調味料で和えることもある。それに加えて、魚が手に入ればハーブを入れた汁にする。たぶん、料理に砂糖は使わなかった。主食はもちろん米だ。王宮料理も、菓子を除けば基本的には家庭料理だ。そういう世界に中国人が移住してきて、都市ができる。都市に中国人、農村にタイ人という構成になり、都市の料理は中国料理であり、中国料理の外食文化も栄える。都市でタイ料理を食べてみようとした中国人と西洋人には、アレンジが必要になった。

まず、トウガラシの量を徹底的に減らし、辛くない種類のトウガラシを飾りにのせるといった演出をする。次に、口当たりがいいように、ココナツミルクを大量に使う。それだけで甘い香りがして、料理も甘くなるのだが、さらに砂糖も加えることが多い。一九九〇年代になると、牛乳やクリームを入れたタイ料理も誕生する。濃厚な味は、ぜいたく感につながる。そういう演出をすると、外国人には到底食べられなかったタイ料理が、それほどの抵抗感もなく食べられるようになる。極辛味を甘露に変えたのである。

タイのあらゆる商売は中国系住民が握り、中国系の多くは富裕層でもあるから、高級レストランを経営するのは中国人であり、客は中国人と欧米人である。そういう客の好みに合わせてタイ料理は姿を変え、それが都市のタイ料理となる。だから、バンコクで食べるタイ料理は、辛さは抑えられて、ココナツミルクは多めになる。外国人団体客が口にする「タイ料理」と称する料理は、落語の「目黒のサンマ」のようなものになっているが、タイ人がふだん食べているものと同じ味つけにしたら、外国人は食べられないのだから、「目黒のサンマ」化は致しかたない。

通常のタイ料理からトウガラシを大幅に引いて、ココナツミルクと砂糖を加えた料理は、タイ国外でも高い評価を受ける。たとえば、日本でもすでによく知られるタイカレーは、レッドカレー（ケーン・ペット・デーン）とグリーンカレー（ケーン・キヨ・ワーン）が有名だが、この料理にはたっぷりのココナツミルクが入っている。ココナツミルクは、今では缶詰や粉末や紙パック入りのものがあるが、昔はココナツの果肉を削って、水を入れて絞って作るので、手間がかかった。だから、家庭でいつでも簡単にできる料理ではなかった。ぜいたくな料理で、だから都会的でもある。辛い汁にココナツミルクを入れることで、町に住む中国人も外国人もタイ料理を食べられるようになり、タイ料理は外国でも評判になった。そういう代表例としてもっともふさわしいのが、ケーン・マッサマンだ。アメリカのCNNインターナショナルのCNN goテレビが二〇一一年の「世界でもっとも美味な料理」の第一位に選んだのが、この「ケーン・マッサマン」だ。ジャガイモと骨付きニワトリのカレーで、ココナツミルクがたっぷり入り、まるで辛くない。甘露化の成功作だ。

現在、多くのタイ人がふだん食べているのは、「タイの料理」であって「タイ料理」だけでは

写真4　麺料理専用の卓上調味料。砂糖、魚醤油ナムプラー、酢漬けの生トウガラシなど

ない。都市部では、タイ料理と中国料理が混交した料理を食べていることが多い。タイ料理からトウガラシを引いて、ココナツミルクと砂糖を加えたことで一般化した料理があるという話はすでにした。それでは、中国料理はどう手を加えて、都市部に住むタイ人の、「ふだんの料理」になったのだろうか。

　タイの料理のなかで、中国料理がルーツになっているものはすぐにわかる。麺類と炒め物と揚げ物だ。タイ料理が山野草を使うのに対して、中国料理は野菜（栽培したもの）を使い、スパイスやハーブ類もあまり使わない。その中国料理が、タイで姿を変えた。

　タイにはさまざまな麺料理があるが、全国どこでも食べられる麺料理に、客が砂糖を入れてから食べるのはタイの常識である。その量は人によって多少違いはあるが、丼の麺料理にチリレンゲで山盛り一杯というのは普通のことだ。砂糖のほかに、酢漬けの生トウガラシや乾燥トウガラシも入れて、甘さと辛さを強調する（写真4）。炒め物には、砂糖や甘いオイスターソースやとても甘い醤油（シーユ・ダム）などで味つけするのも普通のことだ。揚げ物には、ナムチム・ワーンというタレをつけて食べることがある。このタレは、英語でいえばスイート・サワー・

ソースで、大量の砂糖にトウガラシ少々に酢と塩を混ぜたきわめて甘いタレだ。中国系タイ料理は、このように甘くなった。

タイ料理は、辛さを引き甘さを加えたことで、中国人移民と外国人を引き寄せた。タイの中国料理は、甘さと辛さを加えたことで、タイ人や外国人を引き寄せた。タイ料理の輪と中国料理の輪は、甘さによって重なる部分が生まれた（図1）。ふたつの輪の重なる部分が、都市のタイ料理である。重ならないのが、農村の家庭料理であり、中国文化の強い中国系タイ人の家庭の料理である。広義には、それらすべてが「タイ料理」として料理本などで扱われているが、正確に言えば、もともとのタイ料理と、中国料理と、その両者が混交したタイ系中国料理（あるいは中国系タイ料理）があるということになる。

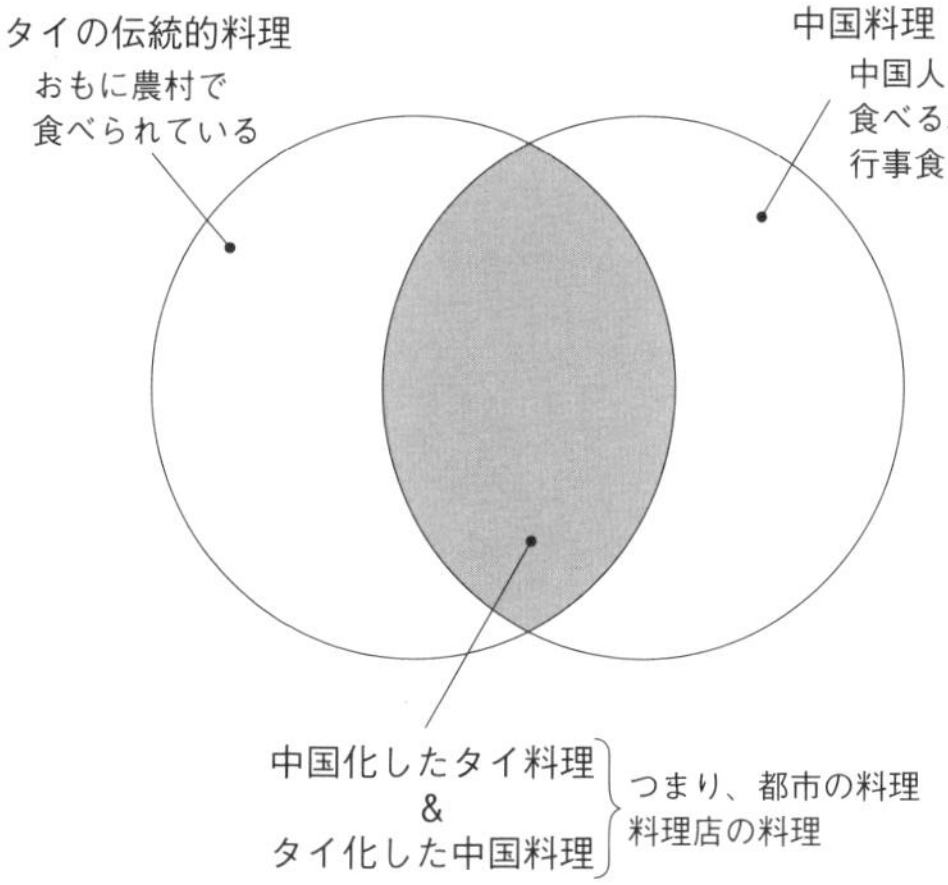

図1　タイの料理

ある地方の農村の料理が全国区に進出する過程でも、同じような過程で変容する。たとえば、未熟なパパイアを千切りにした和え物である「ソムタム」という料理がある。タイ東北部の家庭料理

写真5　東北タイの料理である若いパパイアの和え物ソムタム作り。中段の鉢は左から、荒く砕いたピーナッツ、ヤシ砂糖、かんきつ類マナオの搾り汁。辛くて酸っぱい料理だが、都市部ではかなり甘味も加わる

のままでは、あまりに辛すぎて都会の人間は食べられない。だから、バンコクのソムタムは、トウガラシの量を減らして、ヤシ砂糖を加えている（写真5）。甘さを加えることで、農村の料理が都会に進出し、全国区の料理になったのである。そういう料理はいくつかある。

7　疑問はさらに続く――甘さは異文化の接着剤か

タイの食文化を「甘さ」をキーワードに考えていたら、ほかの世界でも、甘さが異文化をつなぐ接着剤になるのではないかという気がしてきた。頭に浮かぶままいくつかのことを、箇条書きにしてみよう。

●もし、スパゲティ・ナポリタンがケチャップではなく、トマトソースを使っていたら、けっ

してこれほど広まらなかっただろう。六〇年前の日本では、トマトの酸味は受け入れがたい。ケチャップの甘さが必要だった。

●アメリカ化したイタリア料理の代表格に、スパゲティ・ウイズ・ミートボールズという料理がある。貧しくて肉など食べられなかったイタリア移民が、アメリカに来て思いっきり肉を入れたトマトソースのスパゲティだ。インターネットでいくつものレシピを見ると、アメリカ人はこの料理に砂糖を入れているのがわかる。

●アメリカで日本料理が受け入れられる最初は、すき焼きと「テリヤキ」なる甘い料理だった。アメリカには、市販の「テリヤキソース」というのがあると知って、日本人である私は驚いた。ある地域や民族の料理がアメリカに入ると、「甘くする」という加工を経て定着する傾向があるような気がする。

●ヨーロッパにカカオやコーヒーや茶が入ってきても、砂糖がなかったら広まらなかっただろう。日本に茶が入ってきた時は、日本に砂糖などないに等しかったので、何も入れずに飲んだ。タイで緑茶のペットボトルが発売された時、砂糖がたっぷり入っているのに日本人は驚いた。しかし、タイ人にしてみれば、コーヒーや紅茶が入ってきた時と同じように、異文化の飲み物である緑茶に砂糖を入れたにすぎない。タイでは、マヨネーズも甘い。

●今、日本のスーパーで売っているキムチのほとんどは、日本で作ったベタベタに甘い製品だ。甘くしないと売れないということだろう。タイ料理にしても韓国料理にしてもインド料理にしても、辛い料理はやはり日本人にはなかなか受け入れられない。

●バター・チキンは、日本人や欧米人にもっとも人気があるカレーかもしれない。東京の三軒のインド料理店でこの料理を作るシーンをテレビで公開した（「新チューボーですよ！」ＴＢＳ）。料理人は三人ともインド人だが、ふたりは数人分のカレーにカップ一杯の砂糖を入れ、ひとりは、山盛りの蜂蜜を入れていた。

こうやって、世界の甘さを探す旅をしているときりがない。北米のメープルシロップ事情など、書くべきことはまだまだある。

〈参考文献〉

朝倉敏夫　二〇〇五『世界の食文化1　韓国』農山漁村文化協会。
阿部登　一九八九『ヤシの生活誌』古今書院。
石毛直道　一九七三『リビア砂漠探検記』講談社。
石山俊・縄田浩志編　二〇一三『アラブのなりわい生態系2　ナツメヤシ』臨川書店。
伊藤亜人　一九九九『韓国珍島の民俗紀行』青丘文化社。
伊藤亜人ほか監修　一九八六『朝鮮を知る事典』平凡社。
岩田慶治　一九六九『東南アジアのこころ』アジア経済研究所。
佐藤次高　二〇〇八『砂糖のイスラーム生活史』岩波書店。
佐藤次高　一九九九『イスラームの生活と技術』山川出版社。
暹羅室編　一九三八『暹羅案内』暹羅室。

スキナー、ウィリアム著（山本一訳）一九八一『東南アジアの華僑社会』東洋書店。
鈴木董　二〇〇三『世界の食文化9　トルコ』農山漁村文化協会。
鶴見良行・宮内泰介編著　一九九六『ヤシの実のアジア学』コモンズ。
濱屋悦次　二〇〇〇『ヤシ酒の科学』批評社。
福井捷朗　一九八八『ドンデーン村』創文社。
山本博史　一九九八『タイ糖業史』御茶の水書房。
その他、各種辞書、事典類。Youtube をはじめとするインターネット情報。韓国の食文化テレビ番組「韓国人の食卓」（KBS）や「水曜美食会」（tvN）など。

第3章　砂糖が変えたイギリス近代

井野瀬久美恵
Inose Kumie
イギリス近現代史

1　砂糖消費の近代イギリス

近世から近代にかけてのヨーロッパは、「甘さ」に魅せられた時空間であった。「甘さ」の中心は、サトウキビからとれる甘蔗糖であり、一七世紀以降、それまで主たる甘味料であった蜂蜜を凌駕して、ヨーロッパ近代における「甘さ」概念を牽引した。一九世紀初頭、ナポレオン戦争期の大陸封鎖を契機にテンサイ（甜菜）糖（ビート糖）の生産が本格展開するまで、ヨーロッパにおける砂糖とは甘蔗糖のことであった。

中世以来、もっぱら薬用や保存用の稀少品・貴重品であった砂糖が、贅沢品から嗜好品へと大きく変化するのは、一八世紀においてである。この時期の砂糖の消費自体が、ヨーロッパに認められる特異な現象であったとされる。とりわけイギリスにおいては、砂糖がパンや肉、乳製品を大きく上回る速度で消費量を増やし、一七七五年にもなると、国民一人当たりの消費量はフランスの八倍にまで増大したといわれる。その背後には、砂糖の生産地となったカリブ海域、西インド諸島で、一七世紀半ばのバルバドス島に始まる砂糖革命——砂糖へのモノカルチャー化、プランテーション形成、人口構成や土地利用の激変、奴隷制度の導入など——があったことも知られている。

砂糖とイギリス社会、甘党化する人びとを支えたイギリス帝国については、経済史や農業史、社会史を中心に、すでに数多くの先行研究が存在する。とりわけシドニー・ミンツの『甘さと権力——砂糖が語る近代史』は、イギリスを中心としつつ、砂糖という世界商品を、政治・経済・社会・文化といった総合的視点を絡み合わせてとらえた古典的名著であり、その翻訳者でもある川北稔氏による『砂糖の世界史』には、砂糖というモノが近代という時代を動かしたさまがわかりやすい文体で生き生きと描かれている。本書巻末の「甘みの文化」を考える文献に記したこの二作をぜひお読みいただくことにして、本稿では、この二作において、砂糖が労働者の生活においても必需品化していくとされる一八世紀末から一九世紀前半に注目し、「甘さ」とかかわる動きとその意味を検証してみたい。

2　統計にみる砂糖——生産・価格・消費

どの時期を起点、終点とするかで多少の違いはあるものの、一七世紀後半にゆっくりと上昇しはじめたイギリスの砂糖消費量は、一八世紀、とくにその後半、増加が顕著に認められた。いくつかの統計とそれをとりあげた著作の説明はこうである。

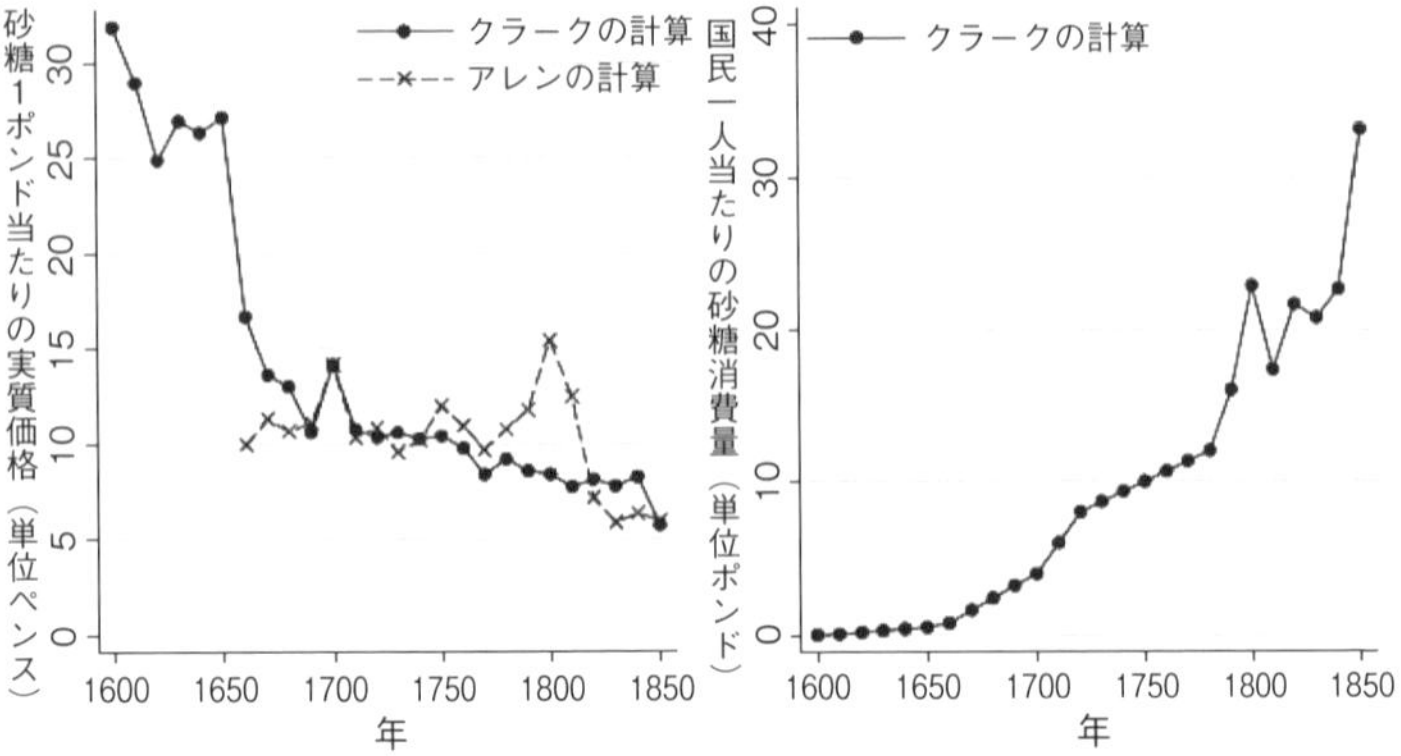

図1　砂糖の実質価格と国民1人当たりの砂糖消費量の推移（1600-1850年）
出典：Hersh & Voth, 2009 p.15（Gregory Clark, 'The Price History of English Agriculture, 1209-1914', *Research in Economic History*, 22, 41-123、ならびにRobert C. Allen, *Enclosure and the Yeoman*, 1992の統計が使われている）

一八世紀初頭に年四・四ポンド（約二*kg*）だった一人当たりの砂糖消費量が、一八世紀末に二四ポンド（約一〇・九*kg*）と五倍以上になったとする統計から、スミスは「テーブルにほとんど食べものを並べることのできない最貧層でさえも、砂糖入りの茶を飲むようになった」［スミス 二〇一六：九八］と分析する。一八世紀初めに年一・八*kg*だった砂糖の個人消費が一九世紀初頭に八*kg*と四・五倍に増えたとするミンツを引用した『砂糖の社会史』では、「それは砂糖の本格大量消費以前のこと」とある［アロンソンほか 二〇一七：九〇］。計量経済史家G・クラークの数字を用いた折れ線グラフ（図1）では、一七八〇年代から一八〇〇年にかけての激増が目を引く。この間、たとえば一七九四〜九六年の砂糖消費は一人当たり一六ポンドと計算され、それが六〇年後には倍以上、三三ポンドになった［Mokyr 1988］。

イギリスにおける消費の量的拡大を支えたのは、カリブ海域における生産の量的拡大である。砂糖栽培の変革――のちに「砂糖革命」とよばれる社会的・経済的変化――は、イギリスが一六二七年に支配したバルバドス島で起きた。当初はタバコや綿花などの多種栽培が計画されていたが、サトウキビが最初の収穫を得る一六四〇年代半ば以降、大規模なプランテーション農業へと移行し、砂糖のモノカルチャー化が進み、自由労働から強制労働への切り替えで奴隷とされた黒人人口が急増し、島全体の景観も変わった［Higman 2000:213–236］。砂糖革命は、「市民革命（内乱）」を率いたオリヴァー・クロムウェルの戦略、「西方計画」で植民地化されたジャマイカ（一六五五年）にも広がり、同時期、フランスが植民地化したマルティニーク島やグアドループ島でも始まる。それらにふれたオクスフォード書誌の項目「砂糖」（Oxford Bibliographies Online, s.v. sugar）にはこうある。

「栽培地がどこであろうと、砂糖の収穫には同じ変化がつきまとった。奴隷にされた大量のアフリカ系の人びと、その死亡率の高さと出生率の低さ、プランテーションへの資本集中、木材伐採や土壌侵食といった自然破壊」

ジャマイカが生産に参入した一七世紀後半、砂糖価格は大きく下がった。ミンツによれば、一六四五～八〇年の間に砂糖の値段は七割下がり、その後一世紀あまり、価格変動がほとんどない状態で、砂糖消費量は四倍に増大した。社会経済史において「商業革命」とよばれる貿易構造転換のなかで、砂糖は、上流階級のみならず、その下の階層にもアクセス可能となり、「贅沢品」から「嗜好品」となっていく。それは、英領西インド産砂糖が、（他のヨーロッパ諸国への再輸出ではなく）もっぱらイギリス国内の消費に回された結果――ミンツの分析によれば、西インド産砂糖の生産量増大がイギリス国内の消費量増大と直結していたという、イギリス近代の大きな特徴のなせる業でもあった。

生産と消費におけるこの量的拡大は、砂糖というモノの意味をも変質させていく。ミンツによれば、砂糖の主たる五つの用途ないし「機能」――医薬、香料、装飾素材、甘味、保存――が定着してのち、「食糧としての砂糖」の使用が、一八世紀末になって生じたという［ミンツ 一九八八：一六〇］。産業革命という経済成長の真っただ中にあった当時のイギリス社会で、砂糖を貧しい人びとの手元に引き寄せたのは、甘味と食糧とを兼ね備えた温かな茶であった。

3　砂糖入り紅茶の普及

一七世紀半ば、コーヒー、ココア（チョコレート）とほぼ同時期にイギリス社会で飲まれるようになった茶についても、砂糖同様、非常に多くの書籍や論文が書かれてきた。それによれば、紅茶（そしてコーヒー）に甘味が加えられるようになったのは、もともと、古代ローマ帝国時代の医学者、ガレノスが集大成した四体液病理説（二一四頁参照）により、薬効が期待されてのことだといわれる。たとえば、アムステルダムの外科医ニコラス・テュルプ（一五九三－一六七四）

は、レンブラントの名画「テュルプ博士の解剖学講義」（一六三二年）で知られるが、彼は『医学論』（一六五二年）のなかで、四つの体液（血液、粘液、黒胆汁、黄胆汁）のバランスをとるうえで砂糖が有効であり、「デトックス効果がある（とされる）茶の沸騰時に入れるとよい」として、砂糖と茶の融合にふれている[1]。

胃腸の働きをよくし、精神を覚醒、興奮させるなど、万能薬としての言及が多い茶だが、飲茶の習慣は、王政復古（一六六〇年）で復位したチャールズ二世の王妃でポルトガルから嫁入りしたキャサリンによって、まずは宮廷で流行するとともに、同時期、コーヒーハウスでも提供されて、この公共言論空間発展の一助を担ったとされる。議論の矛先は飲茶習慣自体にも向けられ、それまで薬効が中心だった飲茶論議のトーンが、一八世紀半ば、貧しい人びとの飲茶批判に重心を移していく様子は興味深い。詳細は滝口明子氏の『英国紅茶論争』に譲るが、論争のピークともなった一八世紀半ば、慈善家として知られるジョナス・ハンウェイの紅茶批判と、『英語辞典』（一七五五年）を編集した文壇の大御所で紅茶好きを自認するサミュエル・ジョンソン博士の間で行われた論争が、貧民への飲茶習慣の広がりを危惧する点で一致していたことは、茶という苦い飲み物を甘くする砂糖の普及を考えるうえでも面白い。

一八世紀半ばといえば、イギリスにおいて緑茶が紅茶へと変換していく時期でもあり、密輸や食品偽造とともに、茶葉は広く下層にも広がっていた。ティータイムを楽しむ上流階級のレディのみならず、貧しい労働者にとっても、熱く苦い紅茶に砂糖は欠かせなかった。川北氏は、イギリス国内の労働環境が大きく変容し、工業化と都市化が進展した一八世紀後半、砂糖入り紅茶が労働者にとって手っ取り早いエネルギー補給源となったことを、イギリス食文化の大きな特徴として語っている。調理時間のかからない温かくて甘い紅茶は、それだけで心温まり、つらい労働の日々を生き抜く「食事」でもあった、ということだろう。それを支えたのが、カリブ海域に拡大したサトウキビ・プランテーションの黒人奴隷労働であった。

4　砂糖と奴隷のメタファー——ボイコット運動のゆくえ

一七世紀半ば以降、砂糖革命によってカリブ海域に拡大した砂糖生産は、もっぱら労働力、すなわち奴隷の大量投入によって賄われていた。一八三〇年代、アンティグア島を訪れたウィリアム・クラークの有名な連作画は、砂糖革命の一連のプロセス——サトウキビの作付け、栽培、収穫、そして併設された製糖所での基本的な（＝精製度の低い状態への）加工作業を一貫して行うプランテーション農業の様子を克明に今に伝える。そこでは、サトウキビがきわめて労働集約的作物であることが一目瞭然だ。プランテーションにおける労働の効率化を図る技術革新、それに向けたプランターのマインド変化が起こるのは、一九世紀後半以降のことでしかない。

栽培過程はもとより、収穫後二四時間以内（遅くとも四八時間以内）に必要な加工過程（圧搾機にかけて流れ出た汁を煮詰める）においても、サトウキビという植物は、絶えず労働力を必要とした。過酷な労働はつねに労働力不足の状態を引き起こし、新たな労働力を求める。それが、大西洋上で展開された大規模な人の移動――イギリスをはじめ、ヨーロッパ諸国において砂糖消費が増大する一八世紀半ばから一九世紀全体をおおう時代にかけて、アフリカ大陸から一〇〇〇万人を大幅に上回る人びとの移動を引き起こした。アフリカからの人の流れは、奴隷人口の再生産が明確に認められる北米以上に、人口再生産に失敗したカリブ海域の諸島、そしてブラジルやキューバなどのサトウキビ栽培地へと向かっていた。奴隷船の劣悪な環境により、大西洋上の中間航路ではその約二割が死亡したといわれる。この悪名高き奴隷貿易の全盛期とされる一八世紀、その中心的役割を担ったのは、ブリストル、リヴァプール、ロンドンという三都市を中心とするイギリス商人たちであった。

と同時に、奴隷貿易の全盛期、かつイギリス国内で砂糖消費の急増が確認される一七八〇年代(図1参照)から、奴隷労働で作られた砂糖の消費抑制・不買運動が始まったことは注目すべき事実であろう。最初は一七九一年春、議会に提出された奴隷貿易廃止法案が却下された直後に、ついで一八二〇年代からは奴隷制度そのものの廃止をめざして、イギリス各地を砂糖ボイコット運動が彩ったのである[Sussman 2000]。

前者の象徴は、一七九一年に出されたパプティスト(一七世紀初頭のイングランドで起こったキリスト教プロテスタントの一派)の活動家ウィリアム・フォックスの『西インド産砂糖とラム酒を抑制する妥当性をイギリスの人びとに呼びかける(*An Address to the People of Great Britain on the Propriety of Abstaining from West India Sugar and Rum*)』なるパンフレットである。これは三

図2　ジェイムズ・ギルレイ作「西インド諸島での蛮行」（1791年）

図3　ジェイムズ・ギルレイ作「砂糖反対派、または砂糖使用を控えるジョンブル一家」（1792年）

年間で二五刷を数え、そのほかにも数多くの模倣パンフレットを生み、三〇万を超える世帯が砂糖ボイコットに参加する大きな契機となった。西インド産砂糖を黒人奴隷の苦しみと直結させたメタファーは、ジェイムズ・ギルレイやジョージ・クルックシャンクらによる諷刺画によって視覚化され、西インド産砂糖の負のイメージを強めた。たとえば、ギルレイ作「西インド諸島での蛮行」（一七九一年）の下部解説にはこうある。「日々行われている数知れない残虐な行動のなかに、病気で働けなくなった若い黒人を、イギリス人の奴隷監督が沸騰する砂糖液が入った銅釜に投げ入れ、四五分ほど頭から浸して棒でひどくかき回し、その後むち打ったため、やけどと傷が癒えるのに半年近くかかった。」（図2）

　ギルレイの「砂糖反対派、または砂糖使用を控えるジョンブル一家」（一七九二年）では、ジョージ三世夫妻以上に、王妃に強要されて砂糖を入れない紅茶を飲む王女たちの複雑な表情がリアルだ（図3）。実際、奴隷反対集会では、砂糖を入れない「甘くない茶」を飲むことが大流行した。

この奴隷反対運動で奨励されたのは、「奴隷を使わない東インド産砂糖」の消費である。じつは一七九〇年以前には、東インド会社が独占するインドとの貿易品目に、（商取引対象になるという意味での）砂糖は出てこない。東インド産砂糖が出てくるのは、文字どおり、西インド産砂糖ボイコットの文脈においてであり、「奴隷を使わない東インド産砂糖（East Indian Sugar not made by Slaves）」という言説は、皿やポット、ティーカップなどの陶器に描かれて、多くの家庭を彩った。(2)

東インド産砂糖を奨励する動きは、砂糖ボイコット運動の二つ目のピーク、一八二〇年代になると、女性たちによって組織化、体系化されていったことが注目される。たとえば、ロンドン南東部の町ペッカムでは、アフリカ奴隷反対女性協会なる団体が、奴隷制度を撲滅する「もっとも安全、簡単、効果的な方法」として、『東インド産砂糖を使う理由（*Reasons for Using East India Sugar*）』（一八二八年）というパンフレットを作った。北部のシェフィールドで結成された女性協会では、家庭訪問という人海戦術で、「六家族が東インド産砂糖を使えば、西インドで奴隷一人が不要になる」というカードを配布している。バーミンガムでは、労働者家庭の訪問時に砂糖ボイコットの意義をどう説明するかのガイドラインが作成されるとともに、上流階級向けには「西インド産より高めの東インド産砂糖に代える理由」を説明するパンフレットも出された。一八世紀末以来、女性たちが数多く参加した砂糖ボイコット運動の経験は、彼女たちに、自分たちの権利獲得をめざすフェミニズム運動への政治経験を与えていく［Midgley 1992］。

しかしながら、東インド会社自体は、市場での競争力を考えて、あるいは西インド利害関係者への配慮からか、砂糖生産への関心はむしろ低かったといわれる。一七九〇年代以降に試みられたインドへのプランテーション制度の移植は結果的に失敗し、インドでの砂糖生産は零細経営のまま、製糖技術も未熟な段階にとどまった［Bosma 2013, Major 2010:501-525］。その後、自由貿易を求める潮流のなかで、東インド会社が解体されるのにともない、イギリス帝国に編入されたインドは、奴隷制度廃止後の西インド諸島のみならず、モーリシャス、南アフリカのナタールなどにも拡大したサトウキビ・プランテーションへの労働力供給源となっていく。

5　テンサイ糖との競合

奴隷貿易廃止法案がイギリス議会を通過した一八〇七年以降、一八三三年の奴隷制度廃止法案可決に向かう二十数年の間に、ヨーロッパにおける砂糖のあり方は大きく変わった。ナポレオン戦争による大陸封鎖でブラジルやキューバからの砂糖の流れが止まったことにより、ヨーロッパ諸国（および北米）では、甘蔗糖に代替する「甘さ」の開発——カナダのカエデ糖、ならびに温帯や亜熱帯で育つ耐寒性の植物であるビート糖（テンサイ糖）の栽培——が本格化したのである。

すでに一七四七年、プロイセンのベルリン科学アカデミー会員である化学者アンドレアス・

S・マルクグラーフが、テンサイの甘い成分が甘蔗糖（砂糖）と同じであることを発見していた。彼の弟子であるフランツ・カール・アハルドは、一七九九年、ショ糖含有量の多いテンサイからの抽出方法を改善して精製に成功し、時の君主フリードリヒ・ウィルヘルム三世に献上した。その場面を想像した絵画は、現在ベルリンの砂糖博物館の壁面を飾っている。ナポレオンによる大陸封鎖がテンサイ糖の栽培実践を促進するのはその直後のことである。

テンサイ糖から精製される砂糖は、フランスやドイツなどでは政府の補助金を得て生産量を拡大していき、品種改良も進められて、一九世紀のうちに甘蔗糖生産と肩を並べるまでに成長する。「ヨーロッパにおける砂糖の状況」（一八九九年）という論文によれば、フランス、ドイツ、オーストリア・ハンガリー帝国、ロシア、ベルギー、オランダを中心に、テンサイ糖は一八八〇〜八一年、世界の砂糖生産高の四七・三％にまで達している［Crowell 1899: 87–101］。

こうしたヨーロッパ諸国の動き、甘蔗糖からテンサイ糖への転換に背を向けたのがイギリスであった。イギリスでは、一八三三年に議会を通過した奴隷制度廃止法案が翌三四年八月一日に帝国内で発効し、解放準備期間を経て、一八三八年八月に奴隷制度は廃止された。しかしながら、一八〇七年の奴隷貿易廃止法以後、二十数年間にイギリスが試みたのは、モーリシャスでのサトウキビ生産の開始（一八二二年）であり、西インド産砂糖とモーリシャス産砂糖との関税平等化（一八二五年）であり、そしてインド人労働者との年季契約によるサトウキビ労働力確保の対策であった。ミッチェルの統計によれば、（それ以前から細々と始まっていたにせよ）イギリス国内でテンサイの作付面積が統計上に現れるのは一九一八年、収穫が統計に記載されるのは一九二一年以降のことでしかない。

6　最前線に立つ砂糖問題——一八四〇年代、議会論争の意味

一八三〇年代にイギリス帝国で奴隷制度が廃止されたのちも、イギリス社会において「甘蔗糖が砂糖」である状況に大きな変化はなかった。甘蔗糖こそイギリスにとっての甘さだったのである。この甘蔗糖へのこだわり自体が分析の対象となるだろうが、ここでは以下を確認しておきたい。すなわち、奴隷労働反対を明確にした一九世紀のイギリス政府が、ヨーロッパ諸国のテンサイ糖量産化、さらには奴隷労働を使って安価な砂糖を作りつづける諸外国、とりわけキューバ・ブラジル産の砂糖との競合を、植民地へのサトウキビ栽培の拡大によって乗り切ろうとしたことである。それゆえに、政府は、西インドのプランターへの補償期間（一八三三年の廃止法案可決後、五年間の経過措置）が終わった後も、外国産砂糖に高い関税をかけつづけた。その結果、西インド産砂糖は、奴隷制度廃止後も実質的に守られる一方、一八四〇年の庶民院でウィリアム・ユアート議員が「諸外国の二倍もする」と強く非難した砂糖の高価格をもたらした。

こうして、「自由貿易」が叫ばれた一八二〇年代以降、綿花やタバコといったモノの関税が次々と撤廃されるなかで、砂糖だけは対象外に置かれてきた。おそらくそれは、先述したボイコット運動が拡散させた砂糖イメージ——心身ともに絞られ、酷使された哀れな黒人奴隷描写

——と相まって、「奴隷制度を廃止した人道国家イギリス」というモラルが強調されたせいでもあろう。たとえば、先に紹介したユアート議員の西インド産砂糖優遇関税の撤廃動議に対して、奴隷制度反対運動で知られる議員たちは、次々と立ち上がり、「奴隷解放というイギリスの輝かしい経験を無にしないように」と演説し、高くつこうが、「西インド産砂糖を守ることは奴隷反対の代償」「安価な砂糖は血の代償であり、［黒人の］人命を犠牲にしてのこと」だから仕方がない、との見方を繰り返した。事実、一八四〇年の庶民院採決は、一二二票対二七票という圧倒的大差で、外国産砂糖に対する関税撤廃案を否決している。

かくして、皮肉にも、奴隷制度反対の論陣を張る議員たちは、かつて自分たちが手厳しく批判した西インドの砂糖プランターの利害を守ることになってしまった。見方を変えれば、「高い砂糖」の問題は、それまで「奴隷制度反対」で一致していたはずの自由貿易派との確執を露わにしたことになる。

ここに浮上したのが、砂糖価格を下げねばならないイギリスの国内事情であった。工業化、都市化の進展のなか、激しい労使対立、劣悪な労働者の生活状況、深刻さを増す貧富格差の現実は、文芸評論家トマス・カーライルの『過去と現在』（一八三九年）という著作によって人口に膾炙していく「イングランドの状況問題（The Condition of England Question）」という表現で知られる。エンゲルスの『イギリスにおける労働者階級の状態』（一八四五年）と合わせて言及されることの多いこの表現、言説は、（西インドのような）遠くではなく、自分たちの足元で起こっている危機への覚醒をうながした。のちに首相を務めることになるジョン・ラッセル卿は、一八四一年五月の議会で、西インド産砂糖を保護する現在の関税法のもとでは、「貧民が八百屋にいき、砂糖の値段を聞いたのち、その値段に手が届かないとがっかり意気消沈して帰っていく」として、イギリスの労働者が西インドの奴隷に入れ替わったかのようだと語った。

イギリスの労働者は解放された西インド諸島の黒人たちよりも惨めな状況にある――一八四八年五月の議会でも、ジェイムズ・グラハム議員は、長い演説の最後を次のように締めくくっている。

「安い砂糖を笑うなかれ。砂糖はどの家族にとっても慰めだ。それは多くの家族が楽しめる、たった一つの、ちょっとした贅沢である。砂糖は、米、オートミール、クルート（揚げた薄いパン）を美味しくし、紅茶やコーヒーに欠かせない。[3]」

男子普通選挙権を求める労働者の運動、チャーチスト運動に揺れた一八四〇年代、砂糖がすでにイギリスの労働者の間で広く必需品となっていたことを示す発言である。と同時に、工業化・都市化が進み、加えて交通網の発展で人びとの動きが流動性を高めるなか、砂糖が与える慰めが、家族関係のみならず、人間関係の緩和剤として機能した側面も見逃してはならないだろう。ヴィクトリア女王の時代（一八三七〜一九〇一年）は、「リスペクタブル（社会的にきちんとしていて恥ずかしくない体裁、体面、世間体）であること」が社会のモラルとして確立されてくるのだが、それを「砂糖と紅茶の組み合わせが作用した結果」と見る向きもある［Smith 2002］。

一八四〇年代、イギリスの貧しい労働者の「温かな砂糖入り紅茶」のために砂糖関税を撤廃するか、奴隷解放の代償として高い西インド産砂糖を守りつづけるかという問題は、人びとのモラルや規範、人間の心地よさや豊かさに対する感性、美徳や美意識ともしっかりとつながっていた。だからこそ、外国産砂糖への関税撤廃をめぐる庶民院での審議は五六回を数え、議会記録に刻まれた四四万語を大きく超える文字は、当時のイギリスの悩みを如実に物語る。一八四〇年代、砂糖（甘蔗糖）が提供する甘さは、文字どおり、近代イギリスの政治、経済、社会、そして国民のモラルの最前線に在った[Huzzey 2012:93–112]。政治家にして作家でもあったベンジャミン・ディズレリ、のちの保守党首相は、自由貿易への動きを阻止すべく共闘した政治家で、砂糖関税撤廃反対の急先鋒に立ってきたジョージ・ベンティンク卿の伝記（一八五三年）のなかで、砂糖のもつ複雑な力をこう綴っている。

「あらゆる思いが混ざり合い、単に商業的なだけでなく、帝国、博愛主義、宗教と関わる思いが互いに混合し、重なり合って、法律を混乱させ、

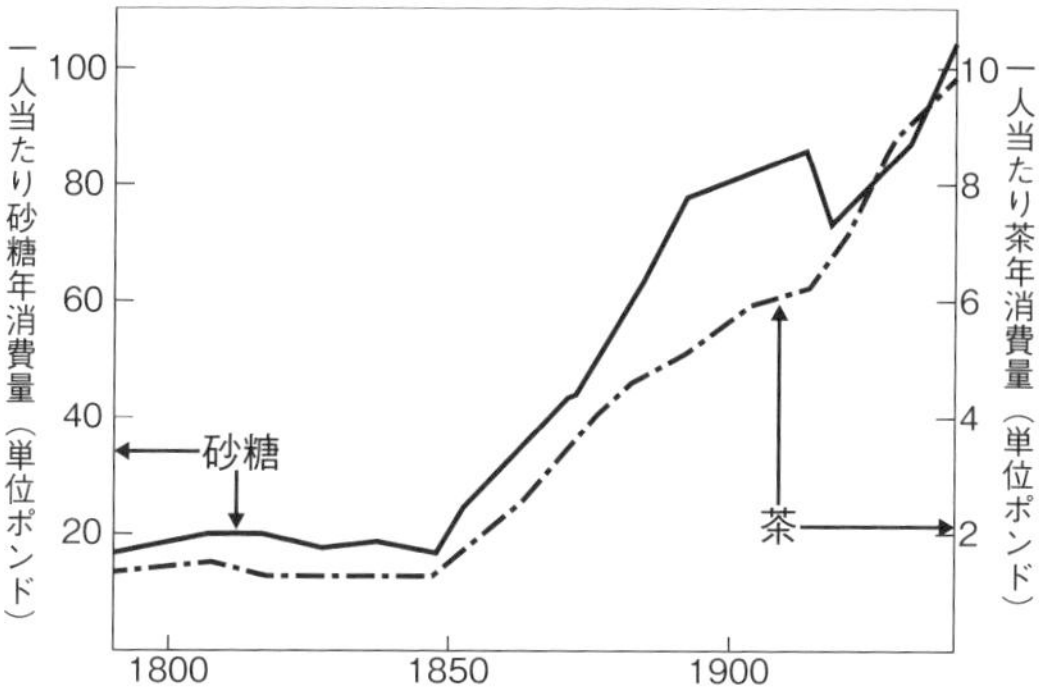

図4　19世紀から20世紀にかけての砂糖消費と茶の消費
出典：エリック・ホブズボーム（浜林正夫他訳）『産業と帝国』未来社、1984年所収、統計46。

相対立する利害や感情の迷路に国民を迷わせる。」[Disraeli 1852:529]

すったもんだのあげく、外国産砂糖に対する関税が撤廃されたのは、一八四六年のこと。プランターへの補償期間が終わる一八五〇年代前半のうちに砂糖価格は急落し、砂糖消費はこれまでにない速度で増加していった(図4)。

7 むすびにかえて――「ビター・スウィート」展の真相

ミンツによれば、一八五〇年代以降のイギリスでは、「一杯の砂糖入り紅茶」以外にも、「食べものとしての砂糖」の用途は急速に増大、多様化した。瓶詰めのジャムや果物の砂糖漬けなどが労働者の食卓に並ぶようになり、砂糖を使ったビスケット、タフィーやトフィー、キャンディなどのお菓子が大量生産されるようになった。禁酒運動家でもあった慈善家ジョン・カドベリが、手作りのボンボン、チョコレートキャンディなど、食べるチョコレートをはじめとする「甘さ」の開拓を本格化させるのは、一八六〇年代後半のことである[スミス 二〇一六:七六―一五五]。

かたや、トリニダード・トバゴ共和国の初代首相を務めた歴史家、エリック・ウィリアムズによれば、一八五三年の砂糖輸入量の内訳は、テンサイ糖一四%、外国産甘蔗糖六九%、英領植民地産甘蔗糖は一七%。輸入量がその二倍を超えた一八八〇年の内訳は、テンサイ糖四三%、外国産甘蔗糖四六%となり、英領産甘蔗糖は一一%にまで落ちこんだ。とりわけ、ジャマイカ産砂糖生産の衰退は激しく、砂糖の世界総生産高に占める割合は、一八二八年の一五%から、わずか二

○年あまり後の一八五○年には二・五%にまで激減した。砂糖税撤廃はジャマイカのサトウキビ・プランテーションに大打撃を与えたのである。

この状況を「ビター・スウィート」と表現したのは、奴隷貿易廃止二○○周年となる二○○七年、イングランド北部、プレストンのハリス博物館&美術館で行われた特別展であった。[4] 奴隷制度廃止から半世紀あまりがすぎた一八九○年代の西インド、カリブ海域における「砂糖の記憶」をとりあげたこの企画展は、プレストンゆかりの実業家で庶民院議員でもあったカスバート・キルターの大量の家族旅行写真で綴られており、黒人奴隷に代わってサトウキビ農場の労働力となったインド人契約労働者の暮らしとともに、西インド諸島の凋落を浮き彫りにした。地元プランターのなかには「サトウキビ栽培を再び」との動きもあったようだが、キルターは、植民地相ジョゼフ・チェンバレンに対し、サトウキビに特化した経済の危険性を伝えるのを忘れなかった。

だが、この問題が「ビター」であることの真相が明らかになるのは、キルター一家の旅からさらに半世紀後の一九四八年、ジャマイカから四九二人の移民を乗せたエンパイア・ウィンドラッシュ号のロンドン到着を契機に、イギリス社会の多民族化が明らかになっていく一九七○年代半ば以降のことではないだろうか。ちょうど同じ頃、一九七五年をピークに、砂糖はイギリス社会における消費量を減少させていく。[5] そして、政治・経済・社会・モラルの最前線に立っていた一八四○年代とはまったく異なる、糖尿病や肥満防止といった視点にさらされ、再び「ボイコット」の対象となっていくのだが、それはまた別の物語である。

〈注〉

（1）英訳は Chamberlain, John 1685 *The Manner of Making of Coffee, Tea, Chocolate.*

（2）〈食の文化フォーラム〉シリーズの既刊『食の経済』（中嶋康博編、二〇一一年、ドメス出版）の一〇五頁には、「奴隷不使用砂糖の容器とカップ」の写真が掲載されている。

（3）Hansard, 3rd ser. 1848, XCIX, 1242. 本論稿のイギリス議会の言及はすべて、オープンアクセス可能なイギリス議会文書（Hansard）によっている。

（4）一八九九年一月、カスバート・キルターの家族旅行を収めたこの企画の詳細は、井野瀬久美惠（研究代表）『黒いヴィクトリア朝人の帝国経験――「慈悲深き大英帝国」再考』科研費基盤研究（C）一般、二〇〇六～二〇〇七年度報告書（課題番号　18520580）九九～一〇八頁を参照されたい。

（5）Czarnikow, F.O. Licht, ISO, Board of Trade Journal.
（http://www.czarnikow.com/news/01-05-14/inconvenient-truth-about-sugar-consumption-it-s-not-what-you-think）

〈参考文献〉

川北稔　一九九六『砂糖の世界史』岩波ジュニア新書。

滝口明子　一九九六『英国紅茶論争』講談社。

アロンソン、マーク＋マリナ・ブドーズ（花田知恵訳）　二〇一七『砂糖の社会史』原書房。

ウィリアムズ、エリック（田中浩訳）　一九七九『帝国主義と知識人――イギリスの歴史家たちと西インド』岩波書店。

スミス、アンドルー・F（手嶋由美子訳）二〇一六『砂糖の歴史』原書房。
ホブズボーム、エリック（浜林正夫他訳）一九八四『産業と帝国』未来社。
ミンツ、シドニー・W（川北稔・和田光弘訳）一九八八『甘さと権力――砂糖が語る近代史』平凡社。
Bosma, Ulbe 2013 *The Sugar Plantation in India and Indonesia: Industrial Production, 1770-2010*, Cambridge UP.
Crowell, John Franklin 1899 The Sugar Situation in Europe, *Political Science Quarterly*, vol.14, No.1, March.
Disraeli, Benjamin 1852 *Lord George Bentinck: A Political Biography*.
Hersh, Jonathan & Voth, Hans-Joachim 2009 Sweet Diversity: Colonial Goods and the Rise of European Living Standard after 1492, *SSRN Electronic Journal*.
Higman, R.W. 2000 The sugar revolution, *Economic History Review*, LIII, 2.
Huzzey, Richard 2012 *Freedom Burning: Anti-Slavery and Empire in Victorian Briain*, Manchester U. P.
Major, Andrea 2010 "The Slavery of East and West": Abolitionists and "Unfree" Labour in India, 1820–1833, *Slavery and Abolition*, vol.31, No.4, Dec.
Midgley, Clare 1992 *Women Against Slavery: The British Campaigns, 1780-1870*, Routledge.
Mokyr, Joel 1988 Is There Still Life in the Pessimist Case? Consumption during the Industrial Revolution, 1790–1850, *Journal of Economic History*, 48(1).
Sheridan, Richard B. 1976 "Sweet Malefactor": The Social Costs of Slavery and Sugar in Jamaica and

Cuba, 1807–54, *The Economic History Review*, vol.29, No.2, May.
Smith, Woodruff D. 2002 *Consumption and the Making Respectability, 1600–1800.*
Sussman, Charlotte 2000 *Consuming Anxieties: Consumer Protest, Gender & British Slavery, 1713–1833,* Stanford UP.

コラム

古代日本の甘味料「甘葛煎《あまずらせん》」の再現

山辺規子

日本の甘味料を語る時に、日本独自のものとされるのが「甘葛煎」である。正倉院文書に薩摩国から貢納されていたのをはじめ、『延喜式』によれば「諸国貢進菓子」として二一の地域や国に貢納が割り当てられており、甘味料のほか、合香《あわせこう》（香の練りあわせ剤、あるいは粘着剤として使用すること）や薬としても使用されていた。『枕草子』の「あてなるもの。削り氷にあまづら入れて、あたらしき金鋺に入れたる」は、甘葛煎が尊重されたことを示すためによく引用される。今回のフォーラムでも、日本の甘味料の話がされる場合には、必ず「甘葛煎」への言及があった。

しかしじつは、甘葛煎は、古代にはよく使われた甘味料だったが、時代が下ると使用されなくなり、原材料も作り方もはっきりしなくなった。江戸時代には甘茶と同一視されることもあったために、ますますどういうものなのかがわからなくなっていたのである。

このような状況のなかで、江戸時代の本草学者畔田伴存《くろだともあり》（翠山《すいざん》）の『古名録』（一八四三年）が「阿末都良（あまづら）。即地錦（つた）。至冬葉落尽テ後。茎ニ溜レル甘汁也」と書き残したことに基づき、一九八七年に石橋顯《あきら》氏（二〇一四年没）が北九州で甘葛煎を復元した。石橋氏は、史料にみられる「甘葛煎」の特徴から、甘葛煎は甘茶ではないこと、いくつかの原材料の候補のうちブドウ科ツタが史料上の特徴と合致することを示した。ツタの樹液から「甘葛煎」を復元する実験は一〇年ほど実施されたが、原材料の確保が難しく、手間のかかる作業を必要とするため中止された。

二〇一一年一月、奈良女子大学で「甘葛煎」復元実験が再び実施された。この実験は、奈良女子大学構内に原料となる多年生のツタが存在し、学生をはじめ多くの参加者の協力により学内で一貫した作業ができるという幸運に恵まれて、〈文化史総合演習〉という授業で「古代の菓子、奈良の菓子」というテーマに取り組んでいた前川佳代助教（当時）と大学院生が、石橋氏の指導のもと実現したものである。その後、二〇一六年一月に第二回、二〇一七年二月に第三回の甘葛煎復元実験が実施された（表1）。

実験は、極寒の時期にしか樹液が甘くならないため、冬季のみ可能である。ツタは太い樹木にしっかりと張りついている。樹木から切りはがし、切り口からもれ落ちる樹液を受けられるようすぐに袋をつける。ツタの表面の樹皮や根を取り除き、一定の長さに切り、樹液を集める。直径数ミリの細いツタの場合には口でくわえて息を吹き入れて、噴き出す。直径五㎝になるツタは見た目には薪であり、石橋氏の指導で樹液を出すために自転車用空気入れポンプを利用した。第二回、第三回は、遠心力を利用する方法でも樹液を採取した。採取した樹液は、皮など不純物を含むため、何度も濾す。この段階の液が「みせん」である。夏には甘くない樹液が、「みせん」の段階で糖度一三〜二〇・五度（第一回、最高値）を示す。この「みせん」を、まず強火で加熱し、沸騰したら弱火にする。そのまま結晶化させないレベルの糖度七〇度ぐらいまで加熱を続けることで「甘葛煎」ができあがる。

太いツタを利用すれば、ある程度の量の樹液を得られる。しかし、このようなツタは最低でも七、八年、場合によって二〇年ほどの多年生ツタであり、入手が難しい。また、ツタの伐採から「甘葛煎」の完成まで、丸一日かかる。しかも、一日がかりでも大した量を採取することはできなかった。現代の便利な道具を使っても手間がかかる。古代人はどのようにして、ツタの樹液を採取したのだろうか。かなり難しかったのではないだろうか。今のところ、人海戦術で多くのツタを入手する条件を整え

写真1　太いツタから出る樹液

写真2　作業のため裁断したツタ
直径3cmほどのこの5.7kgのツタからとれた樹液（みせん）は73ccで、糖度14.6%であった。

表1　甘葛煎の再現実験データ

	石橋顯氏による実験	奈良女子大学 第1回実験	奈良女子大学 第2回実験	奈良女子大学 第3回実験
実験日	1987年12月11日 (加熱は12月12日)	2011年 1月13日	2016年 1月14日	2017年2月21日 (加熱は2月28日)
採取した樹液(みせん)	300cc	460cc	1000cc	810cc
みせんの糖度(平均値)	13.00%	17.70%	13.30%	13.40%
完成した甘葛煎	30cc	70cc	110cc	110cc
糖度	73%	75.80%	78%	70.2%

たのだろうという推論しかいえない。

とすれば、古代において甘葛煎はポピュラーだったとはいえず、一部の特権的な人びとでなければなかなか入手できない甘味料だったと思われる。だからこそ、各地からの「貢納品」として記録されるものだったといえるだろう。

この「甘みの文化」のフォーラムでは、二〇一六年一月に「みせん」を採取して作成された「甘葛煎」を参加者に試食してもらい、その「甘み」について感想を書いてもらった。全体として、「やさしい」「ほんのりした」「上品な」甘みであり、「あっさりとしているのに長く残る」と書いた人が多く、似ているものとしては、メープルシロップ、あるいは水アメといったものがみられた。参加者の感想は、これまでに試食された方の感想とほぼ共通していた。このような反応を考えると、もし甘味料として使うのであれば、和菓子に使うのがもっともよさそうである。

第Ⅱ部

甘みの深化

第1章　和菓子が求めた甘味

青木直己
Aoki Naomi
食文化史・日本近世史

1　和菓子とは

「このお菓子甘くなくておいしい」という言葉をよく耳にする。これは人びとが菓子に求める嗜好が多様化し、なかでも甘味に対する感覚が著しく変化していることの証左であろう。しかし、かつて甘いは「うまい」読まれることがあるように、甘味は人びとにもっとも好まれる味覚の一つであった。菓子はその甘味を具現する食品でもあった。

前近代における日本の菓子の歴史は、甘味への希求の歴史でもあった。本稿では先のフォーラムの議論などを通じて、日本における菓子と甘味の関係について叙述することを目的とする[1]。和菓子の歴史をみる時によくいわれることは、菓子が「くだもの」と訓じられるように、いわゆる果物や木の実（木菓子）がルーツの一つであるということである。たしかに戦国時代～近世初頭の日本語をまとめた『日葡辞書』（一六〇三年本編刊行、岩波書店より翻訳刊行）においても、菓子は果物、とくに食後のデザートをいうとある。しかし、現在の和菓子に通じる加工食品としての

「菓子」と果物としての「菓子」の関係は、時代によって変遷をみせている。この問題の解明は本稿の目的ではないので、ここでは、和菓子が大成する江戸後期までの時代について、加工食品としての菓子と甘味の関係を歴史的に検討することとしたい[(2)]。

初めに、前近代における和菓子の定義を行っておきたい。①原則植物性の原材料を使用すること。②日本の歴史や文化を背景に成立していること。③あくまでも嗜好品であることである。黒川光朝氏[(3)]は和菓子の歴史的成立過程をふまえたうえで、和菓子を「五感の芸術」と称されている。それは味覚(おいしさ)、嗅覚(素材のほのかな香り)、触覚(舌触りなど)、視覚(菓子の意匠)、聴覚(菓銘を聞く)をさしている。この点についてもふれたい。

2 奈良・平安時代の菓子と甘味

加工食品として菓子の原形は餅や団子といわれる。そこに他の食材を加え味わいに幅をもたせることから和菓子の歴史が始まったといってもよい。文献上では八世紀、奈良時代の正倉院文書にいくつか現在の菓子につながる食品が登場する。たとえば餅に小豆や大豆を加えた小豆餅《あずきもちい》や大豆餅《まめもちい》などはその典型であろう[(4)]。

では甘味についてである。古代における甘味料としては、飴あるいは甘葛煎《あまずらせん》などが知られるが、砂糖は貴重な輸入品で薬として利用されることが多かった。菓子と甘味についてみると、正倉院文書にみられる胡麻狛餅《ごまいぬもち》の原料は胡麻、大角豆、油、米と糖を使って油で揚げるところは、唐菓子に通じる。ここで使われる糖は飴のことで、水飴かとも思われる。飴は『日本書紀』などにもみられ、古くから日本人が親しんだ食品、甘味料であり、現在における菓子の役割も果たしたであろうことが想像できる。

奈良・平安時代あるいはそれ以前に、中国より日本にもたらされた食品に唐菓子があり、多くの種類を確認することができる。そのうち索餅《さくべい》の原材料にも糖が使用されている（『延喜式』巻三十三「大膳」）。また同じく粉熟《ふずく》や餅餤《へいだん》は米や大豆、胡麻ほかの原材料を粉にして甘葛煎とあわせるとある（『原中最秘抄』『厨事類記』）。甘葛煎は全国各地から朝廷に献納された甘味料である（『延喜式』「諸国貢進菓子」）。ツタを原材料として作られた薄茶色の液状のもので、甘味料として重宝されたが室町時代には失われて幻の甘味料とされたものである。[5] また甘葛煎に類するものは中国などでは確認できないという。ということは外来の唐菓子に日本産の甘味料をもって甘みをつけたことになり、日本でも古代から「菓子」に対して甘味を求めたことになろうかと思われる。ちなみに清少納言の『枕草子』には、夏に削った氷を金属製の器に盛って甘葛煎をかけて食べることが記されている。現在のかき氷であろう。

砂糖についてであるが、いまだ貴重品であることには変化がない。藤原師通《ふじわらのもろみち》の日記の寛治五（一〇九一）年一〇月二五日条に[6]「自修理大夫許被沙糖、使申云、唐菓物也、申也」とある。後の関白藤原師通が沙（砂）糖を贈られ、その使いの者が砂糖を唐菓物であると云ったという。菓物とは甘味を楽しむ嗜好品を指しているのであろう。唐（中国）では菓物ではあっても、日本ではまだそこまでは普及していない様子がうかがえる一方、貴族などの間では贈答品となっており、菓物的な利用も想定できよう。

3　鎌倉・室町時代の菓子と砂糖

鎌倉時代に始まるいわゆる中世は菓子の歴史にとっても大きな変革の時代であった。それは羊羹、饅頭に代表される点心《てんじん》が中国からもたらされたことである。将来者は中国に学んだ禅僧たちであった。点心とは当時一日二食であったところ、食事とは別に摂る小食をさす。

まずは饅頭からみてみたい。これまで日本における饅頭伝来については、のちに京都建仁寺の住持を務めた龍山徳見が観応元（一三五〇）年に帰朝に際してともなった林浄因《りんじょういん》がもたらしたとされることが多かった。いわゆる塩瀬饅頭である。一方、それより約一〇〇年早く仁治二（一二四一）年、のちに京都東福寺の開山となった円爾《えんに》が九州博多に酒饅頭をもたらしたという伝承がある。たしかに日本曹洞宗の開祖道元《どうげん》の言説を集めた『正法眼蔵』によって、鎌倉時代の一二四〇年代には饅頭がもたらされていたことが知られる。

伝来当初の饅頭は、中国同様に餡の入っていないものであったと思われ、汁物とともに供され箸で食べられていた。その後、日本の饅頭《まんじゅう》は中国の饅頭《マントウ》とは別の変化をとげることになる。それが餡《あん》と甘味による変化である。図1は室町時代後期の成立と思われる「七十一番職人歌合」である。右には、まな板に載せられた鯉を衣冠装束姿の庖丁人がさばき、対する饅頭売りは法体《ほったい》（僧

図１　饅頭売りの図
出典：狩野晴川、狩野勝川/模『七十一番職人歌合（模本）』（部分）
（東京国立博物館蔵 Image：TNM Image Archives）

侶の姿）である。

詞書に「さたうまんちう　さいまんちう　いつれもよくむして候」とある。まずは「さいまんちう」であるが、「さい」は饅頭売りが法体であることから、菜つまりは精進物の野菜を意味していよう。饅頭の餡に野菜を使っているのである。当初の餡なし饅頭から野菜を餡にするように変化しており、食品として味の幅を広げている。ただし、野菜をどのように調理して餡にしたかは、今のところ不明である。「さたうまんちう」は言うまでもなく砂糖饅頭である。これまでの定説では、貴重な輸入品である砂糖を使ったので、わざわざ「さたう（砂糖）」の文字を使ったという。たしかにそのような説明は是認できるが、ここではより砂糖の甘さのもつ魅力を強調していると受け取りたい。この砂糖饅頭の表記は、先の『日葡辞書』にもみられる。ここでも砂糖を菓子名に冠することで、甘い味わいを強調したものととらえておきたい。

現在、饅頭の餡といえば小豆餡が代表的である。しかしながら小豆餡の歴史的な発展過程については、明らかにすることができない。しかし、『湯山聯句抄』（一五〇四年）には「饅頭のあんにはあづき（小豆）がさとう（砂糖）がなるか」とある。遅くとも一六世紀初頭までには甘い小豆餡が饅頭にふさわしいものとして認識されていた。

羊羹に代表される羹類の数は多い。室町期の教科書にあたる往来物でも、白魚羹、糟鶏羹、驢腸羹、鼈羹、羊羹、猪羹、笋羊羹ほか種類は多い。なかでも羊羹は、中国では羊の肉を使った汁物であった。[7]それが肉食を禁じられている禅僧等が、小豆や葛などの植物性の材料に置き換えて精進物としたのである（ちなみに前近代の日本に羊は基本的に存在しない）。中世の羊羹は、強いていえば現在の蒸羊羹に近いものであったと思われる。食べ方は饅頭同様に汁を添え、場合によっては羊羹に汁をかけて崩して食べたといい、酢漬けの野菜や山椒などが添えられた。この段階では菓子というよりは、調理物であった。

羊羹をはじめとする羹類も室町時代から戦国時代を経て、調理物から菓子へと変貌をとげている。羊羹の名は室町時代の公家の日記に散見され、贈答される時は折や籠に入れられていた。また、山科言継《やましなときつぐ》の『言継卿記』（天文一三〔一五四四〕年閏一〇月二一日条）には「羊餔一包」とあるところから、この頃にはすでに甘い食品となっていたことがわかる。

『日葡辞書』にみられる記述を記しておきたい（傍点筆者）。

・羹（Can カン）　豆と小麦と粗糖または砂糖とで作る、日本の甘い菓子の一種。
・猪羹（Chocan チョカン）　豆や砂糖などで作られる、ある甘い食物。シナの或る料理に似せて作ったもの。豚や羊の臓物や血などで調理したポルトガルのシチューの一種。
・鼈羹（Beccan ベッカン）　豆やその他の物で作られる、ある甘い食物。
・砂糖羊羹（Satoyocan サトウヤゥカン）　豆と砂糖とで作る、甘い板菓子の一種。
・羊羹（Yocan ヤゥカン）　豆に粗糖をまぜて、こねたもので作った食物。

ここからみる限り近世初頭には、羹類は「甘い菓子」と認識されている。また、羊羹をみてみると羊羹は豆（小豆か）に粗糖（黒砂糖）を使った甘い菓子であり、砂糖を冠した砂糖羊羹は、砂糖（白砂糖）を使った「甘い板菓子」と認識されていた。白砂糖と黒砂糖の使い分けが行われていたことが興味を引く。なお当時の羊羹は、現在の蒸羊羹のようなものであり、寒天を使った煉羊羹は江戸時代後期を待たなければならなかった。

当時、砂糖は勘合貿易（日明貿易）によって日本へもたらされている。貿易と菓子について興味深い事例があるので、中元幸二氏の仕事から紹介したい(8)。砂糖餅は湯煮、夏は水に浸した餅を椀に盛って砂糖をかけて食べるものと思われる。天文一一（一五四二）年に砂糖餅の記載が顕著な変化をみせている。それまであまりみられなかった砂糖餅や砂糖に関する記述が種々の日記に出てくるようになった。それらは公家山科言継の『言継卿記』、将軍足利義晴《あしかがよしはる》の近臣大館常興《おおだちじょうこう》の『大館常興日記』、この時義晴は近江国坂本に難を逃れて滞在中であったが、義晴の政所代を務めた蜷川親俊《にながわちかとし》の『親俊日記』、大坂石山本願寺の住持証如《しょうにょ》の『証如上人日記』などである。

勘合貿易は莫大な利益をもたらすことからたびたび派遣されている。山口の戦国大名大内氏の派遣した第一八次遣明船は、天文一〇年七月帰国し、翌一一年二月に幕府へ正式に帰朝報告を行っている。大内氏の使者は一月中に京都の朝廷に、二月に坂本の将軍へ報告するとともに、砂糖をもたらした。先の『大館常興日記』二月一日条によれば、将軍から「さたう一桶」を拝領している。砂糖は「常興好物」であるところからとくに下されたもので、常興は「一段身に余り忝《かたじけなき》次第」と感想を書き記している。大内氏からもたらされた砂糖は公家や家臣等にお裾分け（下賜）され、または市場に出て、砂糖餅を食べる機会が増え、日記に記されているのである。こうしたことは甘い砂糖餅が嗜好品として珍重されていたことを表していよう。

4 南蛮菓子の世紀

天文一二（一五四三）年、種子島にポルトガル人が漂着、これ以降ヨーロッパ人と日本人の直接的な交渉が始まった。ヨーロッパ人たちはキリスト教の布教と貿易を目的に日本を訪れるが、先んじたのがポルトガル人で、スペイン人と合わせて南蛮人とよばれた。やや遅れたオランダ人やイギリス人は紅毛人とされた。この時代から江戸時代初期にもたらされた文化を南蛮文化といい、鉄砲に限らず日本に大きな影響を与えており、食文化も同様であった。

当初、南蛮食文化は、まず「しも」と呼ばれた九州地方を中心に広まっている。それは、次のような過程を経ていた。

・日本には我々の食べるようなものはない（布教当初）。
・平戸地方では、すでにヨーロッパの肉食が行われていた（一五五七年）。
・平戸のまちにはポルトガルと同じ食料がある（一五六〇年）。
・長崎からルソンへ「ひすからと壺」二万六六〇〇斤輸出（一六二一年）。
・細川忠興書簡「ナンハン料理させて見申度候」（一六二七年）。

（『通航一覧』「イエズス会士通信」「細川家文書」ほかより作成）

布教当初は、日本の食事事情の貧しさを嘆いていたが、イエズス会のフランシスコ・ザビエルの鹿児島上陸からわずか八年後の一五五七（弘治三）年には、平戸ではヨーロッパと同じ肉食が行われ、その三年後の平戸には、ポルトガルと同じ食料があるとまで書かれている。南蛮食文化は、徐々に京都や堺などの畿内にも広がっている。イエズス会宣教師ルイス・フロイスが永禄一二（一五六九）年四月、二条城（足利義昭邸）の建設現場で織田信長に金平糖の入ったフラスコ（ガラス製のビン）を贈った逸話は有名である。『太閤記』（一六二五年）には次のような記述がある。

上戸には、ちんた、葡萄酒、ろうけ、がねぶ、みりんちう、下戸には、かすていら、ぼうる、かるめいら、あるへい糖、こんへい糖などをもてなし、我宗門に引入る事、尤もふかかりし也

布教に際して酒好きには葡萄酒やみりんちゅう（味醂酒）などを、甘い物好きにはかすていら（カステラ）、ぼうる（ボーロ）、かるめいら（カルメイラ）、あるへい糖（有平糖）、こんへい糖（金平糖）などを与えたという。史料的な制約はあるものの、宣教師たちと日本民衆の接触に際して、南蛮菓子が触媒の役割を果たしたであろうことは容易に想像できる。

先の九州における食事情を示したなかに、すでに江戸時代の元和七（一六二一）年に二万六六〇〇斤（約一六t）」ものひすから（ビスケット）が、長崎からポルトガルの拠点の一つフィリピンのルソンへ輸出されていることに注目したい。南蛮菓子が日本で作られ輸出されるまでに広まっていた事情が読みとれる[9]。

江戸時代初期にいたる時代は南蛮菓子がもてはやされた時代で、南蛮菓子の世紀ともよぶことができよう。ちなみに京都で禁裏へ菓子を納めた虎屋の寛永一二（一六三五）年と慶安四（一六五一）年の記録にみられる南蛮菓子をあげておく。有平糖、カステラ、カルメラ、ケサチイナ、ハルテイスなどの名前がみえ、他の史料では金平糖も確認できる。天皇をはじめ宮廷の人びとも南蛮菓子に親しんでいたことが知られる[10]。

南蛮食文化が和菓子に与えた影響についてもふれておきたい。まずは鶏卵の使用である。室町

時代にいたるまで、日本人が鶏卵を食べることは宗教的な禁忌から限定的であった。しかし、南蛮人等が鶏卵を大量に使用し、菓子でもカステラや鶏卵素麺などでは重要な原材料であることから鶏卵の使用は普通のこととなった。これらの影響は、江戸時代のオランダ人の住居が長崎出島という地域に限定されていたのに対して、ポルトガル人たちは市中で日本人と触れあいながら生活していたことに原因の一つがあると思われる。冒頭、和菓子を植物性の原材料を使用するとしたが、唯一の例外が鶏卵であり、菓子に限らず日本の食文化に与えた影響は計り知れない。

次に砂糖の大量使用があげられる。輸入に頼っていた事情に変わりはないが、南蛮貿易によって砂糖の輸入量が増大して、菓子への使用量も増えたと思われる。また、南蛮菓子は砂糖をふんだんに使っており、金平糖や有平糖はある意味砂糖の塊である。あくまでも私見ではあるが、菓子は甘い物というイメージが固定するのは、南蛮菓子以降ではないかと考えている。

南蛮菓子は菓子の製法にも影響を与えている。オーブンのない日本においてカステラを焼くことは難しい。鍋に生地を入れて焼き、竹串で刺して火の通りをよくする等していたが（『和漢三才図会』など）、製造道具に工夫が加えられるようになる。

まずは『合類日用料理抄』（元禄元〔一六八八〕年）にある製法を記しておきたい(11)。

かすてらぼうろの方

一、白さとう百六十目　一、玉子十六

一、うどんのこ壱升

右鉢にて能捏ね合、菓子鍋に油紙を鍋なりに丸く敷き、其上へ右の煉合申を入、下の火は成程弱ク、上は火をつよくして焼申候、紙を敷不申候ても能候へとも自由にとれ不申候故敷申候右のねりかげんは、ねり合候て、茶匙にてすくい下へおとし候へは、いかにもたらたらと落るかげんよく候、やきかげんは、こげぬほどにやき申候

図2　カステラ製造の図
出典：『餅菓子即席手製集』（味の素食の文化センター蔵）。

白砂糖と玉子に小麦粉をこね合わせ、鍋に紙を敷いて生地を入れて上下から焼くとある。鍋の上下とは、鍋に金属製の蓋をして炭火などを置くことを意味している。図2の右手、火鉢の上に四角い箱が載せられ、上にも炭火が置かれている。こうした鍋はカステラ鍋とよばれ、近代以降もカステラ作りに使われていた。左端ではやはり釜の中と上で火を焚き、間の空間に生地を入れた箱を差し入れている。これがカステラ釜で、引き釜とよばれることもあ

る。南蛮菓子の伝来は、菓子の製造道具にも変化を与えていた。
では、どのような南蛮菓子が作られていたかをまとめておきたい。

〈現在に続く南蛮菓子〉

・**カステラ**：Pao de lo（スポンジ・ケーキ状の菓子）

ポルトガルのパン・デ・ロー。カステラの名前の語源については諸説あるが、スペインのカスティーリャ王国の菓子 Pao de Castela に基づくとされることが多い。前記のようにオーブンがないなかでカステラを作ることは大変で、伝来当時のカステラは、現在のものとは風味も異なっていたと思われる。

・**ボーロ**：Bolo（ポルトガル語で菓子の総称）

ボーロは、日本では、小麦粉、砂糖、水を用いた菓子をさす言葉として使用されるようになり、現在も「蕎麦ぼうろ」「丸芳露」「衛生ボーロ」など各地に銘菓として残っている。

・**金平糖**：Confeito（砂糖菓子）

『御前菓子秘伝抄』（享保三〈一七一八〉年）では青花《あおはな》・くちなし・形紅《かたべに》（紅を乾燥させたもの）・灰墨《はいずみ》（油煙で作る）で色を着ける。芥子の実を芯（現在はグラニュー糖）にして、鍋を回転させて砂糖液を結晶化させる。現在の日本では完成まで二週間を要する。

・**有平糖**：Alfeloa, Alfenim（砂糖菓子）

ポルトガルのアルフェロアないしアルフェニンが、日本では有平糖になった。それまでの飴は豆モヤシ、麦のモヤシを使って麦芽糖を作っていたのだが、有平糖は、砂糖を煮詰めて作られ、高級菓子として、発展していくことになる。

・**鶏卵素麺**：Fios de Ovos

ポルトガル語では卵の糸を意味し、アジア各地に伝存している。最初は玉子素麺とよばれた。溶いた卵黄を沸騰した砂糖蜜の上に、素麺のように流して固める。現在は福岡市松屋、松屋利右衛門、大阪市鶴屋八幡などで作られる。

・**かせいた**：Caixa de Marmelada

マルメロの砂糖漬である。江戸時代は毎年、熊本藩細川家から幕府へ献上されていた。一時、製造していた店が廃業し「幻の南蛮菓子」となっていたが、近年古今伝授の間香梅で復活した。

・**カルメラ**：Caramelo（焼き砂糖　飴類）

もともとのカルメラ（かるめいら）は、白砂糖に水と卵白を加えて煮詰めたものを泡立てて軽石状にして切ったもの。庶民向けの駄菓子としてのカルメラ（カルメ焼）は、卵白は使わず赤ざらめに重曹を加えて火にかけ、ふくらませたもの。

・**ビスケット**：Biscoiuto

ビスケットとは二度焼きしたものという意味で、一六二〇年頃にすでに平戸で食されていた。前述のように、日本でも早くから作られていて『南蛮料理書』では「甘酒で麦の粉を捏ねてふくらませて焼いた物を割る」とされている。

〈幻の南蛮菓子〉

南蛮菓子として現在まで伝わっている菓子のほか、江戸時代中期以降作られなくなったものがある。たとえば、飛龍頭（ひりやうす）は、もともと揚げ菓子を意味するFilhosに由来する菓子だったが、その後日本で豆腐の中にいろいろなものを入れて揚げたもの（がんもどき）に変身した。このほかに、こすくらん・はるていす・けさちいな・おいりやす・ちちらあと・かうれんなどがある。

5　上菓子の大成前夜

南蛮菓子という新しい菓子が登場したというものの、日本における菓子はいまだ素朴なものが中心であった。たとえば羊羹、饅頭、餡餅のような餅菓子、豆飴《まめあめ》（洲浜《すはま》とも、黄粉を水飴で固めたもの）、御手洗団子《みたらしだんご》（下鴨神社発祥）などの団子類などであった。とはいっても、一七世紀の京都を中心に菓子に新しい動向がみられるようになった。その一つが、京都において新しい菓子の類型が生まれたことである。洛中を取り巻くように東山地域の方広寺（大仏餅）、清水寺（清水坂炙餅）、祇園社（祇園餡餅、現在の八坂神社）、あるいは下鴨神社（御手洗団子）、北野天満宮（粟餅、真盛豆）などの菓子が生まれている（『毛吹草』）。こうした寺社は、多少図式的にいえば都市部である洛中と農村部である洛外の境界に位置している。洛中などから参拝に訪れた人びとは、茶店で憩い茶を喫し名物の菓子を食べている。こうした都市部と農村部の境界に誕生した菓子を「境界型」とよぶが(12)、この境界型の菓子が大福や金つばなどの庶民的な菓子へとつながっていったと考えている。

一方、都市部（洛中）でも名物菓子が生まれている。冷泉通では先の南蛮菓子や昆布で作ったミズカラ（水辛）、六条では煎餅（当時は小麦で作ったものが多い）、醒ヶ井《さめがい》分餅《へぎもち》、七条では小麦で編み笠の形に作った編笠団子、松本には洲浜やおこし、烏丸には川端道喜の内裏粽や千利休好みといわれた麩炙《ふのやき》などがある。これら洛中で生まれた菓子を「洛中型」とよぶ。これらの菓子は茶の湯や宮廷社会などで使われ、のちの上菓子へと発展している。また、ここで注目しておきたいのは、編笠団子のような意匠性を加えた菓子が登場していることである。冒頭指摘した五感の味わいのうち、菓子の姿を楽しむ視覚の萌芽がみられる。

6　上菓子大成

五感で味わう菓子の要件に、菓子につけられた名前、菓銘を聞くという行為がある。菓子を美しく意匠化して、ふさわしい菓銘をつけるのであるが、先にみた『毛吹草』にも、その萌芽がうかがえる。洛中ではないが、京都の南郊深草（伏見）の名物に鶉餅がある。これは『古今和歌集』

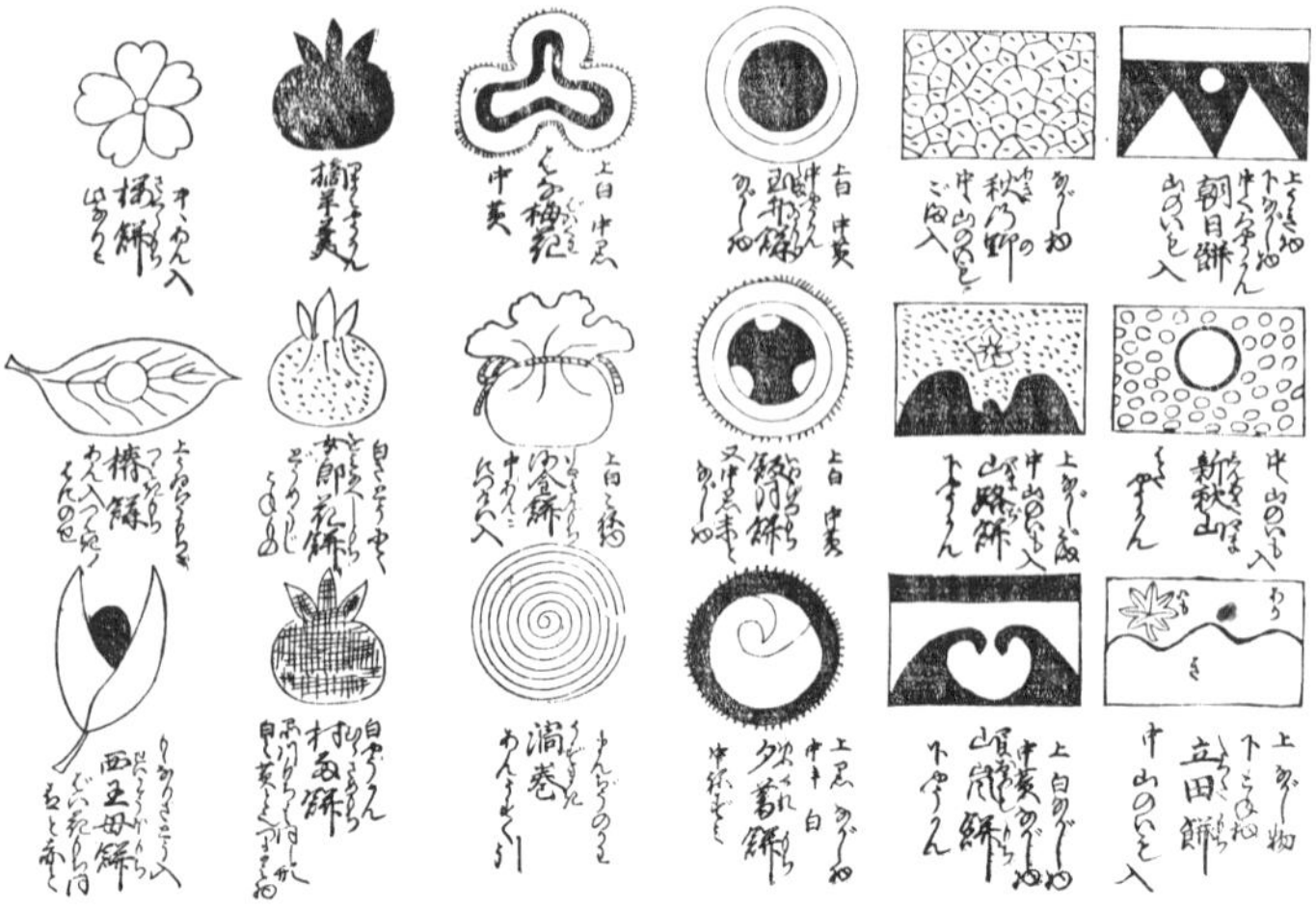

図3　菓子の意匠の図
出典：『男重宝記』より。

（雑歌下）の在原業平への返歌、「野とならば鶉《うづら》と鳴きて年はへむかにだにやは君は来《こ》ざらむ」（『日本古典文学全集』）によるもので、爾来伏見を詠んだ歌には鶉を詠みこんだものが多い。すでに古典文学などから雅な菓銘をつける行為がみられたのである。

その後、王朝への憧れを基調とする元禄文化が京都を中心に展開し、友禅染の図柄に銘がつけられるようになっている。男のたしなみを記した『男重宝記』（一六九三年）には二四種の菓子の意匠（図3）と約二五〇種の菓銘が記されている。これは当時茶の湯が男性によって担われていたことによる。一七世紀後期にはさまざまに意匠化し雅な菓銘をつける行為が成立したことを示している。古い菓子店には、菓子絵図帳（見本帳とも）とよばれるものが残され

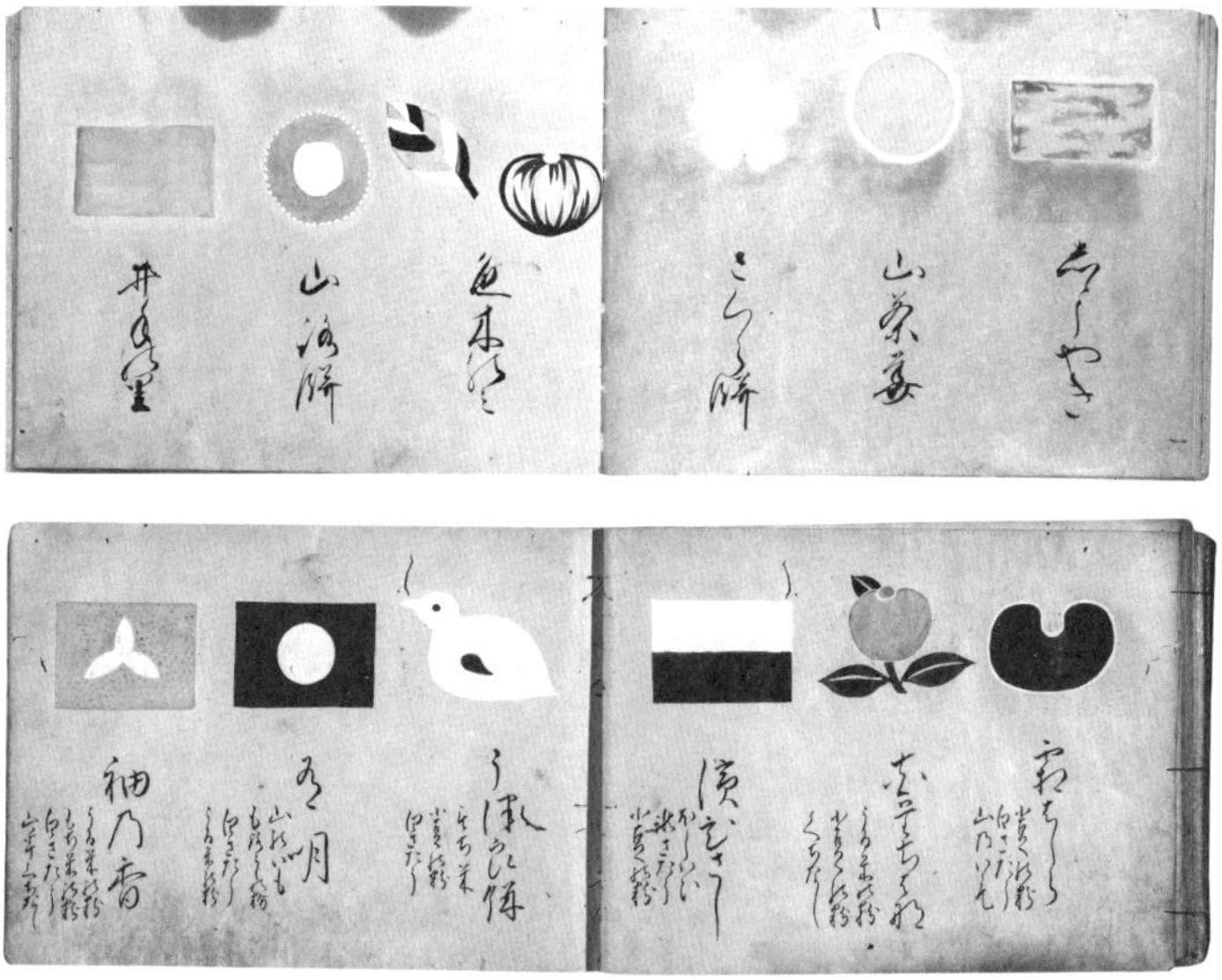

図4　虎屋に残る「御菓子之畫圖」
上：元禄8（1695）年11月、下：宝永4（1707）年（ともに虎屋黒川家文書）。

ている。菓子の姿を彩色して描き、菓銘を記している。図4は虎屋に残る元禄八（一六九五）年一一月の「御菓子之畫圖」と宝永四（一七〇七）年の「御菓子之畫圖」で、上菓子大成当時の姿を今に伝えてくれる。材料をみると、高価な白砂糖と氷砂糖が使用されている。こうした上菓子は意匠性や菓銘とともに、白砂糖を使うところに特徴がある。のちに京都で結成された上菓子屋仲間史料などによれば、白砂糖の使用は上菓子屋仲間に独占されていた[13]。

一七世紀後期の京都で上菓子が生まれているが、その歴史的な条件をあげておこう。まず、朝廷があり、幕府の京都支配を担う京都所司代もまた朝廷を支えていた。伝統的な文化といえば、京都である。朝廷ではさまざまな宮廷行事が行われ、茶道、華道など日本の伝統文化の中心もまた京都にあった。このような伝統文化に日常的にふれていた町衆は、寛永、元禄期のサロン文化が花開くのにあたって大きな存在に成長していた。町衆は京焼、西陣織や京友禅などの先進技術をもって伝統的な文化をさらに発展させる一方、大名貸を行うほど大きな金融業者たちが活躍しており、京都を一つの金融センターにして、さらにさまざまなタイプの人びとを京都に集めた。もちろん、仏教の各派の総本山があり、歴史ある大神社が数多く存在したことも忘れてはならない。

7　江戸時代後期、庶民に広がる和菓子の展開

京都で誕生した上菓子は、江戸を中心とした都市ネットワークなどによって、京都から全国各地へ展開している。しかし、その値段の高さからいって上菓子の利用は、公家や武家、上層町人など限られた人びとに独占されていた。

和菓子は一八世紀後期に江戸はもとより地方においても著しい発展をとげている。それを可能にしたのは砂糖の国産化に成功し、砂糖の流通量が増加したことなどが考えられる[14]。

もう一つ重要なのが、文化・文政期に大いに発展した出版文化である。出版によって、多くの人びとが菓子に関する情報を共有した。

日本の最初の菓子製法書は享保四（一七一九）年の『御前菓子秘伝抄』である。著者は不明だ

が、百を超える菓子の製法が掲載された。菓子製法が、一般的な料理本から独立することによって、紹介される菓子の数も内容も充実していった。宝暦一一（一七六一）年に刊行された『御前菓子図式』は、『秘伝抄』の続編というべきもので、簡単に図示することでわかりやすくなっている。天保一二（一八四二）年に刊行された『菓子話船橋』は、菓子製法書の最高峰とされるもので、菓子製法の秘伝が惜しまず披露されていて、菓子通の人びとの共通認識をつくるのに寄与した。一方、『東海道中膝栗毛』で有名な十返舎一九による『餅菓子即席手製集』（一八〇五年）や、『秘伝抄』と『図式』を合本しただけの『古今新製菓子大全』（一八四〇年）は、あまりよい菓子製法書とはいえないが、菓子製法刊本の広がりを示しているといえる。

さらにふれておきたいのは、菓子文化を象徴的に示す煉羊羹の誕生である。煉羊羹の起源については諸説あるが、現在の煉羊羹の直接の起源は、寛政年間（一七八九〜一八〇一年）だとされる。寒天を利用した煉羊羹は、それまでの蒸羊羹に比べて、日持ちがよく食感、味わいの点で多くの人びとに受け入れられ、全国に広まっていくことになる。

このようにして、文化・文政期に菓子屋の数がぐっと増えた。当時の三都は、江戸、大坂、京都だが、幕藩体制の中心である総城下町とでもいうべき存在である江戸は、参勤交代や大名茶の流行でできあがっていた都市ネットワークの中心となっていた。

このような点を含めて、江戸時代の菓子の全国展開、さらに明治時代以降の和菓子のあり方に関しては、現在本としてまとめるべく準備中である。[15] ここでは、最後に、江戸時代末期の様子を

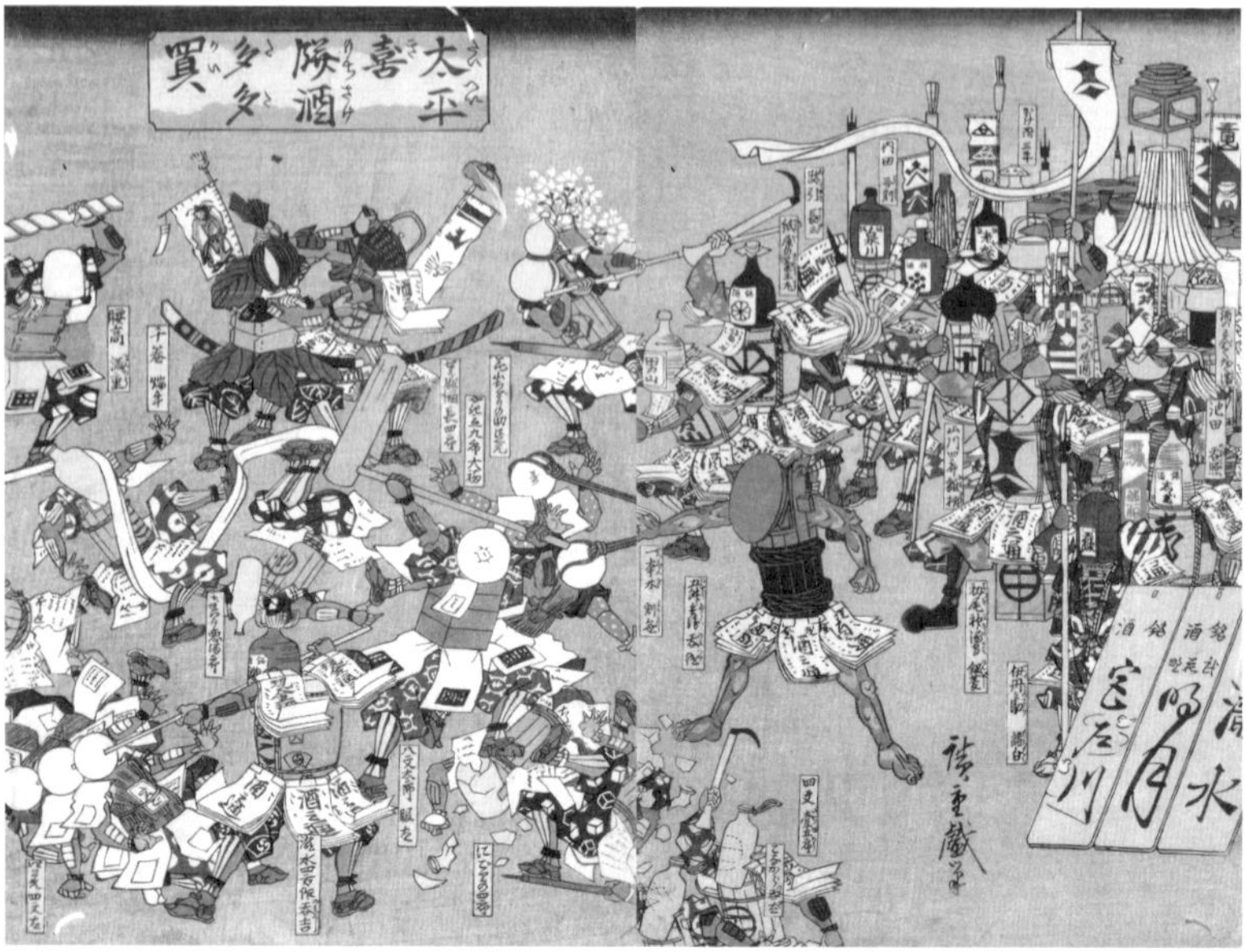

図５　歌川広重「太平喜餅酒多多買」（三枚続）
（味の素食の文化センター蔵）

もっともよく示すものとして、歌川広重の錦絵「太平喜餅酒多多買」（天保一四〔一八四三〕年～弘化三〔一八四六〕年）を紹介しておきたい（図５）。

画題は上方からもたらされた下り酒を中心とした酒軍と、菓子が戦をくり広げるものである。登場する菓子はいずれも江戸の庶民たちに親しまれたものばかりで、桜餅や大福など江戸で生まれ育った菓子もみられる。

江戸時代後期、華やかな展開をみせた庶民の菓子の姿は、このように生き生きとした形で、伝えられているのである。

〈注〉

（1）和菓子という言葉は近代以降、洋菓子に対置して用いられるようになり、国語辞書に採録されるようになったのは、第二次世界大戦後のことである（『「和菓子の歴史」展』小冊子、虎屋文庫、二〇一〇年）。しかし、本稿では適宜「和菓子」の語も使用する。

（2）和菓子の歴史の概略については、青木直己『図説和菓子の歴史』（ちくま学芸文庫、二〇一七年）を参照していただきたい。

（3）虎屋一六代店主、社長（一九九〇年逝去）。日本美術史を専攻し、文部省美術研究所（現・東京国立文化財研究所）などを経て家業を継いでいる。

（4）餅は長く「もちい」と読まれており、近世初期頃から「もち」の読みに統一されるようになった。

（5）石橋顕「古代甘味料・甘葛煎の概要」（虎屋文庫『王朝の雅と和菓子展』小冊子、一九九四年）。本書八三頁、山辺氏のコラム参照。

（6）大日本古記録『後二条師通記』中（東京大学史料編纂所編、岩波書店、一九五七年）。

（7）羊羹については青木直己の前掲書ならびに、「羊肝餅と羊羹」（『立正大学東洋史論集』第五号。のちに若干の訂正を加えて、『和菓子』第二〇号、虎屋文庫、二〇一三年に再録）参照。

(8) 中元幸二「天文期の砂糖餅について」(『和菓子』第七号、虎屋文庫、二〇〇〇年)。
(9) ビスケットは江戸時代中期頃には途絶え、幕末に洋式軍隊が注目されると兵食として評価され、長崎に製法を学ぶ者もいた。なお、南蛮菓子については『「南蛮菓子」展』小冊子(虎屋文庫、一九九三年)参照。
(10)『虎屋の五世紀~伝統と革新の経営~通史編』一六頁(株式会社虎屋、二〇〇三年)。
(11)『日本料理秘伝集成』第一巻(同朋舎出版、一九八五年)所収。
(12) 注(2)『図説和菓子の歴史』八八~九七頁。
(13) 青木直己「上菓子屋仲間と禁裏御用菓子屋」(『和菓子』第三号、虎屋文庫、一九九六年)。
(14) 遠山佳治「名古屋の菓子事情」(『和菓子』第四号、虎屋文庫、一九九七年)、深井甚三「近世後期、城下町金沢の菓子屋と菓子について」(『和菓子』第八号、虎屋文庫、二〇〇一年)、青木直己「関東城下町における菓子屋仲間について——城下町と在村の菓子屋経営」(『立正史学』第一一七号、立正大学史学会、二〇一五年)。
(15) 現在、江戸時代の和菓子関連の論文集と菓子の通史をおのおの準備中である。
なお『和菓子』第一八号(虎屋文庫、二〇一一年)で「特集——甘味料をめぐって」があり、甘葛煎、蜂蜜、砂糖について六編の論考が載せられていることも付記しておく。

コラム

近代北部九州の産業社会と甘味

八百啓介

北部九州の菓子文化は古代以来、朝鮮半島や中国大陸さらには「南蛮」とよばれた南欧イベリア半島の菓子文化が仏教やキリスト教などの宗教とともに渡来し、東西の菓子文化が重層的に融合したという歴史的地理的条件にある。さらに江戸時代には、長崎に来航する中国船、オランダ船がもたらす砂糖は、船で大坂に運ばれたのみならず長崎周辺の地域にも広がり、その伝播のルートとなった長崎街道は今日「シュガーロード」ともよばれる。

さらに近代に入ると北部九州の菓子文化の中心は長崎、佐賀から福岡県域に移ることとなる。その背景には、福岡県を中心とする北部九州地域が石炭産業と重工業の発展によって日本近代における産業社会の拠点となったという国内的条件があげられよう。

明治二二（一八八九）年には福岡県南部の大牟田にあった官営三池炭鉱が三井財閥に払い下げられ、ついで明治三三（一九〇〇）年の官営八幡製鉄所の創設をきっかけとして、北部九州における炭鉱開発は福岡県北部の筑豊地域に移る。江戸時代以来、中小の炭鉱が乱立していた筑豊地域には、明治二〇年代から三〇年代にかけて三菱、住友、古河といった中央の資本が進出し、明治四〇年代には、わが国の石炭生産量の三分の二を占めるようになった。これにともなって、その中心都市となった飯塚（現・福岡県飯塚市）の人口も明治四〇年代に入ると一万人を超え、市制が施行された昭和七（一九三二）年には四万人を超えた。石炭産業の発展により、炭鉱における激しい労働によるエネルギー補給や、多くの関連企業におけるホワイトカラー層の贈答、さらには事故災害時の見舞いにいたるまで多くの場面で菓子が用いられ、その需要が高まった。この結果、昭和一三（一九三八）年の『飯塚商工案内』によると、商店数百軒のうちもっとも多い業種は菓子商の一二七軒であり、第二位の飲食店（八七軒）、第三位の酒屋（六九軒）を引き離している。

石炭産業の発展とともに、それまで長崎、佐賀を中心としていた北部九州の菓子文化（すなわち鶏卵と砂糖を原料とする南蛮菓子の文化）の中心は、大牟田地域を経て筑豊地域に移る。すなわち明治一八（一八八五）年に大牟田において「かすてら饅頭」が発売される。これはその名が示すとおり、小麦粉・鶏卵・砂糖を原料とする南蛮菓子の系譜を引く菓子であり、鎌倉時代に中国から北部九州にもたらされた従来の「蒸し饅頭」とは、材料も製法も異なる「焼き饅頭（カステラ饅頭）」の誕生であった。炭鉱の発展とともに、明治三〇年代から大正中期にかけて飯塚市周辺において「山田饅頭」「ふたせ（二瀬）饅頭」など「かすてら饅頭」と同じ技法の饅頭が登場する。なかでも大正元（一九一二）年には飯塚において「ひよ子」が発売され、さらに昭和二（一九二七）年には同じく飯塚で「千鳥饅頭」が発売された。飯塚、直方にはこのほかにも種々の焼き饅頭のほか、「成金饅頭」「黒ダイヤ」などの石炭産業華やかなりし頃の豪気を伝える銘菓が残っている。

このうち「ひよ子」の創案者であった石坂茂氏は、明治三〇（一八九七）年創業の吉野堂の二代目であったが、「ひよ子」というユニークな形と鶏卵を原料とした焼き饅頭を考える際には、石坂家の出身地である穂波郡八木山村（現・福岡県飯塚市）一帯では江戸時代には福岡藩の専売制による養鶏業が盛んであったことを考える必要がある。石坂茂氏は長崎で菓子作りを学んだ後に飯塚で「ひよ子」を販売するのであるが、「ひよ子」は南蛮菓子の第二世代といってよい。

一方、「千鳥饅頭」の創業者であった原田政男氏は、佐賀久保田町の菓子商松月堂の跡継ぎに生まれたが、原田家は今日、江戸時代から続く佐賀の多くの菓子商と同様に、元来は戦国時代の大大名竜造寺家の家臣が竜造寺家の没落とともに郷士となって土着したものであった。ちなみに森永製菓の創業者である森永太一郎氏の生家も、家業は伊万里の陶磁器商だが郷士身分であったという。原田家は他の佐賀商人同様に有田焼の行商を副業としていたが、政男氏は行商に立ち寄った石炭景気に沸く飯塚で、教員であった姉の年収に匹敵する利益を得たことから出店を決めたという。

戦後、「ひよ子」も「千鳥饅頭」も福岡市に進出したが、「ひよ子」はさらに昭和三九（一九六四）年の東京オリンピックを契機に東京への進出を果たし、今日では別会社となった。

さて「千鳥饅頭」の原田政男氏の弟である原田三郎氏は昭和五（一九三〇）年、八幡製鉄所の正門前で「八幡饅頭」を販売する（図1）。八幡製鉄所は明治三四（一九〇一）年の操業開始時、

図1　昭和25年頃の八幡饅頭の包み紙（原田隆好氏提供）

すでに従業員数は四四八四人であったが、当時従業員数が三〇〇〇人を超える企業は官営の八幡製鉄所のほかには陸海軍の工廠しかなかったという。ちなみに明治三六（一九〇三）年の従業員数七五五三人は、呉、横須賀の海軍工廠と東京、大阪の砲兵工廠につぐ第五位であった。

激しい労働によるエネルギー補給とホワイトカラー層の出現による贈答品・嗜好品としての菓子文化という点で、製鉄所は炭鉱に匹敵する。すでに大正六（一九一七）年の市制施行以前、日露戦争直後の明治三九（一九〇六）年の『福岡県統計書』によると、当時の八幡町の商店数は三〇五〇軒であったが、このうちもっとも多かったのが菓子小売業の二七五軒であったという。昭和九（一九三四）年には当時の八幡市（現・北九州市八幡東区・八幡西区）の実業組合のうち菓業組合員は一二八人で、酒類商の六三人を上回っている。

八幡製鉄所においても、明治三〇年代の鉄道網の整備とともに佐賀県の小城羊羹が従業員のエネルギー補給のために販売されるようになったというが、大正末期には製鉄所購買会自身が「くろがね羊羹」の製造販売を始めた。石炭産業と製鉄所を中心とした近代産業社会は、甘味によって支えられていたといえよう。

第2章　パティシエの目からみた洋菓子

吉田菊次郎
Yoshida Kikujiro
菓子研究・食文化研究

お菓子の世界から「甘みの深化」を探る役割を、私はパティシエ、すなわち洋菓子の作り手という立場から考えてみたいと思う。本当は、西洋菓子のあゆみを遠く古代までさかのぼって述べたいのだが、紙幅の限りもあるので、現代のお菓子の基盤をつくった近代の、それもフランスの菓子を中心に語っていきたい。

1　プロローグ——フランス菓子はとにかく甘かった

大学卒業後、一九七〇年に単身渡仏。両親ともに菓子屋という家系に育った私だが、菓子の世界に足を踏み入れたのはやむをえぬ事情があってのことだった。じつは大学生の時に父親が事業につまずき、家業を立て直すため本場での修業を決意した。何か持って帰らなければ、という必死の思いでお菓子屋に飛びこんだ私は、「ああ、これが夢にまでみた、あのフランス菓子か」と口にしたとたん、あまりの甘さにびっくり。慌てて水を頼むと、「お前、お菓子を水で食べるのか」と変な顔をされる始末。でも、あちらのお菓子はとにかく甘い。甘すぎる。

ところが移り住んで四、五カ月ぐらいすると、あれほど甘く感じていたものが、おいしく思えるようになってきた。それは、まさに身体が馴染んでくる、という感覚である。

パリでの修業当時、日本から来た方に頼まれてお菓子屋に案内すると、ほとんど例外なく一口食べて「吉田君、甘すぎないか。ちっともうまくないよ」と。でも、来たばかりではこのお菓子のおいしさはわからない、もう少し住んでもらえば感じてもらえるはずと、口には出さずとも心のなかでは思っていた。そんな私が修業を終えて日本に帰国すると、今度は日本のお菓子がもの足りない。しかしながら、これもやはり数カ月すると「日本の菓子も捨てたもんじゃないな」と……。身も心も日本の甘みの文化に馴染んでくる。

これは思うに食生活全体からくる問題。つまり身体に入ってくる甘み（砂糖を中心とした）の量にもよるのではないか。日本では、煮物、和え物を筆頭にして丼物からすき焼き、天ぷら等々、さまざまな料理にかなりの甘みが用いられている。対してヨーロッパの料理では果実のソースなど例外的なものを除いてほぼ甘みは入っていない。だからデザートとして甘みがたっぷり身体に入る余地があるのではないか。

日欧のお菓子の甘みの差については、のちに官能テスト的な試みを行ったことがある。社員や家族などを対象に、フランスでの配合通りに作ったお菓子を食べてもらい、そこから糖分だけを三％、五％と落とし、おいしく感じるところを探る。なにぶん味の好みは個人差のあるものだからはっきりした数値は出せないが、現地より五～一〇％減くらいが日本人の好みの甘さといえそうである。ただ、それ以上落とすと味のバランスが崩れてくるが。

2 西洋菓子発展の基盤

それでは、西洋菓子が大きく発展してきたその基盤に話を移そう。これにはお菓子作りに欠かせない〈材料〉、発展を後押しする〈道具・技術〉、広く普及・定着させる〈知識の伝達〉といった視点からアプローチをかけていく。

〈材料〉

西洋菓子の主要な材料は、言わずもがなの砂糖、小麦粉、卵。さらにバターや生クリーム等が続く。甘みとして人類が最初に手にしたものは蜂蜜と熟した果実である。これは洋の東西を問わない。洞窟壁画に蜂蜜採取の画があったり、エジプトのファラオの墳墓から蜂蜜やハチを型取った金印も出土していたりする。また、たとえば柿などを甘味料として用いることは古来日本でも行われている。

そこで甘みの主役たる砂糖だが、原料はサトウキビ。原産地はニューギニアあたりで、ヨーロッパが知るのはインドからであるが、高温・多湿の熱帯生まれのサトウキビは欧州では育てるのが困難で、長らく貴重品として薬のごとく扱われていた。さらに、栽培適地を植民地にした国が砂糖生産を行い、一九世紀になると寒冷地でも育つテンサイ（甜菜）からビート糖が作られるようになり砂糖事情は変わっていく。このあたりのことは本書第I部第3章、および総括に詳細が述べられているので話はそちらに譲ることにして、フルーツのジャムや砂糖漬けが作られることでお菓子作りに華やかな彩りが加えられていったことも付記しておこう。

次に小麦粉。原料の小麦は西アジア生まれだが、こちらはヨーロッパでも栽培可能だった。お菓子作りはもとより、パンの原料として人びとの主たるエネルギー源となった。

では卵はどうか。こんにち物価の優等生といわれる卵も、古くは入手困難なものだった。それは産む卵の数が少なかったから。生き物文化誌学会でご一緒させていただいている秋篠宮文仁殿下からうかがったお話では、もとは年に一〇個ほどしか卵を産まなかった野鶏から、人が飼いならして品種化を進め、長いあいだ改良を加えることで多産になったとのこと[1]。卵がたくさんとれるようになったのは一六世紀になるやならずやの頃。これは欧州でお菓子文化が飛躍的に発展する時期とも符合する。

チーズやバターは、古代のアラビア遊牧民から生まれたとされ、彼の地の牧童たちは絞った羊や山羊の乳を切ったばかりのイチジクの枝でかきまぜて凝固させていたという。乳を攪拌してバターを得る技法はモンゴルなどでも行われる。ヨーグルトは紀元前三世紀頃、コーカサス地方の南スラブ人がすでに発酵乳を飲んでいたといわれる。生クリームの登場は一七世紀に入ってからで、一説によるとフランスのヴァテルという人の開発によるとか。いずれにしても牧畜文化圏であるヨーロッパにとって、乳と乳製品は身近な食材であった。

さて、砂糖、小麦粉、卵、バターと役者も出揃ったところで、大航海時代にスペインで誕生したのがビスコッチョなるスポンジケーキ。たまさか誰かが卵を泡立て、それに他の材料をまぜてオーブンに入れたら、ふっくらとした軽い食感に焼きあがった。この柔らかくふくれたお菓子をもとに多くのトルテやデコレーションケーキ等々へと華麗なるスイーツ文化が開ける、まさにターニングポイントとなった出来事である。やはり材料あってのお菓子作りで、たとえば卵を泡立てても砂糖が使えなければ、生地はふんわりとした形態としっとりした食感を保つことはできない。

大航海時代にはヨーロッパにカカオがもたらされたことも忘れてはならない。もとは飲み物だったチョコレートは、さまざまな改良・工夫が施され、お菓子の副材料になるとともに主役にもなった。詳しく述べられないのは残念だが、ショコラティエなる専門職ができ、専門店・専門メーカーも世界に数多くつくられている。

材料としては、中世の修道院も源流の一つとなっている各種のリキュール類、アーモンドやクルミ、栗などの豊富なナッツ類も、西洋菓子の世界に味の奥行きだけでなく、豊かなる香りや彩りを与えていることを申し添えたい。

〈道具・技術〉

今度は道具・技術面に目を転じよう。

じつは道具としてお菓子作りの発展で特筆すべきは泡立て器である。先に述べたケーキの原形がふっくらふくらむのも、攪拌した卵の泡が焼く間も安定しているからこそのこと。そこでより多くの空気を含ませられる道具が大切になる。しかしながら、じつは長いこと、道具ともよべない素朴なものに頼ってきたのだ。しなる細い木の枝（柳やねこ柳など）を束ねたもの、木製スプーン、フォークも使われた。これらで卵を泡立てるには相当の時間と労力がいる。ましてや卵白をピンと立つほど泡立てるメレンゲ作りにいたっては、言わずもがなである。現在みられる金属製のバルーン泡立て器が一般に普及したのは一八世紀後半という。これも人力頼りだが、効率は格段に向上した。

さて、調理に欠かせないのは火（加熱）とその制御である。ヨーロッパの調理では、覆いのない炉の火（直火）で肉や魚をローストし、閉鎖式のかまど（オーブン）でパンを焼き、レンガや鉄製の炊事炉（ストーブ）で煮込み料理やソースを作るという三種の加熱法が確立してきた。

お菓子作りで力を発揮するのはオーブン（かまど）である。火力としては、薪から石炭、さらにガスや電気へと移っていった。初めの頃のオーブンはドーム型をして、先にくべた薪などの火で壁面や内部に熱を蓄え、そこに素材を入れて加熱するというものだったが、こうした古典的な原理はその後もずっと変わらなかった。このオーブンや調理用ストーブの設計に大きな進歩があったのは一八世紀、光の世紀とよばれた時代で、この時期まさに本格的なお菓子作りの環境が整ってきたのである。そしてレシピが改善され、より複雑なお菓子が作られるようになった。繊細なお菓子作りではオーブンの温度管理が重要であり、その調節が可能になっていくことで、精

図1　手押し車に積んだオーブンで、パステーテンやプレッツェルの焼き立てを売る人たち（15世紀頃の絵）
出典：『西洋菓子　世界のあゆみ』151頁。

緻化も進んだ。いまやその極みともいえるコンピュータ制御の時代を迎えている。

火の次は冷却である。人びとは冷たいものへの憧れを古来もっていたようだ。氷室を使って氷雪を保存する技術は古代から用いられた。また、中国では保存しておいた氷に硝酸塩（硝石）を入れて温度を下げ、容器に入れた果汁を冷やし固めたという。この技術を、中国を旅したマルコ・ポーロがイタリアに持ち帰ったという説まである。そのイタリアでジェラートが生まれ、フランスに渡ってさらに発展した（後出の〈シャーベットとアイスクリーム〉参照）。

冷却には氷が使われたが、長い間それは天然氷だった。しかし、冷却の別な技術も人間は知っていたのである。それは蒸発作用を利用するもので、気化熱が奪われることで冷やされるという原理である。たとえば、素焼きの器（多孔質）を水につけて濡らし、水分が蒸発しながら気化熱を奪って冷やすワインクーラーなどわかりやすい。インドではこの技術を使って実際に氷を作っていたという。一八世紀以降、発明家たちは蒸発による冷却作用を促進する方法を研究し、一八六二年にはハリソン・ジーベ蒸気圧縮式製氷機が発売されている。この基本原理は、現在家庭で活躍している冷蔵庫のものと同じだという。

こうして、私たちはいつでも冷たい飲み物、食べ物を手にできるようになった。お菓子作りにとっても、多彩な氷菓を作れるだけでなく、その素材の保存という基礎を支える役割を果たしてくれている。

〈知識の伝達〉

西洋菓子の発展に大いなる貢献をしたものとして書物などの出版も見逃せない。私も資料として欧米（とくにフランスやドイツなど）の刊行物を蒐集し、たいへん勉強になっている。

一四四〇年頃には、フランスの料理人であるタイユヴァンの『ル・ヴィアンディエ』が出された。同書はフランスで印刷されたもっとも古い料理書といわれている。その後も多くの本が出された。一六五五年には『ル・パティシエ・フランセ（フランスの菓子職人）』が、一六九二年にはマシャロによる新しいジャム作りの指南書が出されたが、これはフランス語で書かれた最初のイラスト入りのお菓子の本だ。そして一九世紀になると巨匠アントナン・カレームが登場し、数多くの著作を残す。その直弟子ジュール・グフェは、一八七三年に出した『ル・リーブル・ド・パティスリー（製菓書）』で、菓子職人として初めてレシピにおける材料の分量をはっきり記した。その意味がいかに大きいかは言うまでもない。

ご存じのように、菓子作りには材料の明確な分量とともに、その正確な計量が欠かせない。そのためには、計測が可能な秤の存在とともに、度量衡の確定も必要となる。フランスでは革命後の一七九〇年代にメートル法を施行している。

3　花開いた西洋菓子いろいろ

まずは、ヨーロッパにおけるお菓子のポジションを確認しておこう。日本では慣習的にお十時、お三時といった「おやつ」（間食）としてお菓子を食べることが多かったのに対して、ヨーロッパでは一連の食事の最後を締めくくるものとして、お菓子がテーブルに登場する。すなわち「デザート」としての位置づけである。もちろん、朝食として食べられるお菓子やイギリスのアフタヌーンティーのお供などの顔ももっているが、主体はデザートと考えてよいだろう。

さて、デザートは英語読みで、フランス語ではデセール。これは食べた後の皿を下げるという意味のデセルヴィール（desservir）からきた言葉である。現在では、デザートは食後にサービスされるものをさし、チーズ、甘味アントルメ、フルーツが含まれる。このアントルメ（entremets）の語源はアントル・レ・メ（entre les mets）、つまり「料理の間」という意味で、アントルは「の間に」、レ・メは皿の複数形、すなわち料理をさす。かつての食事形式では、大がかりな料理と料理の間をつなぐものとして、歌舞音曲、手品などショー的なものが行われていた。それがいつしか食事の後にもってこられるようになり、ひいては食事の後に出されるデザートを意味する語に置き換わっていったのである。

ちなみに甘味アントルメとしては、プディングやスフレなどの温かいもの（アントルメ・ショー）、アイスクリームやシャーベット、バヴァロワといった冷たいもの（アントルメ・フロワ）、常温で提供されるタルトやトルテといった、通常「ケーキ」という概念でとらえられるパティスリーなど、ほとんどのお菓子が含まれる。

「パティスリー」の語が出てきたところでもう一つ、フランス菓子の分類について。このほかに、果物の砂糖漬けやボンボンなどの「コンフィズリー（糖菓）」、シャーベットなどの「グラス（氷菓）」を加えた三分類がなされていることも付け加えておく。

では、彩り豊かな西洋菓子の花園へご案内しよう。これも数えあげたら切りがなく、いくらでもお話ししたいところだが、そこは少々抑えて一〇本の花を思いつくままに摘んでみよう[2]。いずれおとらぬ歴史のあるもので、西洋菓子の世界ではベーシックな存在である。

〈マカロン〉

このところ日本でも人気があるマカロン。読者諸氏が思い浮かべるのは、表面がツルっとして二つを合わせた間にクリームがはさまれた色鮮やかなものだろう。これは、マカロン・リス、あるいはマカロン・パリジアンとよばれているものである。

マカロンの発祥地はイタリアとされ、原形は蜂蜜とアーモンド、卵白で作られていた。この材料の出合いからして、もっとも古典的なお菓子の部類に入るだろう。これをフランスに伝えたのは、一五三三年、フィレンツェの名門メディチ家の娘カトリーヌ・ド・メディシスが、フランス王子のオルレアン公（のちのフランス王アンリ二世）に輿入れした時にともなった調理人たちといわれている。この製法が各地に伝わり、素材は同じながらアレンジメントの広がりとともに特徴ある地方銘菓として評価を得ていく。バスク地方や北フランスのアミアン、ロワール地方のコルメリ、フランス南西部のサンテミリオンなどなど。

なかでも有名なのがロレーヌ地方ナンシーの修道院生まれのものだ。一七世紀にはひそかに当地で評判をとっていたが、フランス革命（一七八九年）に際し、ナンシーの信心深い家庭に難を逃れてかくまわれた修道女が、その家の主人への恩返しにと秘伝のレシピで作ったという。やがてそのおいしさがナンシー全域に伝わり、評判は周辺各地でも知るところとなった。こうして作られたマカロンを、人びとは「スール・マカロン（シスターのマカロン）」とよぶようになったという。

パリの洗練されたマカロンもおいしいが、思い思いにひび割れした素朴きわまりないクラシックなマカロンも、胸ゆさぶられる味である。

〈マドレーヌ〉

日本でもよく知られる、貝殻形をした半生タイプのかわいらしい焼き菓子である。このお菓子もいわれや逸話の多いものの一つ。

ピエール・ラカンという人の書いた『パティスリー覚え書き』(一九一一年)によると、アヴィスという偉大なる製菓人が一九世紀初めウィーン会議で活躍したタレーラン公の家で働いていた時、カトル・カール(フランス風パウンドケーキ)の生地を用い、ゼリー寄せの型で小さなお菓子を作ることを思いつき、それがカレームらの称賛を浴び「マドレーヌ」という名を与えられたとのこと。

しかし、はるか以前からフランスで作られていたという説もある。長い間秘密とされてきたマドレーヌのレシピが、ある時ロレーヌ地方コメルシーのお菓子屋に高値で売られ、買い手はこの美味なお菓子をわが町の名物としたが、一七〇三年にはベルサイユで、ついでパリでも流行するようになった、というもの。この点について、発明者はコメルシーで料理人をしていたマドレーヌ・ポールミエで、彼が製法を伝えた家が売り出しに専念したと書かれた書物もある。ほかにも、ルイ一五世の義父で、ロレーヌ公国を治めていたスタニスワフ・レシチンスキーお抱えの女料理人が作ったという話（これにも諸説あり）。いずれにしても、コメルシーは重要な地点といえそうだ。

近世・近代を通じて愛されてきたマドレーヌ。当初から貝殻形をしていたというが、ちなみにこれは、古くよりスペインの巡礼地、サンチャゴ・デ・コンポステーラへの巡礼者が帆立て貝の貝殻を持ってそこをめざす風習に由来するともいわれている。エピソードはいくつあっても楽しく、ヴェールに包まれているほど好奇心をそそられるものだ。

〈ドラジェ〉

分類としては糖菓、コンフィズリー。このお菓子の歴史も古く、『ラルース・ガストロノミック』というフランスの料理百科事典にも、ローマ人はドラジェの原形、つまりアーモンドなどを蜂蜜で糖衣した菓子を知っていたと記されている。紀元前の記録でも、ローマの名家ファビウス家では、子どもの誕生や家族の結婚など何かおめでたいことがあると、喜びの印としてドラジェを配っていたという。

フランスにおけるドラジェは、中世に北東部の町で、薬剤師が薬を飲みやすくするため糖衣を施すのにヒントを得て、菓子屋がアーモンドなどに砂糖の衣をまとわせることを思いついたのが発端という。そして一八世紀半ば、ルイ一五世御用達のパリの砂糖菓子店が現在の形に近いものにしたとされる。

今でもヨーロッパでは、洗礼のほか、出産や婚約、結婚などの慶事の折にドラジェは欠かせない贈り物となっている。それは、アーモンドがたくさん実をつけ、多産や繁栄の象徴ともされるから。ことに結婚式にあっては、中のアーモンドは生のものでなければならず、そこから新たな命が芽吹くという。やさしい色合いのドラジェは、陶製の容器や布張りの箱などに、まるで宝石のように収められる。

〈バヴァロワ〉

軽く泡立てた生クリームと卵黄、砂糖を混ぜてゼラチンで固めた冷製アントルメ。ムースに比べて種自体は軽くなく、むしろ重い部類に入るが、口当たりのよいお菓子である。古くはフロマージュ・バヴァロワとよばれていた。しかし、フロマージュすなわちチーズ入りということではなく、固まった様子からの命名。起源はその名からドイツのバイエルン（バヴィエール）地方とされる。

このバヴァロワ種を、フィンガー・ビスケットで作った器に流し入れて冷やし固めたものが、カレームの傑作といわれる「シャルロット」である（図2）。ところで、このカレーム時代のレシピに従ってバヴァロワを復元すると、砂糖はこんにちの

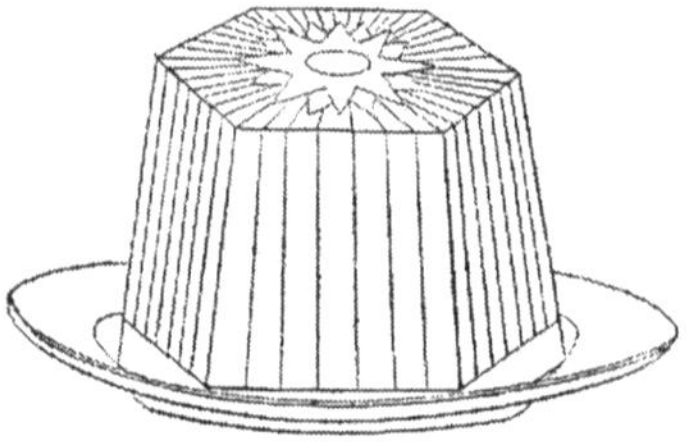

図2　アントナン・カレームの描いたシャルロットのデッサン
出典：『西洋菓子　世界のあゆみ』259頁。

およそ三倍、ゼラチンも二倍量になる。当時は貴重品であった砂糖をふんだんに使ってこその贅沢品、というわけだろう。加えてゼラチンもしっかり入れ、ブリンブリンの状態のものが当時は好まれていたと思われる。現代とはいささかの隔たりを感じるが、味覚や食感の好まれ方とは、時代によって変わるものである。

〈シュークリームとエクレール〉

日本人の大好きなシュークリーム。シューはフランス語でキャベツの意味、ぽっこりふくれて焼けた形状からの表現で、そこに英語のクリームをくっつけた日本製の合成語である。正しくはシュー・ア・ラ・クレームとなる。

シュー種の原料は水、バター、小麦粉、卵で、ふくれる原因は水蒸気。焼いた餅がふくれるのと原理は同じ。でも、餅がすぐしぼんでしまうのに対して、シュー種は水で練った小麦粉の弾力でこの圧力を受けとめてふくらみ、ちょうどタイミングよく含まれる卵が焼けて固まり、形を保って風船のようになる。シュー種はいわゆるルー状のもったりしたもので、オーブンのなかった時代には油で揚げたり熱湯でゆでて加熱凝固させていた。

また、フランス菓子全書とでも訳すべき本によれば、フランスに嫁いだカトリーヌ・ド・メディシス付きの製菓長ポプランが、「オーブンで乾燥させた生地」(シュー生地)の作り方を会得していたという。ならば、一六世紀半ばにはシューの原形はすでにあったといえる。

そして歴史は流れ、近代ともなるとさまざまなバリエーションのシューが作られるようになる。パリとブレストを結ぶ自転車競技にちなみ、車輪になぞらえた「パリ・ブレスト」、直訳では「尼さんのおなら」となる「ペ・ド・ノンヌ」、白鳥に模した「スィーニュ」などなど。

さらにはおなじみの「エクレール（エクレア）」。カレームが開発に力を注いだという絞り袋と口金で、長く絞り出した種を焼く。語源は稲妻。通説では、細長いシュー菓子の上にかけられたチョコレート・フォンダンに光が当たると、稲妻のごとくピカッとするからとか。ちなみに、フォンダンとは、砂糖に水飴を加えたものを一一五度まで煮詰めて作る糖衣用の副材料である。

〈クレープ・シュゼット〉

主役のクレープ・シュゼットの話をする前に、まずはクレープの紹介から。クレープはフランスを代表するアントルメの一つで、ゆるい種を薄く円形にのばしてちりめんのように焼く。丸く平たい形状から「ガレット」ともよばれる。パリの街角、マルシェの一角などに、狭い間口の店をかまえ、焼きたてに粉糖をふったり、バターやジャムをぬって供する。土地の名物になっているのが大西洋岸のブルターニュ地方だ。町じゅうに専門店（クレープリー）があり、メニューも豊富。寒冷ゆえソバくらいしか育たない土地柄で、そのソバ粉を使ったクレープも名高い。日本でも近年、クレープ専門店の数も増えなかなかの人気を得ている。

クレープが作られはじめたのは一八世紀とされ、二月二日の聖母マリアのお清めの日に焼いて供されたのが発端とのこと。当初はデザートとしてはもとより、パン代わりや間食用としても食べられたため、チーズやハム、卵なども添えられた。この多様性が現在まで受け継がれ、添える素材しだいでオードブルからメインディッシュ、デザートまで幅広くカバーする食材となっている。

なおデザートとしては、熱いソースとともに供される温菓、アイスクリームをあしらっての冷菓と、これまた自在な変身ぶり。そのアレンジの一つが「クレープ・シュゼット」である。

時は一八九六年、モンテカルロのレストランを訪れたイギリス皇太子（のちのエドワード七世）はうるわしい令嬢と会食。その折、皇太子付きの若きシェフ、アンリ・シャルパンティエはオレンジとレモンの果汁、果皮とともに、砂糖、バターを加えた新作ソースを考案し、食べる直前に食堂の明かりを落として、添えるリキュールに火をつけた。このロマンチックな演出をいたく喜んだ皇太子がその菓名を尋ねると、シェフは同席の令嬢の名をとって「クレープ・シュゼット」と答えたという。

また別の書物では、パリのコメディー・フランセーズの女優・シュゼット嬢のためにファンの一人の料理人が考案したという説もある。ちなみに、人の名前が冠されたお菓子で有名なものに、ピーチ・メルバやタルト・タタンなどもある。

〈マロン・グラッセ〉

栽培法や保存法の発達により、一年じゅう何でも食べられるようになった昨今、食べ物の季節感もすっかり薄れてしまったようだが、それでもその時々を映す一品は存在する。たとえば、パリの秋、お菓子屋のウィンドウをのぞけば、フイユ・ドートンヌ（秋の葉）とよばれる葉を型取ったチョコレートや、栗形にしたマロン・ペーストを餡で包んだフリュイ・デギゼ・オ・マロンなど、秋を表すお菓子が並んでいる。

なかでも一番存在感があるのが、新栗を使って手間暇かけて作るマロン・グラッセ。殻を剝いた栗をまず糖度二〇度のシロップで煮て、二日ごとに二四度、二八度、三〇度と濃度を高め、最終的に三二度まで高めた後、そのままでは糖化してしまうので三〇度まで落として調製する。かように何度も煮返すゆえ、途中で崩れてしまうものも多く、残った貴重なものを少し温めた後で糖液にくぐらすと余分な水分が抜け、あのひだの一本一本まで透けて見える薄い糖膜に包まれた完全無欠の逸品ができる。秋の菓子の王様といわれる所以である。

このお菓子を今の形にまで高めたのは、誰あろう稀代の天才製菓人、アントナン・カレームである。栗はもともと貧しい人が口にするものとされていた。そのマイナーな存在をあえてとりあげ、珠玉の品に。お菓子作りの神様の手にかかるとこんな奇跡が起こる。栗が美味なるものの一角を占めるようになるきっかけとなったのがこのマロン・グラッセだった。

しかし、昔からのマイナー・イメージを払拭するには時間を要し、人びとに馴染まれるようになったのは二〇世紀に入ってからのようだ。

〈モンブラン〉

マロン・グラッセがコンフィズリーにおける秋の代表選手なら、モンブランはパティスリー界の秋の立役者といってもいい。こちらも日本人好み。ショートケーキ、シュークリーム、プリンが御三家なら、モンブランを加えて四天王といったところか。

ところでこのモンブラン、いつ頃、誰の手によって生まれたものか、正確な記録が見当たらず、ラルースの料理百科事典にも載っていない。そこで、例によって想像を巡らせてみる。

モンブランの副材料になるのがマロン・ペーストだが、この初見はギュスターヴ・ギャルラン著『近代製菓概論』（一八八九年）。先に紹介したようにマロン・グラッセはすでに作られていたが、その当時マロン・ペーストなる記述は見つからない。

思うに、マロン・グラッセを作る途上でたくさん出てしまう破損品を、おいしく生かす方法として生み出されたのがマロン・ペーストではなかろうか。さらに、少しでも軽い口当たりにしようとの工夫が、あのスパゲティ状の絞り出しではあるまいか。そのこんもりした形が一見どこが頂上かわからないドーム型をしたヨーロッパの秀峰モンブランに似ていた。そこで、その名にふさわしく、雪に見立てて泡立てた生クリームや粉砂糖をふりかける。こうして秋のケーキの代表モンブランが誕生した。つまり初めにマロン・グラッセありきで、その二次使用品として生まれたのがかくいうモンブランであった……。

ちなみに一九一一年刊行のピエール・ラカン著『パティスリー覚え書き』には、はっきりとこの名称をうたった今様のモンブランが記されている。
もう一つ余談ながら、日本でよく見かける黄色いペーストを使ったモンブランについて。あのペーストは白餡に砂糖と黄色の色素、栗の香料などを混ぜて煮上げたもので、日本のお菓子屋さんが知恵を絞り、身の回りにある手持ちの材料で、何とかそれらしいものをと努力して作り上げたもの。日本で古くから親しまれてきた餡との見事なコラボレーションに拍手を送りたい。

〈シャーベットとアイスクリーム〉

シャーベットとアイスクリームはグラス（氷菓）の代表選手である。そもそも氷菓の始まりはまことに古い。さかのぼれば紀元前四世紀、アレクサンドロス大王がパレスチナ南東のペトラに三〇もの穴倉を造り、雪や氷を詰めて食べ物や飲み物を冷やすことに使っていたという。また紀元前後、ジュリアス・シーザーや皇帝ネロはアルプス高地の氷や雪を運ばせ、乳や蜜、酒など混ぜて飲んでいたとも。なんという贅沢。権力者のみに許されるわがままが、往々にして食文化を向上させる大いなる力ともなるのだ。
同様に中国やアラビアでも天然の氷雪を使って氷菓らしきものを作っていたとされ、『千夜一夜物語』には「シャルバート」なる冷たい飲み物が登場する。これはアラビア語のシャリバ（飲む）が変化した語で、英語のシャーベット、フランス語のソルベの語源ともいわれる。氷菓の技術はイタリアに伝わり、そこを基点としてヨーロッパ各地に広がっていった。

この冷たい飲み物を食べられるようにしたのが、フィレンツェのベルナルド・ブアンタレンテなる人物。氷に硝石を加えてより低い温度まで冷却する技術を開発したのだ。そして、メディチ家の娘カトリーヌがフランス王家に嫁ぐことにより、シャーベットの技術はフランスにやってきた。さらにフランスで氷菓を広めた立役者の一人はシチリア島出身のフランチェスコ・プロコピオ・コルテルリ。彼は一六八六年、パリにカフェ・プロコプを開業し、シャーベットやショコラ（ドリンク）、お菓子など販売して人気を博した。この店はル・プロコプと名を変え、こんにちも名門レストランとして営業している。

図3　アイスクリーム売り
出典:『西洋菓子　世界のあゆみ』310頁。

イタリア生まれのジェラートは、フランスで一層リッチにクリームを加えたり味つけを施されて発展する。フランス名のグラスは氷の意味だが、氷状もクリーム入りも含まれる、いわゆる氷菓を意味する語。イタリア、フランス中心に発達した技術の情報は、一八〇〇年頃にはドイツにも伝わり近隣諸国にも波及し、やがて海を渡って英米へと及び、冷凍技術の発展により大量生産ができるようになる。英語圏では、シャーベットにクリームを混ぜるとバター状になるため当初はバターアイス、あるいはクリームアイスとよばれ、いつしか転じてアイスクリームへ。その頃から乳脂の入らないものはシャーベット、入るものはアイスクリームと区別されるようになり、現在にいたっている。

〈バウムクーヘン〉

お菓子いろいろの最後はフランスを飛び出し、ドイツ銘菓からひと花を摘もう。日本でもよく知られるバウムクーヘン。断面の年輪スタイルが印象的だが、これは製法によるものだ。芯棒にルー状の種をかけては直火に当て、グルグル回しながら焼いていく。表面が焼けたらその上に種をかけ再び焼く。これを何度も繰り返して太くする。串刺しにした獲物を火であぶるのと同じで、手法としてはとても古典的なものといえる。

この手法、足跡をたどるとギリシャ時代にパン生地のようなものを棒に巻いて焼いたようで、これが起源といえようか。時代が飛んで一五世紀半ばには、ひも状のものを巻きつけて焼くシュピースクーヘンなるものが出てくる。一六世紀には生地を平らにのばして巻き、ようやく一七世紀末になって流動状の種をかけながら焼くシュピースクラップフェンとかプリューゲルとよばれるものが現れる。こうして、時とともに手を加えられ、現在の形になってきたのは一八世紀に入ってから。卵、砂糖、小麦粉、バターなど、お菓子の材料がある程度豊富に入手できるようになってのちのことである。

このお菓子はドイツが有名だが、周辺でも作られ、ルクセンブルクあたりも自国の銘菓にしていることを付け加えておこう。

4　エピローグ——高度・多様化する新しい時代の洋菓子

「このお菓子、あんまり甘くなくておいしい！」。このところテレビなどでもよく耳にする台詞で、お菓子屋としては頭の痛いところである。

私は、フランスに菓子作りを学んでこの世界に生きてきた者として、時に原点である、あの強い甘味に立ち還ることを自分に課している。その甘味を確認し、そこから改めて今の自分のあるべき立ち位置を探るのである。新しいお菓子を創る時にも、いつも「自分は何を食べさせたいのか」を問い返す。これは修業時代、つねに言われてきたことでもあった。

私がお菓子作りの世界に入って半世紀以上がすぎた。この間の技術革新はすさまじく、それは製造過程のみならず、素材そのものにも及んでいる。たとえば甘味素材一つとってもじつに多様化した。低カロリーの糖類、オリゴ糖や希少糖、天然素材への見直しも進み、アガベシロップ、キャロブ（和名イナゴマメ）から作るシロップ、メープルシロップ、蜂蜜などにも注目が集まる。キーワードは「健康志向」。よって今後は健康に配慮して甘味を抑えた菓子ではなく、むしろ積極的に健康増進に結びつくお菓子も求められてくるだろう。

さらに特筆すべきはインターネットなどＩＣＴ環境の急激な発展である。情報伝達は、その速度、広がりともに圧倒的に加速され、しかも双方向性が重要な意味をもつ。これが、お菓子の世界の多様化に拍車をかけることも間違いあるまい。ただし一方で、単一の流行をリードする側面もあろう。

いま、二一世紀に入って早くも二〇年近くがたとうとしている。お菓子作りの現場にもコンピュータ制御が浸透し、世はＡＩ時代の到来という。将棋や囲碁の対局で人間を圧倒するようにもなりつつある人工知能。遠からぬ未来に、菓子作りの世界にもその力が及んでくることは十分想定されるところである。結果、夢のようなお菓子が生まれるかもしれない。想像の翼はどこまでも広がる。その時、私たちはどんな地平に立っているのか。

新しい時代に、洋菓子もまたどこまでも高度化・多様化の道を歩むだろう。どんな道を歩むにせよ、お菓子の作り手、食べ手としての感性はつねに研ぎ澄ませていたい。ＡＩの時代にあっても、それを操るのはつねに人間であってほしいと願っている。

〈注〉

（１）本シリーズの既刊『食の文化フォーラム33　野生から家畜へ』（松井章編、二〇一五年、ドメス出版）には、秋篠宮殿下による「『家畜』と『家畜化』——行きつ戻りつ家畜化された野鶏と鶏の事例から考える」が収録されている。

（２）さらにご興味がおありの方は、拙著『西洋菓子　世界のあゆみ』（二〇一三年、朝文社）を参照されたい。

コラム

カレームとフランス菓子

橋本周子

繊細、優雅、とにかく「キレイ」で食べるのもったいない……！

私たちがいま、フランス菓子に対して抱くそのようなイメージの、いやその製菓技法そのものの基礎をつくった重要な一人として、アントナン・カレーム（一七八三―一八三三）の名をあげないわけにはいかない。一九世紀初頭に華々しく活躍した、歴史上「超」がつくほど有名なパティシエであり、料理人である。

一九世紀初頭という時代は、いまのフランスの社会ができはじめてくる、最初の時期だと理解してよい。一七八九年に始まる革命の動乱はナポレオンの登場とともに一段落し、さて経済もいよいよ発展の兆しを見せてくる。そのような時代に、パティシエとしてのみならず、料理全般に革新をもたらす「天才」料理人として歴史に登場するのがカレームである。父親に道端に置き去りにされ路頭に迷っていたところ、ある安食堂の主人に拾われ住みこみで働くことになる、というショッキングな始まり方をする彼の調理人としての人生であったが、そこからの加速ぶりはものすごい。

カレームは職人としての修練に熱心に励むのみならず、仕事の合間をぬって国立図書館に通い、建築関係の書物を貪るように読みこんで、独学でデッサンを学んだ。いわく、「辛抱強く努力してみても、文章は難しくてよくわからなかったが、デッサンというものは、まるで話しかけるように私に訴えかけてきた」(*Le pâtissier royal parisien*, 1815)。——この視覚を通じた直感的な経験が、菓子職人としての彼の感性に運命的な影響を与えた。そのような地道な修練を重ねつつ、市井の店で腕を磨いたカレームはその後瞬く間に出世し、当時の大物政治家タレーラン、イギリス皇太子、ロシア皇帝、ヨーロッパ中に影響力をもつ資本家一族ロスチャイルド家など、歴々たる人物に請われ、各地でその才を披露することとなる。

カレームはこと「特別料理(エクストラ)」とよばれるような、大規模なパーティなどに供される派手でインパクトのある料理・製菓を得意とし、またそこにこそ自らの才能の発揮すべき領域があると確信していた。したがって、革命期の禁欲的風潮の後、ナポレオン期に再びおとずれた豪華絢爛たる文化的雰囲気は、彼の才を開花させるのにうってつけであったわけである。パティスリーとの関連では大型の装飾菓子「ピエス・モンテ」に代表される装飾の技法での貢献がもっとも重要である。かつて修業時代に図書館で見た建築デッサンの数々を、モチーフはほとんどそのままに、菓子のデザインとして採用した。いくつもの図案が、その著作に掲載されている(図1、2)。「現代のパティシエは、いくらかデッサン師でもあらねばならないのだ」(前掲書)。これが菓子職人のデッサンかと思うほどに、私たちにすれば奇想天外で、緻密な描写である。

コラム

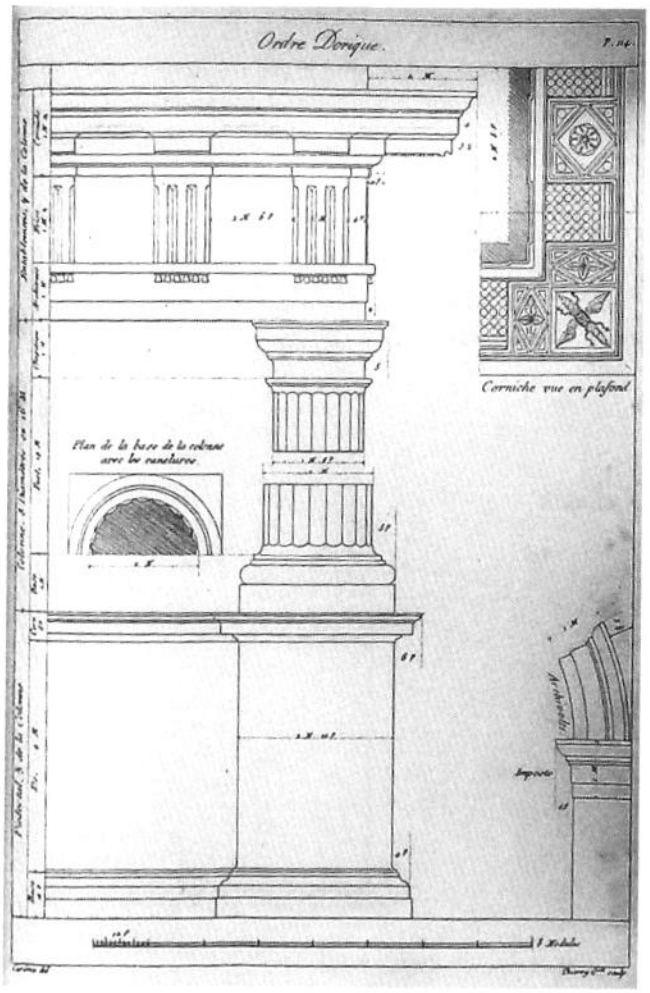

図2 「ドリス式オーダー」。建築用語を多用した設計図は、もはや製菓のためのものとは思えないほど精緻である（*Pâtissier pittoresque,* 1815 より）

図1 「アテネの廃墟」と題するピエス・モンテの図案（*Pâtissier pittoresque,* 1815 より）

なお、図版についてはいずれも辻静雄料理教育研究所のご厚意によって閲覧・掲載の許可をいただいた。ここに記して感謝をいたします。

やはりカレームのピエス・モンテにみるべきは、その見事な造形の発想と技術である。しかもそれがすべて食べられるということに、カレームは強い自負心を抱いていた。それまでも装飾的で大がかりな菓子がないわけではなかったが、カレームは作品を構成するあらゆるパーツを食べられる素材で作ることに拘った。

　こうした造形を可能にしている素材として、欠かすことのできないのが砂糖である。ここで砂糖が「甘味」という特質に加え、私たちの菓子一般に与えたきわめて重要な可能性について再度思いを致しておく必要があるだろう。もっとも、バターや小麦粉など、フランス菓子の製作に必須とされる素材はほかにあることはある。だが、料理以上に造形の技巧を重視する製菓において、砂糖の果たす役割は決定的だ。砂糖のもつ造形性は、たとえばアメ細工やパスティヤージュ（装飾用砂糖細工）の技法を通じ、菓子に持続可能な、それも精巧な形式を実現する。そこで与えられる視覚的な印象こそが、フランス菓子特有の「優雅さ」を生むのである。しかも私たちは経験的に、それが甘いのだということを知っている。口にすれば、ほどけるように舌の上で崩れるのだろうと——。この優美な見た目が菓子の側に欠けても、またその造形が「甘い」砂糖以外の素材でなされていても、私たちの期待する「フランスらしい」菓子はありえない。視覚と味覚、その両者が相互に作用しあい、私たちの感覚的な欲望をそそり満たそうとする、そこに装飾的なフランス菓子の特徴の本質がある。その特質を明確なものとし、さらに発展させる重要な契機を与えたのがカレームであった。

　カレームは伝説的な職人として同時代人たちの心をとらえたのみならず、膨大な著作執筆を通じてその影響を長く後世に与えることになる。彼の著作から浮かびあがるのは、自らの才能への傲慢ともいえるほどの自信と、フランス料理や菓子の質の、そして権威の向上に対するほとんどオブセッショナルなまでの情念である。私たちがいまなお、フランス菓子はすぐれてキレイでおいしいと無条件に信奉しているとするなら、それはカレームの望むとおりに、彼以降のフランス菓子の歴史が展開したことを証しているわけだ。

第3章　甘みをとりこんだ日本料理

中澤弥子
Nakazawa Hiroko
調理科学・食育

甘みは他の味覚に比べて、おいしい、ちょうどいいと思う甘みの強さ（濃度）が、時代や地域やさまざまな場面等で幅広いと思われる。甘味料の種類や用いられ方、そして、おいしいとされる甘みも多彩であろう。麹の働きに由来する甘み（麹菌がデンプンを分解して糖にする）や、食品素材がもつ甘みを味わう料理もある。日本料理の調味にどのようにして甘みをとりこむようになったのか、調理における甘味料の利用を中心に、資料をもとに考えてみたい。

1　古代から江戸初期までの調理と甘み

古代に存在した甘味料としては、飴、甘葛煎《あまずらせん》、蜂蜜があり、砂糖の記載も仏教経典にある。しかし、蜂蜜や砂糖は主に薬用であり、平安時代の大饗料理の四種器《よぐさもの》（調味料）に、塩、酢、酒、醤《ひしお》は示されているが、甘味料の記載はない。また、中世の資料（『大草家料理書』『庖丁聞書』『大草殿より相伝之聞書』『りうりの書』）の煮物の調味をみても、味噌や酒や塩等は使われているが甘味料の記載はない。

出版された初めての料理書『料理物語』（寛永二〇〔一六四三〕年）をみると、「煮物之部」の三五の料理には砂糖の記載はなく、その他の料理でも記載はわずかで、一方、「菓子之部」では、牛蒡餅《ごぼうもち》、葛焼《くずやき》もち等、砂糖を多用する菓子類が紹介されている。江戸初期には、砂糖を料理に使えなかったわけではないが、煮物等の調味に砂糖を使う習慣がなかったことが考えられる。(1)

2 江戸中期から後期における調理と甘み

江戸中期から後期には多数の料理専門書や料理本が出版されており、江戸時代の料理本について紹介した松下幸子氏の『江戸料理読本』(2)には、「菓子以外の料理に砂糖を用いる記述は少ない」と記されている。筆者も、『翻刻江戸時代料理本集成』(3)（以降『翻刻本』とする）について確認したが、先に結論から述べると、菓子ではない料理での砂糖の記述は少ない一方、江戸後期には料理や各種調理法にみりんの記載がみられるようになる。

(1) 江戸中期の料理本からみた調理と甘み、砂糖やみりんの調理における初出

『翻刻本』中、煮物料理への砂糖の初見は、『合類日用料理抄』（元禄二〔一六八九〕年）で、「煮大豆《にまめ》の方」である。(4)「白さたうを少入甘《あま》みつけ申候」との記載があり、甘みをつけるためと記されている。また、同書には鳥醤《ひしほ》に味淋酎《みりんちう》の記載があり、『翻刻本』中、みりんが料理本に現れ、料理に記載された初見である。(5)

なお、みりんの文献における初出は、『駒井日記』文禄二（一五九三）年とされ、「蜜淋酎」と御酒を三位法印（三好吉房）が献上した記録がある。(5) 安土桃山時代には、高級な酒として贈答用に用いられていたことがうかがわれる。その後、本草書『本朝食鑑』（元禄八（一六九五）年）では、蜜のように甘い酒でめずらしいと記載され、『和漢三才図会』（正徳二（一七一二）年）には、みりんの生産量が増加し、その味はたいへん甘く、下戸や婦人に好まれて飲まれていたとある。『献立筌』（宝暦一〇（一七六〇）年）にもみりんは二献目の酒として、燗をしてさらにアルコールを減らして用いられている。

次に、料理の来歴や料理法を解説した『料理綱目調味抄』（享保一五（一七三〇）年）をみると、みりんは飲用酒として味淋酎と記されている。砂糖は三〇種あまりの煮物のうち一品（煎海鼠《いりこ》）にだけ記載があり、その他、熬《いり》酒や早熬《はやいり》酒、料理名や砂糖をかける・加える、砂糖水に漬ける等の調理の記述や「熬海鼠《いりこ》」「金海鼠《きんこ》」の調理、砂糖《さたう》、石糖《こほりさたう》の説明に記載があったがその数は少なく、「金海鼠《きんこ》」では柔らかくするためと記されていた。

また、各地の名物珍味が書かれている『料理山海郷』（寛延三（一七五〇）年）では、煮物に甘味料の記載はなく、美淋酢とあったが、梅肉と煎り酒を絹漉ししたものだった。菓子や保存食には砂糖の記載があった。

なお「幽庵焼」は、近江（滋賀県）の豪族、北村幽庵（一六四八―一七一九）が考えたと伝えられる、みりんと酒と醤油に鮒を漬けた後、焼いた料理で、(6) みりんを調理に使用するようになった最初の頃の料理であろう。江戸中期においては、砂糖は菓子類に、みりんは飲用酒として主に用いられているが、一部の料理には砂糖やみりんの記載がある。甘味料を使用して甘みを味わう料理が創出されはじめていることがうかがわれる。

(2) 江戸後期の料理本からみた調理と甘み

江戸後期には、みりんの記載の多い料理本が出版される。『万宝料理秘密箱』（寛政七〔一七九五〕年）には、煮物および蒸し物料理の初出を含む一〇種の料理にみりんの記載がある。煮物の初出は「赤貝和煮《やわらかに》」で、「始《はじめ》にみりん酒《しゅ》にて。とろ〳〵と。たきのちに。醤油と酒とにて。煎《いり》申候得ばしごく。やはらかに成《なり》申候」とあり、味の浸透や保水性を高め、やわらかくするというみりんの調理効果を巧みに利用している。その他、「唐秬卵《とうきびたまご》」「卵豆腐《たまごとうふ》」等六種の蒸し物料理、調味味噌二種と漬け汁（阿蘭陀漬《をらんだづけ》）一種に記載がある。本書中のみりんの表記は、みりん酒、美りん酒、美琳酒、美淋酒、実りん酒で、いずれも酒の字がある。砂糖については、菓子だけでなく卵や魚介類の料理法にも記載があり、その他、古酒、麹、しる飴・濡飴《しるあめ》、酒《さけ》の糟《かす》、甘酒等が記載されており、甘みを付与していたと思われる。

次に百姓・町人の日常生活に役立つ料理を紹介する目的で書かれた『素人庖丁』についてみると、第一篇（享和三〔一八〇三〕年）と第二篇（文化二〔一八〇五〕年）には、みりんの記載はなかった。また、和え衣や砂糖をかけて食べる料理には砂糖の記載があったが、煮物にはなかった。

第三篇（文政三〔一八二〇〕年）では、みりんの記載は二一カ所にあり、うち一八品が煮物で、根菜類の煮物が多く、甘煮《あまに》という料理名も三品あり、甘煮を含め一五品が醬油とみりんで調味されていた。みりんの表記は、みりん、または美淋で、「酒」の文字がなかった。砂糖（氷おろしを含む）の記載は一一カ所でみりんに比べ少なく、敷味噌《しきみそ》や吸物、和物等にみられた。

『翻刻本』中、もっともみりんの記載が多かった料理書は、江戸の高級料理屋八百善《やおぜん》の主人による『江戸流行料理通』（文政五〜天保六〔一八二二〜三五〕年）で、記載数は三〇を超える。煮物をはじめ、ゆで物、蒸し物、焼き物、揚げ物の味つけ等、各種調理法でみりんが用いられ、魚類をはじめ使用材料の幅も広がっている。煮切るという、みりんを煮立てて使うと香りがよくなるという調理効果を用いる記述がある。みりんに比較すると砂糖の料理への記載は少ない。照り焼きやつや煮、また、甘みが付与されていると考えられる料理名（甘露梅《かんろばい》、甘露煮、甘露巻茄子、甘酢あえ、甘酢煮、甘酒漬け等）が多数あり、甘煮に「うまに」とルビがふられた料理名や旨煮《うまに》、うま煮という料理名の記載もある。当時、「甘い味」が「うまい（おいしい）」と考えられて名づけられたのか、また、「旨み」が意識されていたのか、たいへん興味深く、今後の課題としたい。

江戸後期の料理本から、しだいにみりんを料理の甘味料、とくに醬油とともに利用する調味法が広がり、料理屋を中心に、大名階級、高級武士、商人の間では好まれるようになったことが推察される。一方、庶民の食事では、『翻刻本』中、日常の食事のために書かれた『年中番菜録』（嘉永二〔一八四九〕年）にみりんの記載がなく、また、制作年は明らかではないが『日用倹約料理仕方角力番附』（庶民の日常のおかずの番付）に、「感心（勧進）元・差添」として塩、味噌、醤油が記されているが、砂糖、みりんの記載はない。おかず番付にみりんが現れるのは明治以降という報告[7]があり、地域差があるだろうが、多くの庶民が砂糖、みりんを料理に日常使うようになるのは、明治以降であろう。

なお、現在の料理では砂糖を使うが、江戸時代の料理本には砂糖の記載がない料理の例をあげると寿司飯となますがある。享和元（一八〇一）年刊行の『名飯部類』の寿司飯や『大根料理秘傳抄』（天明五（一七八五）年）の「大根湯なます」には砂糖の記載がない。「大根湯なます」は、材料を醤油、酢、塩を加えて強火でさっといりつけ、柿の千切り、生姜の千切り等を加える。江戸時代の料理本からその調味の特徴をみると、塩味を加減し、油のコクや酢の酸味、山椒や生姜、柚子等、辛味や香りのあるものを生かして、素材の味を味わう料理が多い。

(3) 江戸時代のみりんの価格

江戸時代のみりんの価格[5]を酒や米と比較すると、『柳庵雑筆《りゅうあんざっぴつ》』に慶長酒値の記録（南都般若寺の古牒）があり、「米三石六斗、（代七貫二三二文。）上酒一斗、（代二一八文。）下酒二斗三升（代二三七文。）ミリン酒三升、（代一九五文）」とあり、一升当たりの価格に換算すると、上酒二二文、下酒一〇文、ミリン酒六五文となる。上酒の約三倍、下酒では約六倍、米価と比較すると三倍である。また、『三省録』に慶安年中（一六四八～一六五一年）とされる極上味淋酒の記録があり、一升一〇〇文で、大坂上酒（一升四二文）の約二・四倍になり、諸白として飲用されており、当時の新諸白の酒価の最上位に記されている。その後、前述のとおり『和漢三才図会』には、生産量の増加による価格の低廉化により庶民の飲み物となったとの記載がある。

(4) 江戸時代後期の調味の地域性

幕末の調味や嗜好の東西での違いについて『守貞謾稿』（嘉永六（一八五三）年）の記載をみると、みりんの使用が京坂では少なく、江戸では多く醤油と一緒に煮て用いること、京坂では鰹節のだしに酒と醤油を使って味をつけ、その食べ物の持ち味を生かした淡白な味つけが大事であるが、江戸では鰹だしにみりん、砂糖が醤油に加えられていて、とても甘くておいしいけれど素材の味が生かされていないこと、（江戸では）今は味りん或いは砂糖の味を加えないことを好まない、必ずこれを用いて……とある。幕末の江戸の料理茶屋では甘みを使用した料理が好まれ、一方、京坂ではみりんの使用が少なく素材の持ち味を生かした料理が好まれていた様子がうかがわれる。

そして、江戸後期から幕末に、料理茶屋や屋台で好まれた江戸のみりんと醤油を効果的に使った甘みと旨みの嗜好は、数多くの料理本が出版され流行したことにより、全国に文字を媒体として広がっていったと考えられる[8]。

3　明治・大正期の調理と甘み

明治三〇年頃の東京について書いた『東京風俗志』(9)（明治三二〜三五〔一八九九〜一九〇二〕年）には、京都や大阪ではしょっぱいものが好きで、東京では甘いものが好きという俚言《りげん》があり、東京では、煮物等料理に砂糖を加えることが流行し、朝食の味噌汁までにも砂糖を入れるほど、料理を甘くして食べるのが好まれていると記されている。

また、明治時代中頃の家庭料理書『素人料理年中惣菜の仕方』（明治二六〔一八九三〕年）によって、煮物の調味をみると、煮物二二種の中の一一種に砂糖の記載があるが、みりんの記載はない。なお、ここでいう煮物は、最終の調理が煮汁の中で加熱・調味するものとした。同書は、名古屋で出版された本であり、地域差はあるかもしれないが、明治時代の料理書では煮物に砂糖を使う例が多くなったといえるだろう(1)。

赤堀峯吉による割烹教科書『和洋家庭料理法全』（明治三七〔一九〇四〕年）をみると、潮煮や唐煮《とうに》以外のほとんどの煮物にみりんが使用され、砂糖との併用もある。また、『料理通』と同様、甘煮に「うまに」とルビがふられている。和え物の調味は、砂糖を使用する甘い味つけのものと、山葵《わさび》醤油和えのように甘みがないものがある。鰆の照り焼きは、醤油のみで調味されており、みりんで照りをつけると魚の風味を何分か損ねると記されている。

講習用および家庭日用の惣菜を作るために作成された『割烹科教授用　惣菜三百種』（明治三

五（一九〇二）年）をみると、煮物の調味には、みりんと醤油で煮るという記載が多い。また、みりんや煮切りみりんの代用に砂糖を使用するという料理がある。同書でも甘煮に「うまに」とルビがふられ、また、甘煮《うまに》にするという記載もあり、甘味料を加えて甘く煮る料理の名称として甘煮《うまに》が定着したといえよう。「あえもの」には、砂糖やみりんを用いる作り方が多く、「テリ焼き」は、醤油二、酒一、みりん一を合わせたつけ汁に漬けて焼く方法が記されている。

明治後期に主婦用の料理本として刊行された『実用家庭料理法』（明治三八（一九〇五）年）に、みりんと砂糖の使い方の説明があり、みりんは、いつも一回沸騰させてその酒気を発散させてから使用することおよび、よく煮詰めた後で使うように記している。砂糖は、水を加え、数回沸騰させて灰《あく》を引いたものを使用すること、さらに砂糖をあまり多量に加えると大いに風味を損ねるので注意しなければならない旨が書かれている。

大正期の中等学校の女子用の割烹教科書『実用割烹教科書　上巻・中巻・下巻』（大正六（一九一七）年）には、「砂糖加減」として「砂糖は味淋を用ひざる時其代用として使ふものなり。されど多量に之を加へて甘味を多くする時は大に材料の風味を損するものなり。注意すべし。味噌汁・清汁等には砂糖は禁物なり。但しうどん・そば等のかけしたぢは此限りにあらず」とある。また、「味淋加減」として「生の味淋を鍋に入れ一合が八勺に減ずる迄、文火《とろび》にかけてゆる〳〵煮詰《つ》め酒気を発散せしめて後用ふるを可とす。之は高価なるものなれば、平常の料理には用ひざるがよろし」と述べ、みりんの代用には燗冷《かんざ》ましの酒と砂糖を用いる方法を説明している。みりんが酒や砂糖に比べ高価であったことが推察される。

大正後期の高等女学校の割烹教科書『基本と応用割烹教科書』（大正一四（一九二五）年）で煮物の調味をみると、「煮物普通味」として、「煮出汁　五／酒　一（省きても可）／砂糖　一／醤油　一乃至一・五」（／は改行を示す。以下同様）と比率で示している。また、「和《ア》へ物用味味噌《アヂミソ》」は、「味噌　十匁／砂糖　三匁又は二匁と味淋　中匙半分／煮出汁　中匙一・五」、魚の「照焼」には、「鰆　二切／味淋　一勺／醤油　一勺」と記している。

教科書の記載から、調味に砂糖やみりんを使用することが学校教育に採用されていること、食品のもち味を損なわないように、適度な甘味を付与することが重視されていることがわかる。

また、大正期に家庭の主婦向けに創刊された雑誌『料理の友』（一九一三年創刊）では、一週間分の献立が紹介されており、そのなかの煮物の調味では、砂糖と醤油がほとんどに記載されており、調味料の使い方は現在とほぼ同じであった（第二巻第一二号：大正三（一九一四）年、第三巻第七号：大正四（一九一五）年）。

4　昭和初期の調理と甘み

料理書や割烹教科書、雑誌の記載は、都市部の標準的な調味を示したものと思われるので、全国的な地域の実態をみるために、昭和一六・一七（一九四一・四二）年に実施された全国的な食習慣調査[10,11]をみると、平常でも砂糖を用いるという報告は全国にわたっている。八五地域の記録中、四一の地域で（各地域の全家庭で）平常に用いると報告されたが、同じ県であっても地域によって平常には用いないというところもあり、平常砂糖を用いるという報告でも、その使用量には地域差や家庭による著しい差があった（表1）。石川県の館畑村や長野県の川上村の報告から、大正期から昭和初期に、日常に砂糖を用いた料理を作る地域が広がったと考えられる。ただし、まだ日常砂糖を使っていない地域が相当数あることから、料理に日常砂糖を入れる習慣が全国に広がるのは、第二次世界大戦以後と思われる。なお、砂糖の使用量が少ない地域でも、物日のハレ食では砂糖を多用し、甘みを味わう料理を経験し好んできたと思われる。

一方、みりんは栃木県三重村の一地域でのみ報告された。みりんはまだ贅沢品であり、地方の農山漁村にはほとんど普及していなかった様子がうかがわれる。また、砂糖以外の甘みについては、サッカリン、蜂蜜、飴、かぼちゃ、柿の実、柿の皮、人参、玉葱、甘藷等が報告されており、甘みやうま味を増すために具を兼ねて使われる等、工夫されていた。

5　第二次世界大戦以降の調理と甘み

（1）砂糖の消費減少とみりんの普及、異性化糖の登場

近代以降の砂糖の供給量は、第二次世界大戦以前と以後に二つのピークがある。[12] 戦後のピークは一九七三年の一日七七gで、その後は減少傾向が続いており、二〇一五年には五〇・五gに減っている。みりんは、アルコールを一％以上含むので「酒類」に定義され、その価格には酒税

表 1　昭和初期の砂糖の使用状況および砂糖以外の甘味（1941 年・1942 年食事習俗の記録）

都道府県名	市町村名	砂糖の使用状況	消費量*	砂糖以外の甘味
北海道	斜里町	物日に　平常も	1 カ月 1 人 500g	収穫後日数を経たかぼちゃ
岩手	船越村	以前は平常も、配給で物日に	1 カ月 1 人 188g	サッカリン
岩手	立花村	平常も、煮物に		かぼちゃ、水飴、蜂蜜、柿の皮
宮城	大原村	物日のみ、上等の料理	1 カ月 1 戸 1563～1875g	
宮城	秋保村	物日のみ、年 4、5 回		豆腐
秋田	中川村他	平常も	1 カ月 250～300g	飴、昔は甘草、ミチという代用砂糖を用いた
山形	谷地町	4、50 年来平常でも使用	1 カ月 1 戸 1800g	蜂蜜
山形	溝延村	農家では物日のみ	1 カ月 1 戸 600～1800g	サッカリン（漬物）
福島	八幡村	客用料理、糖味の料理（あんこ餅など）		
福島	大浦村	物日のみ、年 4 回		柿の甘味
栃木	久下田町	平常使う		サッカリン
栃木	三重村	平常使う	1 カ月 1 人 300g	味醂も使用する
群馬	白沢村	平常使う	1 カ月 1 人 250g	蜂蜜、干柿、麦芽で作る飴、甘茶
東京	加住村	物日、特別な日のみ		人参、玉葱
新潟	山辺里村	客用、特別の場合	昔は 1 カ月 1000g、今は 1500g	カチ栗の粉、自家製飴
石川	館畑村	大正半ばごろより砂糖使用が流行	6、7 人家族 1 戸 1 カ月 1250g 以上	サッカリン
長野	麻績村	平常でも用いる	1 カ月 600～650g	飴等
長野	川上村	今より 40 年ぐらい前までは、砂糖を 1 年間通して家中で使えるという家は村に一軒ぐらい。砂糖を村中の人が使うようになったのは 20 年ぐらい前から		柿の皮、あまつ蕪、野生の蜜、蜜花、蜂（タルン蜂）

岐阜	丹生川村	ほとんど用いない		柿、人参、甘藷など。渋柿の皮はその製法によってとくにうまかった
愛知	味岡村	平常ほとんど用いなかったが段々ふだんでも使うようになり、煮物にもよけい使う	7人家族1戸1カ月1800g	
滋賀	神照村	平素は使わない。物日にかなりの量使用	1カ月1人約500g	
京都	木津村	平常に使う	1カ月500～1500g	
大阪	浜寺町	平常に使う。砂糖に不自由したことがない。御祝儀は、三盆白の3斤とか5斤とかの箱が多く、砂糖を金を出して買ったこともない。何を炊くにも砂糖を多く使い、ほとんどすべて砂糖を使った。ただし、家によって異なる		
奈良	野迫川村	日常用いる	現今配給は1カ月1人188g。もとはこの3倍～5倍くらい使った	
島根	日原村	平常使用しない	9人家族1戸で1カ月2kg	
岡山	平川村	日常に使う家は2割、物日に使用	1カ月1人225g購入可。普通の農家は十分。なかには使いきれない家庭がある	サッカリン（漬物、煮物）、甘草（醬油、せんじ薬）、蜂蜜
徳島	下分上山村他	中流家庭以上では平常も使う	1人188gくらいが普通、配給制度になり用量多くなった	昔、サッカリン
熊本	五家荘久連子村	平常にも使う、40年前は使わない。4、5年前からめだって使うようになった	暮らしの良いところ5人家族1カ月1kg、普通の家で250～300g	
沖縄	糸満町	平常は酢の物、和え物。多くは物日		

資料：成城大学民俗学研究所編『日本の食文化』（正編、補遺編をもとに作成）。
＊消費量は1人1カ月当たりの量（g、kg）に換算。

が影響する。一九六〇年代の大幅減税により価格が下がり、一九六五年頃には生産量も戦前の水準に回復し、消費者のニーズにあわせた商品開発や販売が行われていることを背景に、みりんの消費量（販売数量）は年々増加し、二〇〇〇年をピークに近年は一〇万kl台で推移している。一九七〇年代頃からみりんの調理性を生かした料理が全国各地に普及し、一般家庭でも広くみりんを料理に使用するように変化したことが推察される。

一方、戦後の砂糖消費量の減少には、砂糖の過剰摂取が虫歯や肥満、生活習慣病等の原因になると考え、砂糖の摂取量を控える指導が行われたこと、低甘味嗜好と、低カロリーの砂糖代替甘味料の普及や加糖調整品の輸入が影響していると考えられる。[13] 異性化糖[注]の需要量は、一九七五年度の四三万二〇〇〇tから二〇一六年度（見通し）には八二万五〇〇〇tに増加しており、異性化糖を甘味料として用いる加工食品が清涼飲料をはじめとして普及している。目に見える砂糖摂取を控える行動から家庭での砂糖消費量は減少しているが、実際には甘い食べ物を砂糖以外の甘味料を使った食品で摂取していることが考えられる。

（2）料理雑誌からみた日本料理の調味の特徴

現在の日本料理の調味について検討するため、主婦向け料理雑誌『オレンジページ』（二〇一四年四月一七日号）の特別付録『今これさえ覚えれば。The和食二〇』を資料として各種調味料の出現状況をみた（表2）。二四品の掲載料理をみると、二〇品（八三％）が砂糖またはみりん

表 2　日本料理について各種調味料の出現状況

料理名（分類別・五十音順）	砂糖	みりん	醬油	塩	味噌	酒	酢	植物油
＜おかず＞								
あさりのすまし汁			○	○				
油揚げと豆腐のみそ汁					○			
かき揚げ				○				○
牛肉のつくだ煮	○	○	○					
切り干し大根の煮もの	○	○	○					
きんぴらごぼう	○		○					○
五目豆	○	○	○	○				
さばのみそ煮	○		○	○	○	○		
しょうがの甘酢漬け	○			○			○	
だし巻き卵		○	○					○
茶碗蒸し		○	○	○				
鶏肉のから揚げ	○		○	○				○
鶏肉の照り焼き	○	○	○	○		○		
鍋しぎ	○				○	○		○
肉じゃが	○		○					○
肉豆腐	○		○			○		○
ひじきの煮もの	○		○			○		○
豚肉のしょうが焼き		○	○	○		○		○
ぶりの照り焼き	○	○	○			○		○
ほうれん草の白あえ	○		○	○	○			
＜ご飯物＞								
いなりずし	○	○	○	○			○	
ちらしずし	○	○	○	○		○	○	○
土鍋炊きご飯								
鶏とごぼうの炊き込みご飯		○	○	○				

出典：「オレンジページ（2014 年 4 月 17 日号）」特別付録『今これさえ覚えれば。The 和食 20』をもとに作成。

表3　赤飯の材料の比較

材料＼県名	熊本県	長野県	青森県
もち米	1升（1800ml）	1升（1800ml）	1升（1800ml）
小豆	1合（180ml）	1合（180ml）	200ml強
ザラメ	−	−	400g
砂糖	−	18g	−
酒	−	30ml	200ml
塩	少々	23g	9g（小豆用） 21g（もち米用）
小豆の煮汁	適量	400ml	400ml
ごま	少々	−	−
資料名（発行年）	『くまもとのふるさとの食レシピ集【上巻】』（2014年度）	『善光寺平の食ごよみ』（2014年）	『次世代に伝える津軽の味っこⅡ』（2014年）

※資料をもとに作成。

の記載、一六品（六七%）に砂糖の記載があった。日本料理の調味では、そのほとんどに醤油を使用し、砂糖やみりんの使用も多いことが示された。江戸時代後期頃（地域によっては大正・昭和初期頃）から醤油と甘味料を組み合わせる調味を日常は無理でもハレ食で味わい好んできたことから、甘みと旨みを味わう嗜好が、現在の日常食に引き継がれていることが推察された。

（3）現在の日本料理の甘み嗜好の地域差

甘み嗜好の地域差の例として、二つの調理例（赤飯と卵焼き）を紹介する。私の出身地である熊本と長野と青森の郷土料理本から赤飯の材料を比較する（表3）。熊本の赤飯は一般的な赤飯の例で、甘味料をまったく使わない。長野の赤飯では砂糖一八gを小豆のゆで汁とともに加熱途中に加える。青森の赤飯では、小豆をザラメ四〇〇gで甘く煮て、その煮豆と煮汁を加熱途中に加える。熊本の赤飯では小豆のもつ自然な甘みを味わい、長野の赤飯ではほんのりついた甘みを味わい、青森の赤飯ではしっかりついた甘みを味わうことができる。なお、長野県では、熊本と同じく甘味料を使わないで赤飯を作る家庭と、小豆の代わりに市販の甘納豆を使って甘い赤飯を作る家庭がある。著者の勤務先の短大生四五名（九割が長野県出身者）に尋ねた結果、甘い赤飯を食べる学生は一三名、そのうち、甘納豆を使うと回答した学生が四名いた。甘納豆で作る赤飯は比較的新しい作り方で、簡単にできて甘みがあっておいしいので、食べる家庭や地域が広がっているように推察された。

　次に、卵焼きの甘み嗜好の地域差として「厚焼き卵」と「だし巻き卵」のレシピを比較する。栄養士養成課程の「調理実習」で作る神戸市内の短大の「だし巻き卵」と長野市内の短大の「厚焼き卵」、また、一九六七年初版発行の調理学実習書『調理と理論』とその新版の『New調理と理論』（二〇一一年）の「厚焼き卵」のレシピも参考に示した（表4）。その結果、だしの割合は変わらず、

表4　卵焼きの材料*の比較

	神戸市内短大	長野市内短大	教科書『調理と理論』	教科書『New 調理と理論』
料理名	だし巻き卵	厚焼き卵	厚焼き卵	厚焼き卵
卵	3 個	3 個	3 個	3 個
煮だし汁	45ml	45ml	45ml	45ml
塩	ひとつまみ	1.6g	1.6g	1.6g
醤油	薄口醤油 2.5ml	1ml	2ml	1ml
砂糖	3g	10g	20g	20g
化学調味料	–	–	少々	–
油	適量	適量	少量	少量

＊材料は卵 3 個を使用した場合に換算して示す。
出典：『調理と理論』同文書院（1967 年）、『New 調理と理論』同文書院（2011 年）。

もっとも顕著な違いは砂糖の量だった。「だし巻き卵」に加える砂糖の量は少なく、だしのうま味を強く感じることが考えられた。なお、レシピを提供いただいた神戸市内短大の先生のお話では、だしの量を多くすると巻くのが難しくなるので学生用にはこの配合にしているそうで、自分で作る時のだしの量は卵の半量（五〇％）に増やし、砂糖は入れないそうである。

さて、「厚焼き卵」と「だし巻き卵」はスーパーやコンビニ等で全国的に販売されているので、製造会社の一つに地域ごと（支社ごと、ただしエリア判別の困難な広域支社や、一部PB商品のデータは含まれていない）の出荷量を尋ねたところ、二〇一五年四月～二〇一六年三月のデータで、関西エリアのみ「厚焼玉子」の出荷率四〇％、「だし巻玉子」六〇％で、その他のエリアでは、「厚焼玉子」のほうが「だし巻玉子」より出荷率が高いという情報を得た（厚焼玉子：出荷率六五～八九％）。同プライベートブランドの商品の成分表示によると、一包装約一〇〇g当たりの食塩相当量は一・二gで違いはなかったが、糖分が違い（厚焼玉子　炭水化物九・六g、だし巻玉子同二・四g）、関西エリアでは、甘みの少ない卵焼きが好まれることが推察された。二つの商品を食べ比べると、「厚焼玉子」は甘みも塩味も強く、「だし巻玉子」はだしのうま味を強く感じた。

赤飯、卵焼きなど、甘みの嗜好が地域によって異なる料理があることは大変興味深く、なぜ、嗜好の違いが生じたか、その他の料理についてはどうか、地域による全体的な甘み嗜好の違いを考察することが可能か、今後の課題としたい。

（4）上白糖の甘みとみりんの調理性

日本料理が砂糖やみりんを使用して甘みを取り入れることになり、それが全国に普及していったのはなぜか。私は、砂糖もみりんも甘みを料理に付与するだけでなく、さまざまな調理性をもち、多様なおいしさを創造できるからだと考えている。

上白糖は、家庭でもっとも多く使用されている天然甘味料で（精糖工業会〔二〇一五年度〕）、ショ糖を主成分とし、一・三％程度の転化糖（ブドウ糖と果糖の混合物）液をふりかけて製造されるので、表面に水分が保持され、しっとりとした感触をもつ。また、転化糖の影響でグラニュー糖に比べ甘みが強くコクがある。なお、転化糖を加えた砂糖を一般的に利用しているのは、アジアの一部の地域に限定され、世界的には「砂糖」と言えばグラニュー糖を意味するのが普通であるという。私は、日本における低甘味嗜好の要因の一つとして、グラニュー糖でなく上白糖をおもに料理に使うことが、影響しているのではないかと考えている。また、日本料理で重視される素材の持ち味を生かすように調味するという原則も、甘みの嗜好に大きな影響を与えてきたであろう。

みりんは「本みりん」とよばれ、アルコールを一三〜一四％含み、糖分が四〇〜五〇％、多種類のアミノ酸やペプチド、有機酸および香気成分を含んでいる。みりんの代表的な調理効果は、①上品でやわらかい甘みの付与（甘みは砂糖の三分の一）、②てり・つやの付与、③食材の味の浸透性向上、④うま味やコクの付与、⑤酸味・塩味の緩和、⑥香ばしい香りの付与、⑦焼き色の付与、⑧消臭、⑨煮くずれ防止、⑩エキス成分の溶出抑制、⑪煮詰めた後冷めても固まらない、等が知られている。そして、新たな機能として近年、その抗酸化性が検証されている。[14] なお、「本みりん」に類似の甘味調味料にアルコール分一％未満の「みりん風調味料」があり、糖分をより多く含み、煮切る手間はかからないが、アルコールによる調理効果は期待できない。一方で、アルコールを含まないものはムスリムのための調理に利用できる。

日本料理に、砂糖やみりんを使用して、甘みを取り入れるようになったのは、歴史的にはそれほど古いことではなく、地域性があり、ふるさとの味や懐かしい味の甘みは、育った場所によって多彩であろう。もし、砂糖とみりんが使えなくなって、その甘みと調理性を利用できなくなったら、調味や調理が本当につまらなくなると思う。もちろん、麹、飴、柿の実や皮等の甘みも、日本の調味文化にとって大変重要である。希少糖をはじめ、新甘味料の利用も含め、これからも甘みを付与する食材や調味料、そして、醤油、味噌などの発酵調味料に感謝し、食べる人の気持ちを幸せにする調理を心がけ、調理と甘みについて考えていきたい。

〈注〉異性化糖とは、デンプンを酵素または酸により加水分解して得られた主としてブドウ糖からなる糖液を酵素またはアルカリにより異性化した果糖またはブドウ糖を主成分とする糖をいう。異性化とは、分子の原子数を変えないで、分子内の結合状態を変えることで、異性化糖は液糖である。ブドウ糖をより甘味の強い果糖に異性化させることによって甘味をより強めることができる。上白糖のおもな成分であるショ糖の甘味度を一とすると、ブドウ糖の甘味度は〇・六〜〇・七で、果糖の甘味度は一・二〜一・七である。また、果糖やブドウ糖は立体配位によって甘味が異なり、果糖では、β型がα型の約三倍の甘味をもち、水溶液中で高温になるとα型が増えて甘味が低下し、逆に低温で甘味が増加する。

〈参考文献〉

（1）江原絢子　二〇一四「和食はいつから甘くなったのか」『VESTA』九五号。
（2）松下幸子　二〇一二『江戸料理読本』筑摩書房。
（3）吉井始子　一九七八『翻刻江戸時代料理本集成』一〜一一巻、臨川書店。
（4）松本美鈴　二〇〇七「江戸時代の料理書にみる煮物料理における調味料の変化」『日本家政学会五九回大会要旨』。
（5）大江隆子ら　二〇〇一「江戸期におけるみりんの料理への利用　みりんの食文化と変遷」『日本調理科学会誌』三四巻一号。
（6）辻嘉一　一九七八「真味研究　一四　醬油」『暮らしの設計』一二〇号、中央公論社。
（7）石川寛子　一九九六『論集江戸の食』弘学出版。
（8）原田信男　二〇一四『和食とはなにか　旨味の文化をさぐる』角川ソフィア文庫。
（9）平出鏗二郎　一九九一『東京風俗志』八坂書房。
（10）成城大学民俗学研究所編　一九九〇『日本の食文化――昭和初期・全国食事習俗の記録』岩崎美術社。

(11) 成城大学民俗学研究所編　一九九五『日本の食文化（補遺編）――昭和初期・全国食事習俗の記録』岩崎美術社。
(12) 鬼頭宏　二〇〇八「日本における甘味社会の成立――前近代の砂糖供給」『上智経済論集』五三。
(13) 農林水産省　二〇一七「平成二八砂糖年度における砂糖及び異性化糖の需給見通し（第四回）」。
(14) 高倉裕　二〇一六「第五章　本みりん」矢澤一良監修『日本食およびその素材の健康機能性開発』シーエムシー出版。

第Ⅲ部

人はなぜ甘みに惹かれるのか

第1章　甘味の生理

伏木　亨
Fushiki Tohru
食品栄養化学

1　はじめに――甘味の受容機構の発見

味覚成分は舌で受容され、神経を介して情報が脳に送られる。甘味成分の刺激が脳に送られ、それを私たちは甘いと感じている。舌には甘い成分を特異的に受容する受容体とよばれるセンサーがあり、食品成分のなかで甘味だけをキャッチしている。そのほかにもうま味、塩味、酸味、苦味にそれぞれ特化したセンサーが舌の上にある。

これらのセンサーは、細胞膜を七回縫うように貫通するという共通の構造をもつタンパク質である。同じ基本構造がすべての味で使い回しされているといえる。二〇〇〇年前後にそれらの構造が相次いで明らかにされた。

味覚のみならず、膜を七回貫通するタイプの受容体は、神経伝達物質受容、ホルモン受容、視覚受容など、多くの栄養・感覚受容体に共通であり、動物が外部からの刺激を受容するための基本構造の一つであるといえる。ちなみに唐辛子の辛味は痛覚であり、温度の受容と同じ六回膜を縫うタイプのセンサーが使われている。唐辛子の辛味をHotとよぶのも偶然ではない。

このような基本構造をもつタンパク質の網羅的探索の結果、一連の味覚受容体候補の存在が明らかになった。このうちT1R2、T1R3とよばれる二つの受容体が結合した複合体が、甘味物質の受容を担っていることが生理的な実験によって明らかにされた。ちなみにT1R1とT1R3と名づけられた二つの受容体タンパク質の複合体は、舌の上でうま味物質を受容し、これらと基本構造の似たT2Rのグループは苦味物質を受容することも同様に発見された（図１）。

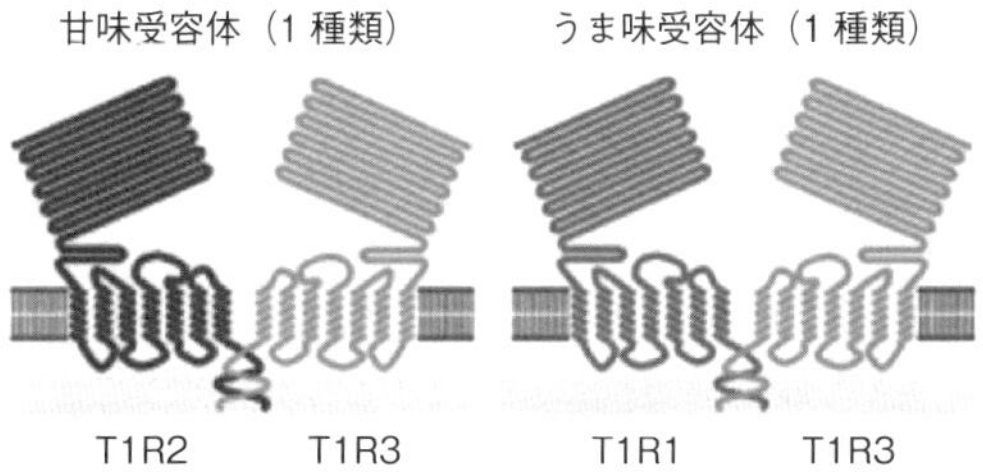

図１　甘味とうま味の受容体の構造

受容体への刺激は味細胞から神経細胞に伝達され、その信号が脳に運ばれる。味覚物質の受容機構が明らかにされて新しい研究局面を迎えた今日、甘味の生理を基礎から考えることは意義深いと思われる。

2　甘い味は先天的に好ましい

甘い味は人間にとって先天的に好ましい味であることは、イスラエルのシュタイナーらの古典的な実験で明らかにされてきた。この実験は生後二四時間以内の新生児を対象に行ったもので、舌に砂糖水を滴下すると嬉しい表情をする。苦味や酸味では嫌な顔をするのと対照的である。表情と情動との関連はこの頃の研究ですでに確立されており、ビデオ撮影による詳しい解析も行われている。胎児が羊水中にいる期間や、生まれてただちに口にした初乳の影響までは排除できないが、少なくとも、生まれた直後から甘味に対する嗜好性は高いと言い切ることは可能である。

甘みが先天的に受諾されることは、国内の研究でも確認されており、うま味インフォメーションセンターは、乳児に各種の味溶液を哺乳瓶に入れて与え、味覚を刺激した実験で甘味受諾が先天的に起こることを示唆している。図2はその結果である。

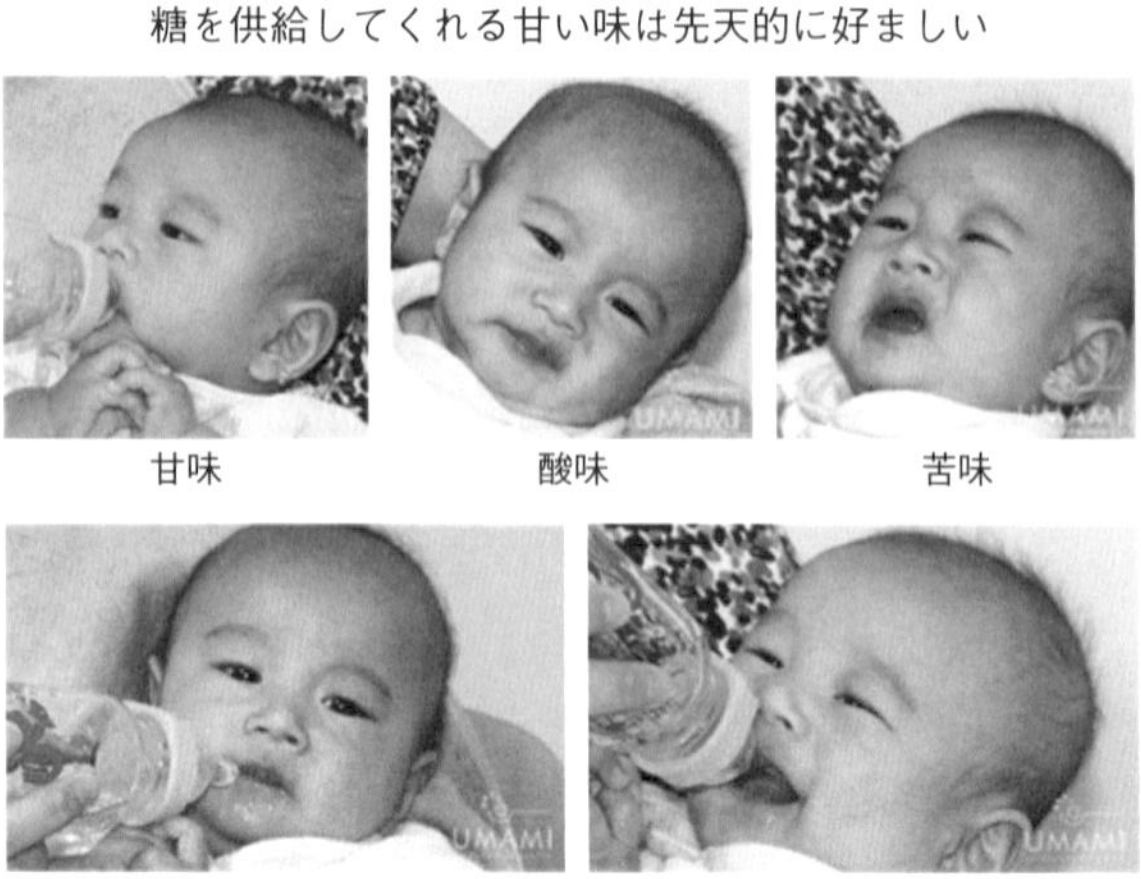

図2　各種味溶液を口にした時の赤ちゃんの表情

生後4カ月目の離乳期の男児を対象に行われたものだが、イスラエルでの実験と同等の結果が得られている。

資料提供：NPO 法人うま味インフォメーションセンター。

3　甘い味の生理的意味はエネルギーと血糖値維持の生理的シグナル

甘い味を世界中の人間が楽しんでいる。人間はつねに甘いものを欲し、時には強引な手段に訴えても糖を確保するほど、甘味の欲求は強い。砂糖などの甘味物質は国家間の戦略物資として歴史的に重要視されてきた。

このような甘味に対する普遍的な強い欲求は、糖が人間の生命維持の上で非常に重要な物質であることに起因している。

糖の摂取はエネルギーの獲得と血糖維持を可能にする。食品中の糖質は砂糖がグルコースと果糖、デンプンの分解物はグルコースにそれぞれ分解されて生命を維持するエネルギーに使われる。吸収されたグルコースはそのうちの一定量が血液中の血糖となって循環し、血液脳関門を通過して脳の唯一のエネルギー源となる。飢餓時には脂質の代謝産物であるケトン体もエネルギーとして脳に使われることが明らかになっているが、これは危機的な状態を避けるための対応として例外的にとらえるべきであろう。血糖が低下すれば昏睡して死にいたる。したがって、身体は生命維持のための戦略として血糖維持を何よりも優先している。

体が蓄積している糖分を使い果たして血糖が不足する事態になると、重要な臓器の体タンパク質などがどんどんアミノ酸に分解され、代謝されて糖に変えられる。脳のための血糖維持に努めるのが代謝の基本方向といえる（図3）。

したがって糖やデンプンなどの糖質を食べない食文化はありえないし、極端な糖質カット食がどれほど危険な所業であるかがわかる。植物資源の乏しい極北のような過酷な環境の風土では糖質の確保は困難である。このような地域では、糖をあまり摂らない代わりに摂取した肉類を分解

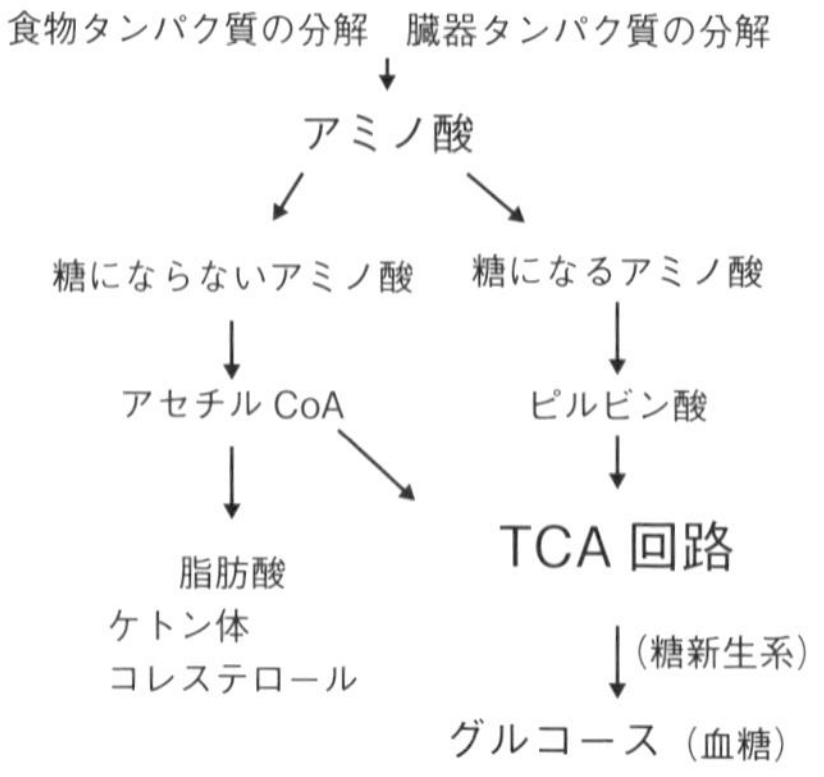

図3　食物や体タンパク質は分解されて糖に変わる

して生じる大量のアミノ酸が体内の代謝により糖に変えられて血糖をなんとか維持している。しかし、アミノ酸が代謝されて生じる有害なアンモニアを解毒排泄しなければならず、代謝に負担のかかる食である。極端な肉食の文化においても同様である。

水や塩分も体が絶対的に必須とする物質で、この二つは他の物質では代替がきかない。したがって海や川のような自然に恵まれない地域では他者との悲惨な争奪に発展することが多い。糖質は雑草にも含まれ、前述のように肉などのタンパク質を分解して得られるアミノ酸から体内である程度つくれるので、糖質の争奪は塩や水に比べるとやや穏やかになる。しかし、生理的な充足以外に甘味はおいしさの快感を生じる物質であり、天然には糖質のごく一部にしか存在しない貴重なものであるから、やはり争奪の対象ではある。デンプンなどを分解して甘味物質を生産するのにも技術が必要であるので容易ではない。

糖質は筋肉などの運動にも使いやすいエネルギー源である。解糖系を介して速やかにエネルギーとなる。油脂がエネルギー生産のために酸素を必要とするのに対し、糖のエネルギー産生は無酸素状態でも一部は可能であるが、乳酸がたまるので限界はある。酸素が十分に供給されればそれに続く完全なエネルギー生産が起こる。無酸素状態でもエネルギーを生産できるというのは非常に貴重であり使いやすいエネルギー源である。余った糖はグリコーゲンとして肝臓などに一時的に貯蔵され、慢性的に余ればコンパクトな形態である脂肪に変換され体脂肪として蓄積される。

砂糖の産業的な生産が始まるまでは甘みは貴重品であった。自然界には甘いものはそれほど大量には存在しない。蜂蜜や果物、発芽期の穀物が貯蔵デンプンを分解することによって生じる甘味など、数えるほどしかない。日本では、ツタの絞り汁を濃縮した甘葛《あまずら》が古くからあったが、ツタの芯からわずかに得られる薄い甘味溶液を濃縮してやっと手に入る物で、大量生産は容易ではなかった（八三頁、山辺氏のコラム参照）。

甘味は人類にとって先天的に好ましい味であるから、甘味を求めて発酵や植物の育種などのさまざまな工夫がなされてきた。最終的に科学技術が人工甘味料を開発・呈示するまで、貴重な天然の甘みである砂糖は戦略的な農産物であった。甘味に対する人間の執着は、大国の植民地主義を生むモチベーションの一つであったといえよう。

4　発酵技術は甘味をもたらした

一般的に糖質とよばれるものには、デンプンのような巨大な分子から砂糖のような小さな糖、

デンプン粒子

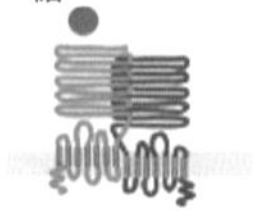

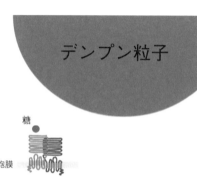

図4　デンプン粒子はグルコース分子や甘味受容体分子に比べると巨大

デンプンが分解された糖、消化吸収されない炭水化物、あるいは人工的に合成したものまで多様な物質が含まれる。穀物などに含まれるデンプンはサイズが大きすぎて小さな味覚の受容体では認識できない。したがって甘く感じない。一方、デンプンが分解されて生じた小さなグルコース分子は甘い。非常に大雑把にサイズを比較すると、甘味の受容体に結合するグルコースがパチンコ玉程度の大きさとしたら、デンプン粒子は東京ドームぐらいの巨大なものになる。ジャガイモの大きな切断面などは山手線の囲む地域くらいのサイズになる。この計算では甘味受容体の結合部位は人間の口くらいのサイズだから、巨大なデンプン分子を甘味受容体が受容できるとは考えられない（図4）。

発酵というプロセスを使うと、麹菌のアミラーゼという酵素によって、デンプンからグルコースやマルトース分子が切り出される。つまり甘味が出てくる。

発酵というのはもともと、食品の保存のために考案されたものと思う。しかしながら、たとえば麹菌を使うことによって、タンパク質を切断したらうま味のあるアミノ酸が出てくるし、デンプンを切断したら甘味のある糖が生まれる。冷蔵の技術が発達して、今や保存にはあまり問題のない時代でも発酵が生き残っているというのは、味わいの増強にあると考えられる。

5　味覚はバーチャルな感覚——甘い味が嫌いになると苦味が増強される

糖の構造が甘いのか、あるいは糖のもつ性質を脳が甘く感じさせているのかは根源的な問題である。実際は後者が重要であると考えられる証拠が多い。おもなものをあげると以下のようになる。

①「甘い」味を嫌いになると「苦い」味が強調される。サッカリンを中毒性の物質と併用して実験動物に与えると、中毒から回復した動物は甘いサッカリンを嫌悪するようになる。この行動の変容は、味覚が変わったとしか考えられない。この現象は味覚嫌悪学習とよばれる。

この時、舌からの甘味情報は、嗜好性味覚情報が入投射する結合腕傍核の背側外側亜核から、苦味などの嫌悪性味覚が投射する外部外側亜核にスイッチされてしまうという山本隆らの報告がある（図5-a、b）。

②サッカリンをなめさせるだけで、神経反射的にすい臓からインスリンが分泌される。条件反射である。しかし、前述の味覚嫌悪刺激によって糖を嫌いにさせた後ではこのような反射は起こらない。やはり、甘味の認識と伝達には構造だけでなく総合的な受諾性が影響しているといえる。

③エネルギーや血糖維持のような重要な性質をもつ物質群を、脳が甘いと感じさせていると考

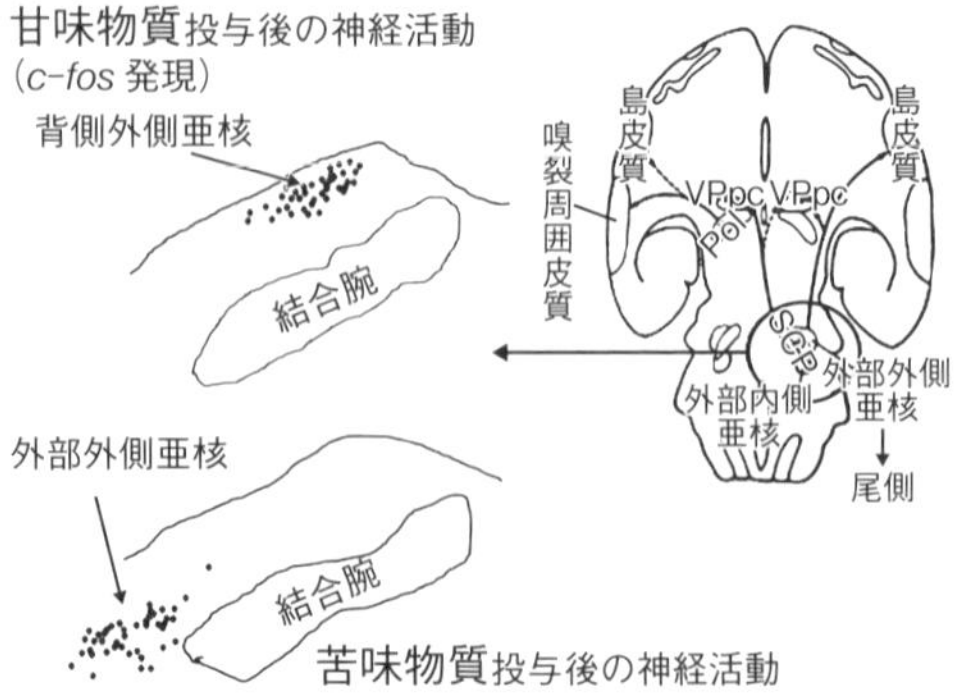

図 5-a 甘味物質と苦味物質の受容信号の投射される脳部位の違い
甘味物質と苦味物質の受容信号は脳に伝達され、それぞれ異なる部位に投射される。神経が興奮した跡に *c-fos* とよばれる分子が発現することを指標にして投射部位を特定している。

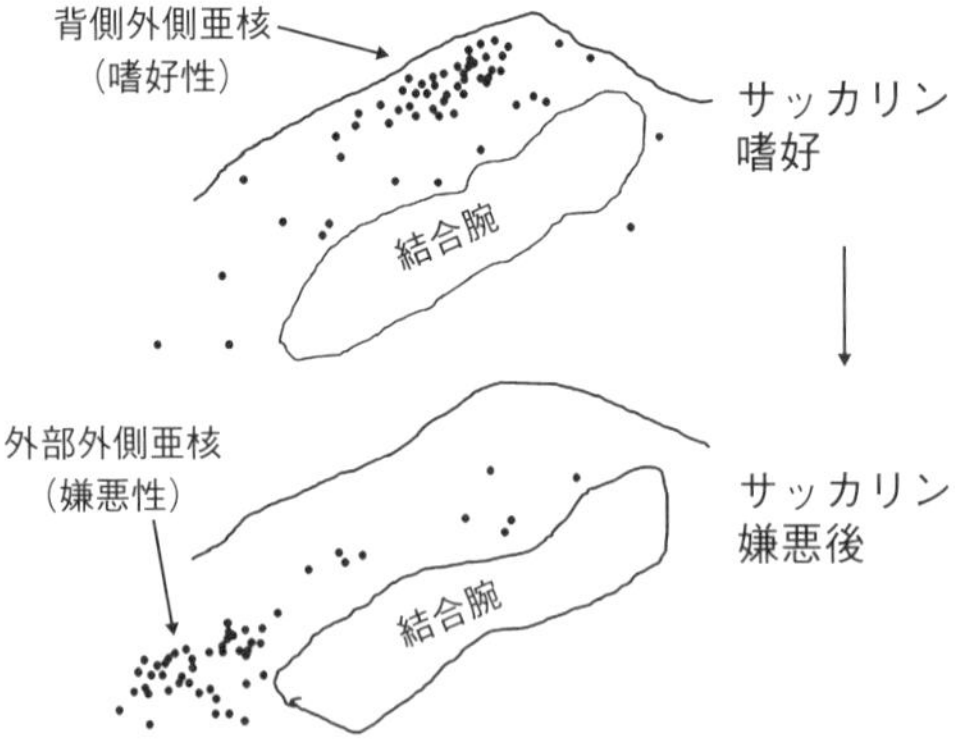

図 5-b 甘味が嫌いになると投射部位が変化する
甘味溶液摂取直後にむかつき感を生じる薬物を腹腔内注射して甘味を嫌いにすると、甘味物質の投射部位は変化して苦味物質の投射部位と合流する。
出典：ともに山本隆らの研究より引用［山本隆 1996］。

えると腑に落ちる現象がさらにいくつもある。アミノ酸のなかで、体内で容易に糖に変わる構造をもつアラニンやグリシンなどは糖原性アミノ酸とよばれているが、これらのアミノ酸は強い甘味がある。脳は糖に変わりやすいアミノ酸を糖とみなしているらしい。人間の化学が形態で糖を分類しているのに比べ、身体は代謝の観点から糖を認識している。

6 甘い味を繰り返すとやみつきになる――報酬の期待

私たち人間や動物は、なぜ甘い味に執着するのか。体を維持する栄養素としてだけならば肥満に陥るほどの量は不要であるが、現代のスイーツの愛好家は生きるためという目的を超えて楽しみのために食べている。糖尿病になってもまだ甘いものを強く求める。

肥満になることがわかっていても糖質を食べるのは、生きるために糖を食べるのとは全然違うレベルで甘味を欲求している可能性がある。

マウスを栄養素が完璧に配合された固形飼料で飼育すると、肥満することなしにすべてのマウスはほぼ同じ体重増加を示す。すべての栄養素が完璧に足りた固形飼料なので、生存のための必要な栄養素は全部摂れる。ところがこの固形飼料の隣に二〇％の砂糖水溶液を置いて、自由に飲むことができるように設定すると、固形飼料を食べながらも砂糖水を盛んになめる。一カ月で固形飼料のみの群に比べて体重が著しく増えてくる。それでも糖の摂取をやめない。生命維持に必要な栄養素のためにネズミが餌を食べる条件では肥満はない。すると、砂糖水の摂取は必要以上のカロリー摂取ということになる。これは快楽を求める摂取行動であると考えられる。

甘い味に対して動物が執着することを私たちは実験的に示した。甘い味は生命維持に重要な成分であり、価値のある物質として嗜好性が高いが、高濃度の甘味の摂取が繰り返されると「やみつき」とよべる過剰な欲求が起こる。ニコチンやカフェイン、あるいは薬物の快感に執着するのと類似のメカニズムである。通常、快感物質への執着はＧＡＢＡ神経とよばれる抑制的な神経が行き過ぎを抑えているが、やみつきはそれが解除されることで生じる。

実験動物の薬物に対する執着を評価するために開発された機器がある。条件付け位置嗜好試験、あるいはレバー押し条件付けオペラント試験などである。これらの機器を用いて、油脂と同じく砂糖水に対しても実験動物のやみつきの行動が観察されている。この場合、口から与えることが重要で、口腔内での刺激の情報と、体内でのエネルギー代謝上のメリットの情報との脈絡が脳内で成立することが重要である。

どのくらい好きかという欲求を定量化する方法として、レバー押しオペラント試験がある。レバーを一回押すと、シャッターが開いて、マウスが顔をつっこむと、一滴だけ砂糖水が飲める。でも一滴では満足できないので、マウスはまたレバーを押す。最初は一回でシャッターが開くが、次は二回押さないと開かない。その次は四回。その次は八回、一六回というふうに、だんだんハードルを高くしていく。いったいこのネズミは、一滴の砂糖水のために、何回レバーを押すことに耐えるかという実験である。シャッターを開くためのレバー押しの必要回数は、さまざまな幾何学的なカーブで変化させることができる（図６）。

一〇分間以内に規定回数のレバー押しが達成できなかったら、マウスはあきらめたとみなしブレイクポイントとする。それまでに、レバーを押した回数が、一滴の油や一滴の砂糖水に対する執着の強さであると考えるのである。

BALB/c マウス雄 8 週齢（24 匹）
マウスは 30 分間以内で 500 回レバーを押すことができるように、あらかじめ訓練されている。テスト前に 10%砂糖水で 3 回、直線的上昇カーブで設定した漸増レバー押し訓練を行った後、レバー押しが指数関数的に大きく増加する条件で試験を行った。

図 6　レバー押しオペラント試験による欲求の定量的評価
一滴の砂糖水を摂取するために、マウスは何回のレバー押しに耐えられるかの実験（筆者らによる）。

コーン油を設置すると、ブレイクポイントまでにマウスは一五〇回もレバーを押した。二〇％の砂糖水を置くと、約五〇回。二〇％砂糖水と同じカロリーをデンプン溶液で調製し、これに鰹昆布だしとまったく同じ組成になるようにアミノ酸を配合した溶液では約六〇回レバーを押した。デンプン溶液やアミノ酸の混合液のみではこのような行動は観察されない。水や生理塩水に対しても、積極的なレバー押し行動は起こらない。

だしがタンパク質の原料であるアミノ酸のうま味溶液と考えれば、油脂や砂糖水と合わせて、この三つは動物や人間にとってもっとも重要な栄養素であるとみなすことができる。三日間の繰り返し摂取によって、生命維持にとって重要な物

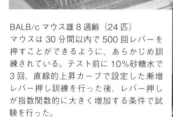

質が高濃度で含まれる溶液であることが認識され、積極的に摂取するために、面倒なレバー押しをしてまで摂取するというやみつきの回路ができあがったものと考えられる。

やみつきの行動には脳の報酬系とよばれる快感にかかわる部位が関与していると考えられている。報酬系の詳しいメカニズムにはまだ研究の余地が残るといわれているが、砂糖水のような嗜好性の高い物質を繰り返し摂取することにより、ドーパミン神経によるもっと欲しいという飢餓感に似た感覚を生じる回路が成立することで、依存が生じる。いったん報酬の回路ができあがると、当該物質の味や風味などが栄養価値と同時に記憶され、その後は味わいだけでも食べたくなるような、いわゆるショートカットが生じる。これが嗜好性を形成すると考えられる。

口腔内の摂取情報とエネルギーがあるというメリットの情報は、まったく独立している。前者は舌の刺激から生じ、後者は単純ではないが消化管や代謝の結果など複合的な情報から生じると考えられている。両者は独立しているため、口腔内に人工甘味料を与えると同時に胃内にはエネルギーのある砂糖水や油脂などの投与を行うというようなハイブリッドな刺激の組み合わせでも、実験動物の口腔内刺激に対するやみつきが起こる。

7　甘味と油脂の組み合わせは最高においしい

味覚受容体の発見以前から、砂糖と油脂の組み合わせは非常に高い嗜好性をもつことが明らかにされていた。一九九五年に米国のドリュノウスキーらは、病的に肥満した若い女性が甘味と油脂を含むスナック菓子を手放さないこと、その執着行動がナロキソンなどの報酬系を阻害する薬品の静脈投与によって抑制されることを明らかにしている［Drewnowski, A. et al. 1995］。

8　甘味の嗜好は時代や社会の様相によって変わる

二〇〇五年度の食の文化フォーラム「味覚と嗜好」で紹介したとおり、人間のエネルギーが充足されると甘味に対する欲求の強さが低下する。第二次大戦前後のように飢餓の時代には甘いものを作れば飛ぶように売れたと菓子業界の関係者は述懐する。現在ではエネルギーは充足しており、砂糖の摂取量は年々低下している（二一一頁、総括図4参照）。日本のケーキ類は甘味が抑制されているものが主流であるが、肥満に対する警戒心とともに、甘味に対する欲求の低下が影響していると思われる。

一方、米国のケーキはなぜいつまでも甘いものが主流なのかという意見がある。カロリー源として油脂の摂取が多く、デンプンなどの糖質をあまり摂取しない一般的な米国の食事では、血糖維持のために甘味を受容する余裕があり、これが食の文化として定着したものであろう。また、人工甘味料を含む清涼飲料水の普及が、甘味嗜好を維持することに寄与している可能性も指摘されている。

現代日本において、痩身を維持する目的でいわゆる厳しいダイエットを励行する人は多く、とくに日本人女性の一日当たりカロリー総摂取量は若年層のみならず中年層でも年々低下している。このような食事摂取行動は、甘味嗜好が衰えない代謝基盤となっていると思われる。

9　人工甘味料は糖のシグナル部分のみをもつ

人工甘味料はエネルギーがほとんどないほどの少量でも甘味が強い。一分子当たりの甘味が非常に強く、砂糖の数百倍にもなるので、低濃度で十分な甘味が感じられるからである。人工甘味料の甘味の強さは、舌上の甘味受容体との結合力の強さで説明できる。人工甘味料は低濃度でも甘味受容体に結合することができる強い親和性を有していることが実験的にも明らかになっている。ちなみに、市販の人工甘味料よりもさらに極端に甘い物質も発見されているが、人工甘味料としては実用的ではない。甘味受容体に一度結合したら容易には離れないので切れが悪い。甘すぎては嫌がられるのである。

人工甘味料はいわば糖としての味覚刺激だけをもち、エネルギーのない物質である。したがって、人工甘味料に対しては実験動物はやみつきの行動を起こさない。エネルギーがないと判断すると動物は人工甘味料に執着しなくなる。

カロリーのない清涼飲料が普及していることで明らかなように、人間はカロリーのない人工甘味料に対する嗜好性を維持できる。その理由の一つは、人間は雑食のためさまざまなエネルギー物質を同時に食べているので、今なめた物質のエネルギーの有無が正確に判断できないことにある。一種類の食べ物しか食さないような実験的環境をつくれば、人間にもエネルギーの有無が理解できるものと思われる。その時には当該飲料に興味が失せると想像されるが、実験例はない。また、飽食時代の人間は、甘味に対する執着が飢餓の時代ほどエネルギーの有無に対し敏感ではなくなっていることも影響していると考えられる。

一方、甘い味の印象は嗅覚にも結びつく。バニラは甘い匂いがするが、なめてみると苦い。日本のチョコレートの多くは甘い匂いを強めるためにバニラが添加されている。カラメルも甘い香りが強いが味は甘くない。カラメルやバニラの匂いは一般的に甘味のある食べ物に使われる。エネルギーが獲得できたという実感と当該食品の匂いが脳内で経験的に結びついて学習された結果、匂いまで甘く感じるようになったのである。味覚や嗅覚は、代謝を先回りして物質の性質を推定する道具として人間が利用しているため、このような現象がしばしば観察される。

10　おわりに――飽食の時代の甘味嗜好

甘味はエネルギーを獲得できることを期待させるシグナルなので、飢餓状態の人間にとってはとくに魅力的な味わいである。しかし、飽食の時代になってエネルギー摂取が必要レベルを超える時代には、生命維持のための糖質摂取の意義は薄れてきた。現代の日本では、甘味の弱い飲料なども好まれる傾向が強い。しかし、甘味に対する報酬回路が維持されている人間では、肥満状態でもまだ甘味に対する欲求がなくならない。生命維持のレベルから快感の獲得に甘味の意味が移行したものと考えられる。

甘い味は、喜びの感覚とも結びついている。冒頭の新生児の実験のように、人間は先天的に甘味を好んでいる。甘味の受容を喪失するとすべての食べ物が灰色のごとく味気ないものに変わることも実験的に示すことができる。甘味の嗜好は学習ではなくて、生きていくための巧妙な基本設定であるといえよう。このような、甘味の摂取欲求や栄養生理が、食文化形成の要素として関与することは見逃せない視点であると思われる。

〈参考文献〉

日下部裕子・和田有史編　二〇一一『味わいの認知科学――舌の先から脳の向こうまで』勁草書房。

日本味と匂学会編　二〇〇四『味のなんでも小事典』講談社（ブルーバックス）。

伏木亨　二〇〇八『味覚と嗜好のサイエンス』丸善。

伏木亨編著　二〇〇三『食品と味』光琳。

伏木亨編　二〇〇六『味覚と嗜好（食の文化フォーラム24）』ドメス出版。

山本隆　一九九六『脳と味覚――おいしく味わう脳のしくみ』共立出版。

Newton 編集部編　二〇一六『感覚――驚異のしくみ』（Newton 別冊）ニュートンプレス。

Drewnowski, A., Krahn D.D., Demitrack M.A., Nairn K., Gosnell B.A. 1995 Naloxone, an opiate blocker, reduces the consumption of sweet high-fat foods in obese and lean female binge eaters. *The American Journal of Clinical Nutrition*. Jun; 61(6): 1206–12.

第2章　甘み再考

丸井英二
Marui Eiji
疫学・医学史・国際保健学

1　はじめに

食は、ひととモノとの出合いから始まる。環境中にある食物はそこにあるだけでは単なるモノにすぎない。そのモノを、ひとが食物として認識する瞬間から、食への行動が始まる。そして獲得した食物を、個体の生存、生命維持のために体内に取り入れることになる。あるいは、生命維持というよりはむしろ、生活における喜びの感覚を味わうことを目的として、生理的な必要量とは別に付加的に食べることもある。これらの各段階において、認識や行動が単純に決まっているわけではない。ヒトの生理的欲求と、人びとが長い期間をかけてつくりあげてきた食文化とが相互に関連しながら、食のあり方が現れてくるのである。

食はまたヒトが食物を摂取したのち、生体維持のための身体内の栄養活動、そして排泄されるまでの一連の栄養学的プロセスでもある。多くの場合、身体の外にあるモノについての議論や研究があり、他方で、ヒトについて身体内部の生理的活動についての議論や研究がある。「甘み」

についての議論・研究も主としてモノについて行われ、あるいは身体内の生理学的機能についてふれられることになる。このように食に関する議論は外部からのアプローチと内部からのアプローチがあり、その両者の接点はあいまいにされがちである。しかし、近年のアレルギーとくに食物アレルギーの場合にみられるように、外部のモノだけ、あるいは個人の免疫学的特性の、どちらか一方だけをとりあげても問題の本質は明らかにならない。むしろ、両者の出合う状況そのものが問題の本質のはずである。

本稿では、モノやひとに個別に注目するよりは、むしろモノとひと、あるいはひととひととの間の関係にまず着目して「甘み」について考えていきたい。さらに、ひとは個人として生活するとともに、類や種、あるいは社会とも称される集団のなかのひとりとして生活してきた。集団は多くの人びとがいるがゆえに、多様性を示し、平均値や類型としてのひとのあり方ではとらえきれない多くの側面をもっている。デュルケムは集団は個人の集積としてだけではなく、それ自体として社会としての実体を有すると主張した。彼以後の二〇世紀の社会学の考え方があると同時に、集団は自立した多くの個人を包摂するという二面性をもっている。逆にいえば、個人もまた自立した存在であると同時に、ひとつの実体として機能する集団、組織、社会という名の、類や種のなかのひとつの点にすぎない。一見すると科学的に聞こえる「ひとは……である」という類型的把握、あるいは科学的理解だけではカバーできない多くの人びとが現実に存在することを承知しておかなければならない。

2 「甘み」はどこにあるのか

ひとは他の個体とは厳然と異なる個体として存在し完結する独自性をもつが、その発生の始まりから環境とのかかわりなしには個体を考えることはできない。もちろん、ひとをヒトたらしめているのは遺伝子型である。その全体がゲノムであるが、このワンセットの遺伝子全体がヒトの出発点である。すべての情報がここにあり、生まれつきという時にはこれをさすこともある。いわば所与の条件としての遺伝子型がある。そして、その後に起きることはすべて環境とのやりとりのなかで生じる。

個体の発生において、少なくとも受精直後の細胞分裂の過程からすでに環境とのやりとりは始まる。生物学上の両親から半分ずつ受け継いだ遺伝型をもつ個体への「環境からの刺激」が、個体独自の遺伝子型に基づく特異的な（個体それぞれに特有な）反応を引き起こす。母親の胎内にいる時から、子宮という「環境」とのかかわりによって個体の特性はできあがっていく。個体は、外部からの刺激への反応によって、つねに自己を変化させながら環境に適応し、内部をつくりあげ、変化していくプロセスを経る。もちろん、そうした過程でもヒトとしての形成過程は共通で、誰もが同じようにヒトとして成長していく。そうした時々刻々に変化する過程でみることのできる「表現型」が個体のその瞬間瞬間の姿である。これはまたつねに変化しつつある個体の現実の姿でもある。ある時点の表現型を有する個体は、環境とのかかわり合いの積み重ねの総体であり、環境とのかかわりの歴史の表現そのものでもある。

たとえば、私たちは呼吸することによって、血液中の酸素と二酸化炭素との入れ替えをつねに行っている。肺胞で交換が行われる、その瞬間ごとに私たちの身体構成は変化していく。あるいは、病原体の侵入によって免疫メカニズムが起動し抗体が形成され、それまでは備わっていなかった新たな免疫を有する新たな個体へと変貌する。他人からの一言に反応し、心を痛め、自分の内部に変化が生じ、人びとに対する対応が見える形で変化していくことがある。それらが表現型となって現れる。

環境は物理的、化学的、生物的、そして社会・文化的な環境と便宜的に分類される。ひとは環境とのやりとりのなかで、生まれ、生活して、死ぬ。ここにはつねにダイナミックな関係があり、そこで不断の営みが続けられる。個体だけでなく環境もまた固定的ではない。両者ともに変化しつつ関係をつくりあげている。また、その個々の関係のあり方にはパターンが形成され、パターンの組み合わせがもう一つ上位のパターンをつくりあげる。グレゴリー・ベイトソンは関係のパターンを重視し、しかも多くのパターンのあり方がもう一段上のパターンを形成していることに注目した。ひとと環境との個々の関係が何段階にもわたって重層的に構成するパターンが、生命のあり方の基本となっている。この図1のようなシステムの基本的な形が主体環境系（Host-environment system）である。これは人間生態系といってもよいだろう。まず、この枠組みで「甘み」を理解してみたい。

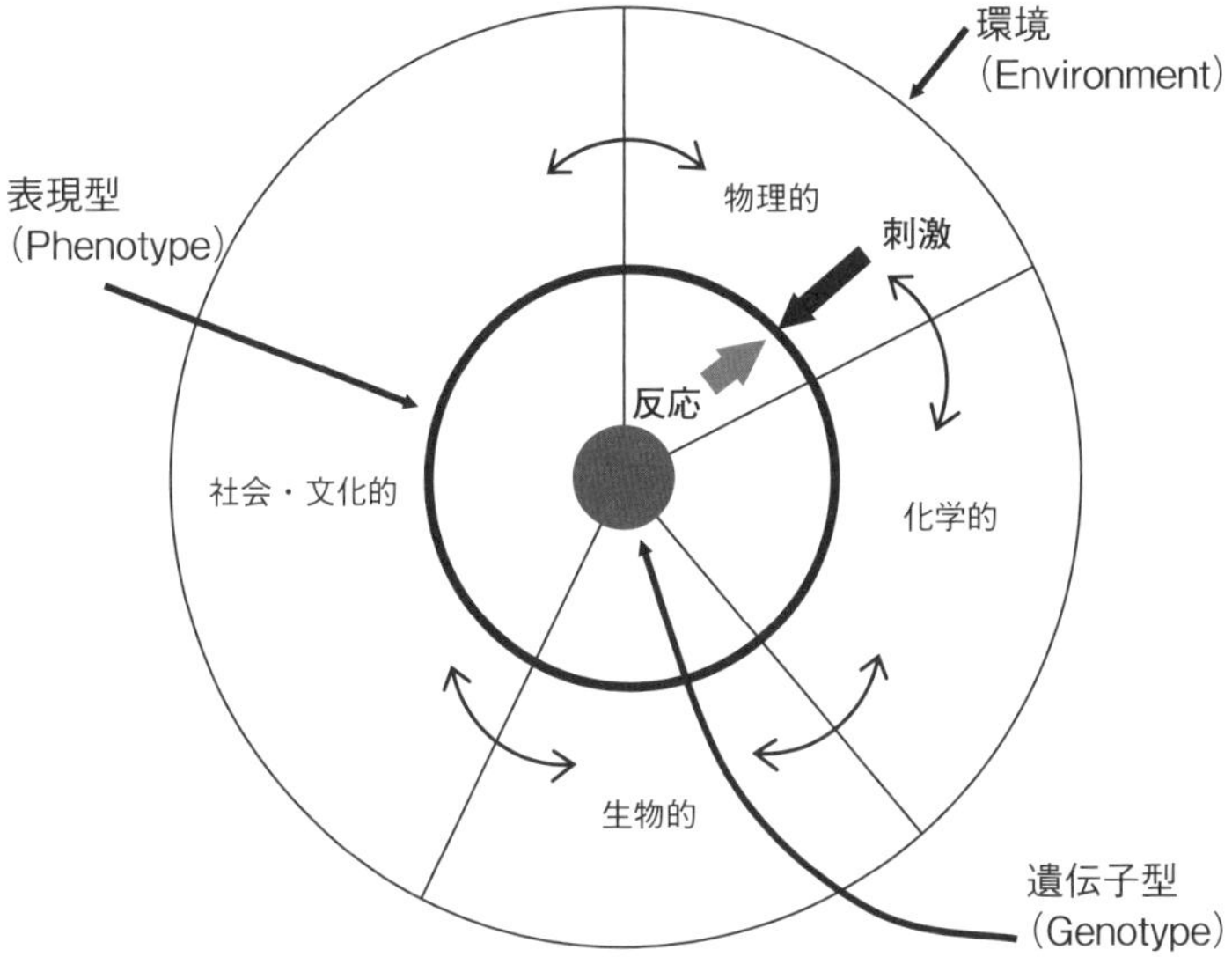

図1　ひとと環境：主体環境系（Host-environment system）

「甘み」は俗に言われるように、甘いもの（そのものの属性としての甘み）として存在するわけではない。ひとが食べることによって初めて甘みが成立するのである。「甘み」は外部の環境のなかにあるわけではない。もちろん「甘み」は生物体である個人としての自分に存在するのではなく、そして環境にもない。「甘み」という存在はなく、「甘み」を引き起こす物質あるいは情報が環境中にあり、それを情報として受け取り、生理学的メカニズムによって何らかの感覚を感じる人間がいるだけである。

「甘み」は環境と主体との関係のなかで生まれ、関係のなかにのみ生じる。たとえば私たちは、砂糖は甘いという。あるいは和菓子に甘みがあり、人工甘味料は甘いという。しかし、モノそれ自体は甘くもなんともない。単なる物質にすぎない。モノのなかに甘みがあるのではない。ひとが食べて、初めて「甘み」が発生するのである。そして、その甘みはどこにあるものでもなく、物質としてのモノとの出合いの場面で、ひとの感覚として刹那的に生じているだけである。

では、人間が「甘み」をどのように感じるのか。その人体内の生理学的メカニズムについては、前章で科学的に説明されている。ここでは、「外部と内部との関係」としての「甘み」があり、そしてヒトの外部に存在して「甘み」をもたらす物質が砂糖であり、菓子であり、甘い料理とよばれていると位置づけておきたい。

3　誰が甘みを認知するのか——甘みは文化が決める

「甘み」はどのように形成されるだろうか。ここでは、個人におけるメカニズムとしての甘み感覚と、集団あるいは文化のなかで形成される甘みの感覚とを区別して考えていきたい。

まず、生理学的にみた時、自分の感じる甘みがある。これが「個人による甘みの認知」である。これについて、われわれは舌で感じているように思いこんでいるが、脳で判断していることは近年の生理学的研究ならびに脳科学の研究成果で明らかである。生まれたばかりの赤ん坊も甘いものを喜び、うまいと感じているらしいことが、すでに一九七七年にはDesorらによって報告されている。甘みの感覚は生来のものと考えられそうである。もちろん生まれつきもっている感覚だからといって、遺伝子によって人類に一様に決められているというわけではない。一〇カ月近く母親の胎内での生活を経験してきた新生児にとって、環境とのかかわりでつくられた、個性としての表現型は無視できないものである。

また、こうした実験や研究はヒトという類型について行うので、個人差についてはほとんどふれられることがない。ヒトという類についての科学的知見としては大きな意義があっても、現実に存在している個人について納得のいく説明ができるとは限らない。これが科学的知見の特徴である。個人の味覚認知には当然ながら個人差がある。すべての新生児が刺激に対して同じように反応するわけではない。しかし、研究上、統計学的に有意な程度に認められればそれは科学的エビデンスとなる。さらに、本当にどのように感じているかは、本人だけが知るところである。他者には立ち入ることのできない個人だけの認識がある。あるいは本人にもわかっていないのかもしれない。一定の設定された測定系において得られた事実であり、ある一人の個人は他の個人との比較をすることが原理的に不可能だからである。これが感覚における、ある種の他者問題であるということができる。

人びとがまったく同じように甘みを感じているということはなく、ひとによって感じ方の程度も、あるいはどのように感じているかも異なっていると考えるのが自然である。味覚はきわめて個人的なものである。個人にしかわからない（あるいは個人にもわからない）感じ方なのである。他者との比較はまったく不可能である。人の身体についての現象（健康にかかわる現象）は、ほとんどこうした自覚あるいは個人による認知に基づいている。こうした個人による認知があらゆる健康現象の基盤にある。外部からの直接的な検証はほとんど不可能なのである。

たしかに、外部に存在しているモノを舌にのせた時に甘いと感じるのは個人における生理的機能である。たくさんの人びとがいる集団を想定した時に、感覚には大きな（ひょっとすると小さいかもしれないが、これはわからない）個人差があるだろう。しかし、特定の食物（物質）が甘いというのは、なぜか人びとの間で共通している。砂糖は甘い、と誰もが言う。それはなぜだろうか。個人それぞれがまったく同じように感じているからなのだろうか。おそらくそうではないだろう。

ここで感覚は個人を超えて人間集団の感覚形成となっていく。ひとが環境中にある物質と出合い、その特定のモノを食べることによって得られる個人の味覚がある。これは個人とモノとの間の関係として成立するものである。もちろんこの関係は個人によって異なり、また状況によっても微妙に異なる。この時の感覚が人びとの間で同一であるという保証はない。しかし、この時に食べたモノと感覚とを対応させて「甘み」として理解し、表現するよう文化的に教育されるために共通の認識があるようにそれぞれが了解していくことになる。これを（あえていえば）「文化による甘みの認知」ということができる。

羊羹が甘いのは、それが物質として本来的に甘いからではない。そうではなく、それぞれ異なる個人の味覚について、それを食べたことによって得られる味覚を「甘い」と反復して教えられ、表現させせられ、納得させせられるからである。味覚は個人によって（おそらく）微妙に異なるものであるが、現実に存在する特定のモノを規準として文化的合意としての「甘み」がつくられることになる。

こうして、ある食物によって生じる感覚を各個人が覚え、学習していき、各人が納得しつつ、集団の一員として文化を共有することになる。もちろん、研究成果が示すように個々人が感じる甘みは心地よいものだろう。そして生得の感覚であるといわれている。しかし、ふたたび言えば、各人が同じ感覚を味わっている保証はまったくなく、ほかの個人が自分と同じように感じているとはいえない（もちろん多くの研究が示唆するように、人間の甘みの感覚は似たり寄ったりの心地よさなのであろうことは否定できない）。ここで指摘しておきたいことは、心地よい甘さと自分が感じている感覚があくまでも個人のものであって、同じものを食べている他人が生理的に自分とまったく同じに感じているわけではない、ということである。

このように、「甘み」を生じさせるある食物を指標として決めて、構成員が共通に認識することによって「甘み」感覚が集団内で合意され、共通感覚が形成されていく。赤ん坊が心地よいと感じたあの（心地よい）感覚が「甘み」と名づけられるためには、文化（あるいは個人の所属する集団）の介在が必要となる。これはまた甘みの尺度を構成するのであるから、甘さの物差しとして機能する。その文化的物差しを用いて、こんどは各個人の閾値を決めていくことになる。あるいは刺激に対する閾値を上昇させていくとともに、脳の報酬系の関与によって少しずつ甘みに鈍感になっていくことになるだろう。

文化によって、甘みの種類や濃度が異なることはよく知られている。たとえば和菓子の餡は「甘い」ものと私たちは考えている。しかし、餡を「甘い」とは感じない西洋人がいる。それは個人の生理学的な現象ではなく、文化的な問題である。科学的には、生理的な機序によって得られる味覚がヒトによって大きく変わらないのだとしたら、その感覚を甘いと表現する文化的訓練がされていないからだということになる。あるいは、アメリカで当たり前のようにデザートで出される、甘さの塊のような大きなケーキをもてあます日本人も多い。ひとりひとりの味覚は文化のなかで調教され、順応を繰り返しながら、確信へと変化していく。

一方で個人にとっての生理的閾値があり、また他方では文化的に規定された閾値がある。こうして、ある社会あるいは時代に流通するモノとしての食べものが、ある種の規準としてひとと人びとの甘みの種類と閾値を決めていくことになる。

先にもふれたように、ひとが生まれた時に、甘みをうまいと感じているらしいという古典的な研究は、そのとおりであろう。しかし、徐々にその味覚の閾値が上昇することも知られている。このように、食べる、感じるというサイクルのなかで慣れていき、もっと欲しくなる、というのが脳の報酬系の考え方である。それは「甘み」が心地よい味覚であるからに他ならない。それが（甘みの逆といってよい）苦みや、塩み（中性的だろうか）などと異なるところといってよいだろう。

4　甘みと健康――「砂糖が悪い」のか

さて、モノとひととの関係から甘みが形成されていくとすると、俗に言われる「砂糖は健康に悪い」というような言い方が不適当であることは当然であろう。なぜなら、図1でいえば、主体を忘れて責任を環境にのみ求めているからである。本来、甘みは関係として刹那的に成立するのである。

外部に原因（ときには責任）を求めるこの考え方は、医学の分野では一九世紀後半にコッホやパスツールらによって病原体（当時は細菌であって、ウィルスはまだ発見されていない）が科学的に同定され、疾患は外からやってくる病原体が引き起こすと考える病原体論的な原因論が成立して以降、とくに顕著である。

病気には原因がある（はずである）。そして、その原因は特定することができる（はずである）。その原因を除去すれば平和（健康）が訪れる（だろう）。そういった、ひとの外部に仮想敵を想定して、その敵と戦い、相手を倒したり、屈服させたり、除去したりするという、現実世界の政治やその延長としての戦争のアナロジーとして、わかりやすく、受け入れられやすいのがこの「特定病因説」である。抗菌グッズなどに象徴的にみられる考え方と同類である。

外部に悪者を設定する思考は誰にもわかりやすいし、支持を得やすい。しかし、いままでみてきたように、関係によって成立している世界には、本来的な「善玉」「悪玉」そのものはいない。

相互関係のなかで、ある時は主体にとっての善人として、またある時は主体にとっての悪人として、その時々の状況に応じてのみ機能するのである。属性としての悪玉はないはずである。あるひとにとっていかに忌むべき悪であっても、その悪は別の関係、文脈のなかでは善玉として機能することも多い。細菌やウィルスなどの病原体との遭遇がなければ私たちの免疫能力は高まることはない。適切な刺激として機能するのであれば、多くの場合、歓迎するのである。にもかかわらず、増殖が進み人体への脅威を感じると一転して悪として排除に転じる。外部に原因となるモノを求める病因論は、そうした「関係」のあり方に注目することなく展開されることが多かった。

たとえば、砂糖と虫歯の関係では砂糖が悪者にされることが多い。しかし、本当に因果関係があるといえるのだろうか。原因と結果の関係が因果関係である。しかし、砂糖は病原体ではなく、人間にとっては単なる物質にすぎない。虫歯の場合にも、「歯垢（細菌の巣）」「糖（食事）」「糖質が歯に停滞する時間」が重なり、相乗効果として虫歯が成立するといわれる。糖は条件の一つであって、十分条件ではない。しかし、砂糖さえ排除すれば虫歯にならないというように単純に思いこみがちである。

モノに責任を押しつける一元論的な原因論から、多くの要因が関連しあう多元論的な原因論へと転換していかなければ、問題の理解にはつながらない。悪者をつくっても問題は解決しない。モノに罪はないのである。刃物に罪はない。それを使うひとと状況とに問題はある。

ここまで、関係に注目することが必要であると述べた。しかしふり返ると、近代医学以前の古典的な医学の発想はバランスが健康の基本であると考えるところにあった。それはひとつには中世までは有効な治療ができないために、予防を基本とするしかなかったということもある。

一九世紀の産業革命にともなって、(一九世紀前半から)病院が成立し、(一八四八年あたりに)麻酔、(一八七〇年あたりの)消毒法の開発と実地応用によって初めて手術をともなう外科的臨床医学が実質的に可能となった。また、産業革命後に多くの身寄りのない患者を収容するために病院が多くつくられるようになり、その多くの患者が退院することなく、病院で死亡した。病院の成立と、そこでの引き受け先のない数多くの死亡患者の存在によって、病理解剖の知見の蓄積がなされるようになった。この知見により、疾患の進行中の患者の所見を体内の病理学的変化と対応させることが可能となり、内科的臨床医学が初めてそれらしく機能するようになった。患者の病気の進行を外から見ることで、身体内で何が起きているかを視覚化することができるようになったのである。さらに、少し遅れて、先に述べた細菌学的発想が主流を占めるようになる。治療をめざす近代西洋医学にとっては、分析的方法による、攻撃すべき敵(悪者)の特定が不可避であった。

しかし、それ以前の中世までの古典的な医学は、身体をひとつの全体としてとらえて、体質(constitution)を重視し、予防を旨とし、健康は個々の臓器の解剖学的現象ではなく全体の現象であるととらえていた。現代の目で見ると科学的に未成熟であったといわれがちであるが、人間をひとつの全体ととらえ、環境とのバランス、食物摂取についてのバランス、体内でのバランスをつねに重視していた。バランスという感覚は全体論的であり、しかも予防医学的である。部分に注目するのではなく、外部の特定の原因だけを排除するのではなく、外部との関係を柔軟に保っていこうとする姿勢であった。古典的予防概念は二〇世紀以後の特徴的な疾患である高血圧や糖尿病、アレルギーが特定の原因をもたず、かつ身体の特定の部分への傷害でないことを考えると、むしろポスト近代医学の発想に通じるところがある。

以上のように、甘みをもたらす物質の代表として砂糖をとりあげ、それが原因となって健康障害が起きるという図式をわかりやすく提示し、責任がすべて砂糖にあるかのように言明するようになったのが産業革命以後の近代西洋医学の特徴であり、それはまた治療中心の医学の強烈な展開でもあった。私たちは知らず知らずのうちに、そうした病因論のなかにいるのである。

5　決めるのはひとと文化

責任を外部に求めるのではなく、といって身体内に求めるのでもなく、両者の関係としてしか成立しない問題を、どのように解決することが可能だろうか。あるいは予防的に対処することができるだろうか。

それには個人による対処と、文化による対処とを考えることができる。もちろん個人の裁量にゆだね、個人が決定することができれば、それはそれで望ましいことだろう。しかし時には、それでは個人に負担がかかりすぎることがある。モノが豊富にあり、情報があるなかで、それに逆らって個人が自分の意思を通しつづけて生活するのは困難である。そう考えると、大きな状況や個人を取り巻く環境をつくる食文化が果たす役割、その重要性は大きい。あたかも津波に襲われた時のように、おかれた状況のなかで個人がなしうることはごく限られている。もし、自分はまったく自由に選択し、自分の意思に従って食生活を営んでいると考える個人がいたら、それは虚妄のなかに生きているとしかいいようがない。状況と環境のなかにおかれた個人には、それを超えた問題の解決はできない。自分でできるすばらしい解決法はない。

予防的に個人にできることは「ほどほどに食べる」ことくらいである。ひとは無限に食べられるわけではない。ひとりの人間にとって摂取できる食事の量は有限であり、その量は通常は満腹中枢でコントロールされている。結局のところ、食物摂取全体のなかでの適切な配分に向かう力の育成こそが食教育のめざすところであり、伝承文化として意義のあるところである。「ほどほど」は分量としての適量であるとともに、ゆるいバランス感覚でもある。不足の時には、不足している成分を具体的に指摘し、それを補うことですむ。しかし、過剰な摂取の時には何を削って減らせばよいかが問題になる。しかも、報酬系の考え方に従えば、過剰に甘みに依存するという現象が起きることが知られているのである。そのために、つねに甘いものについては摂取過剰の誘惑と戦わなければならないことになる。

一方、食文化は歴史のなかで形づくられる伝統であり、食の継承である。集団レベルで継続していく、個人の味覚を育てる仕組みである。さらには、いまや食情報の集積としての姿もある。

個人を取り巻き、流通し、入手可能となるモノの質と量とは、人びとがその一員として所属する集団の形成する文化が決める。そのなかで、ひとは生活する。あるいは、そのなかでしか生活することはできない。何をどのように食べるかが食文化であるならば、生産、流通もまた食文化であることは言うまでもない。私たち個人にできることは、与えられた大状況という環境のなかで、何をどれだけ食べるかを選択すること（あるいは、選択しないこと）だけである。

そこには、あるがままの姿として転変し変化しつづける食文化、そしてあるべき姿としての概念あるいは理念としての食文化があるだろう。文化は個人の方向性を大きく定め、決めていく状況であり文脈である。個人の味覚を文化的に訓練し、決めていく機能、そしてつくりあげてきた機能をもつ集団としての文化の問題がそこにある。

また同時に、たとえば社会とよばれる集団には複数の人間が存在し、つねに多様な人間の個体差がある。同じ人間でありながら、すべての個体は異なっている。身長や体重や顔つきが人それぞれ異なるように、一様でなく、さまざま局面で分布をなす。その分布において、時には外れ値を示すような個人の問題を、人びとが形成して何らかの機能を有する文化のレベルとは異なる、個体のレベルの問題として分けて考えることが必要である。科学的研究の対象としての類型としてのヒト、現実に生きている個別のひとと、そして平均値によって代表されるような集団として生きる人間たちとを丹念に区別していくことで、食における甘みの問題の取り扱い方が異なってくることを忘れてはならない。

6　甘みの恩恵

「甘み」について考えていきながら、素朴な味覚に戻ってみると、やはり現実の甘みは心地よく、しかし依存性を断ち切れない、光と影の両面をもっている。

甘みはうまみであり、心地よい感覚である。「甘い生活」というように、私たちは陶酔できる感覚を甘いという。しかし、「甘い処分」「おまえの考え方は甘い」というように、日常的には甘みは、不十分であり、ネガティブな使われ方をする。甘さを否定するような言説が多い。つねに快楽に身を委ねさせまいとする力が近代の社会には働いているようである。効率性や経済性をひたすら求める社会では受け入れにくく、ゆるい感覚は無責任であることにつながっていく。ストイックな生活に甘みは禁物である。緊張感に甘みは不要である。

しかし、甘みが私たちにもたらしてくれる心地よさと喜びが、人類を支えてきたともいえよう。甘みは喜びであり、甘みは退廃であり、それは依存性のある陶酔である。あるいは「ネジの締まりが甘い」というような表現もある。甘いということは、ゆるいということである。甘みは、他の味覚、塩み、苦み、酸み、辛みのような直線的な刺激ではなく、ゆるい刺激であり、私たちを落ち着かせてくれる刺激である。私たちはその、ゆるさに救われているといってもよいだろう。厳しい父の味ではなく、依存性があるが包容力のある、許してもらえる母の味としての感覚である。甘みを取り巻く、このゆるい感覚はほとんどの嗜好品にも共通する、生活における緊張の緩和作用である。

甘みを生み出すモノたち（砂糖であり、和菓子であり、ケーキである）が私たちに与えてくれる緊張緩和があり、それこそが人びとの食文化が生み出し、育て、洗練させてきたものである。一息ついた時の安らぎとして、刹那的ではあっても個体を解放し、次の緊張へと向かう力とゆとりとを与える機能をしてきた。依存性という影は、ずっと心地よく緩んでいたいという魔力であり、私たちは、生理と欲望、現実と夢、緊張と緩みの間の危ういバランスをとりながら生きていくしかないようである。

総括

「甘み」とうまくつきあう文化に

山辺規子
Noriko S. Yamabe
西洋史・食文化研究

1 はじめに

『広辞苑』（第六版）で「甘い」を引くと、①砂糖・あめなどの味がするさま。②塩気が少ない。③（甘味は人に快く受け入れられることから）受け入れて楽しく気持よい。甘美で心とろける思いである。④不足があっても認めてくれ、厳しく言わないので、接して楽である。処置がゆるやかである。⑤事を処理するのに考えや力が不十分である。また、そのために事にうまく適合しない。⑥ゆるく、締りがない。⑦株価などがやや安い、とある。つまり、もともとは快く受け入れられる味覚を示す言葉だが、その味覚を示すためには、実際の食物をあげるしかない。そこで、もっともその味覚を感じさせる砂糖やあめが、代表的甘味料としてあげられている。②は、「甘い」に対立する味として塩味が意識されていることを示すが、③以下は、味覚としての「甘い」ではなく、人間の感性にかかわる説明が並ぶ。すなわち、「甘い」は「気持よい」「楽」「ゆるい」という言葉と同じ意味で用いられ、厳しさ、激しさとは正反対に位置づけられているのである。

このように、「甘さ」は心地よく食べられるものというだけではない。やさしく気持ちよくしてくれるものであり、人を魅了する。そのようなイメージがあるのは、伏木氏が指摘するように生後二四時間以内の新生児でも甘みにはニコッとすることや、前川氏がいうように未知なるものでも「甘い」と手も出ることがあることがわかっているためであろう。

「甘み」を感じさせる食べものはいろいろある。甘味料としては、砂糖、日本ではあまり使用されなかったが世界的には基本的な甘味料であった蜂蜜、麦芽糖（水あめ）、シロップ、メープルシロップや甘葛煎《あまずらせん》といった樹液などがある。おそらく人類が最初に出合ったであろう「甘み」をもつ果実も重要である。地域によって、ベリー類、ナツメヤシをはじめとするヤシ類など利用するものは異なるが、さまざまな地域で貴重な「甘み」をもたらす存在である。果実は、干すことによってさらに「甘み」を感じるものになるうえに、保存がきく食べものになる。干し柿やレーズンが好例である。日本では、麴を利用した甘酒や白味噌は、比較的容易に入手できた甘味であり、京都の今宮神社前にある日本最古の菓子屋とされる店の名物あぶり餅にも白味噌が使用されている。江戸の町では、夏の季語に甘酒が入るほど安い甘酒がよく飲まれた。『守貞漫稿』には、「夏月専ら売り巡るもの」として「甘酒売り」があげられている。いわゆる甘味料でなくても、野菜のなかでも、タマネギやカボチャ、サツマイモなども「甘み」を感じるものとしてよく知られている。また、乳糖を含む乳製品はもちろん、肉、脂質など糖を含まないにもかかわらず甘いと感じられるものはたくさんあり、本書でも指摘されている。

このように、食のなかにある「甘み」を考えようとすれば、さまざまな視点で考える必要がある。しかし、それでもやはり、第一に考えるべきであるのは、砂糖、つまりブドウ糖と果糖が結びついたショ（蔗）糖である。砂糖は、現在もっとも利用されている甘味料である。甘味料として一つとりあげるとすれば、砂糖をおいてほかにない。そこで、「甘み」の文化について考えていくために、まず、砂糖の歴史を概観し、現在の砂糖を中心とする甘味料の生産、消費のあり方を確認しておこう。

2　純粋な甘味料としての砂糖のあり方

（1）砂糖生産の起源

ショ糖は多くの作物に含まれているが、砂糖の原料として使用されたのはサトウキビである。サトウキビの原産地は通常、ニューギニアといわれている。学名でいうと、原種は *Saccharum robustum* である。*robustum* はたくましいという意味である。もう一つの野生種が広くインド洋に広がる *Saccharum spontaneum* である。*spontaneum* は自生するという意味なので、まさに野生種であると認識されている種である。このような各種のサトウキビが広くかけ合わされ、栽培品種である *Saccharum officinarum* が作られ、もっとも広く栽培されることになる。このほかに、通常のサトウキビよりも細いタイプのサトウキビとして、インドでは *Saccharum barberi*、あるいは、中国に伝播した *Saccharum sinensis* があり、中国南部で栽培されている。

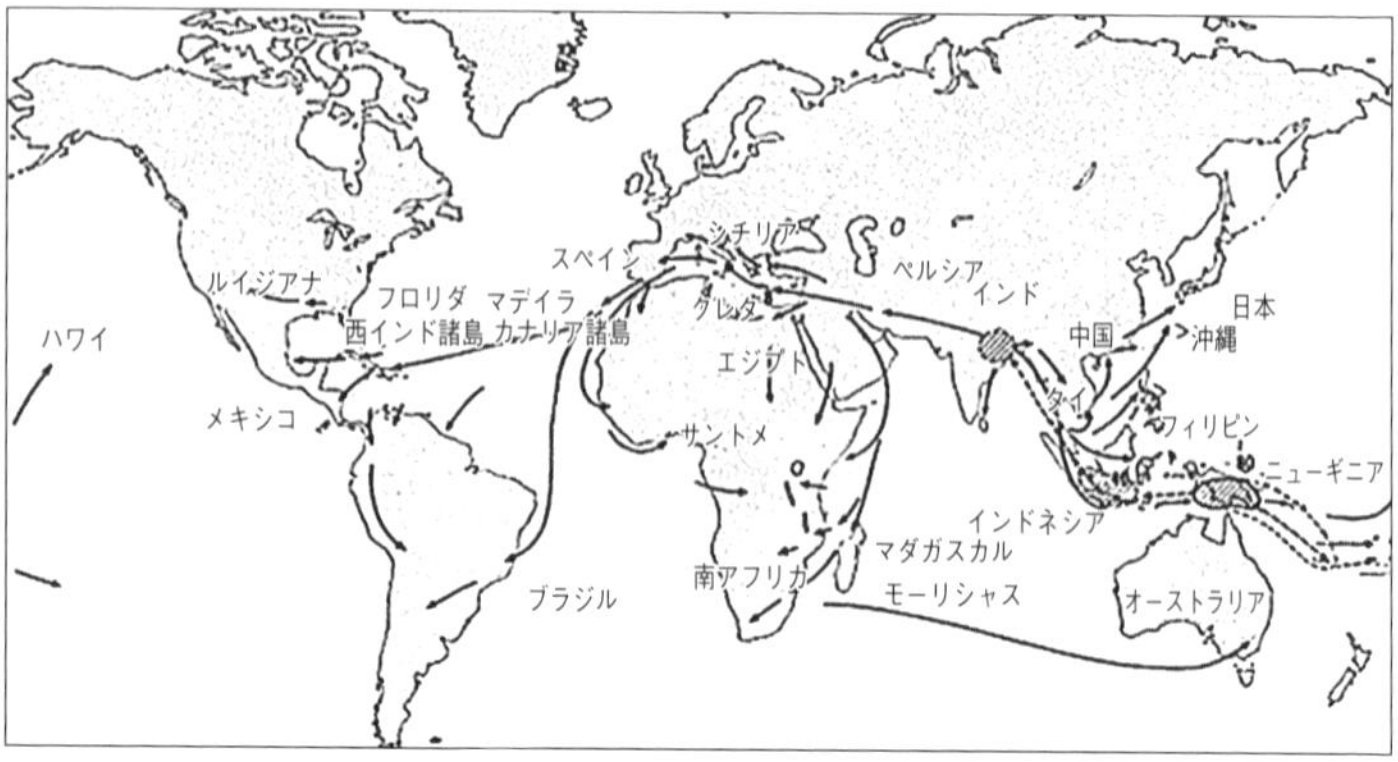

図1　サトウキビによる砂糖生産の伝播
出典：星川清親『栽培植物の起源と伝播』（二宮書店、1978）をもとにして筆者作成。

日本で和三盆に使われるサトウキビはこの細い中国種に属し、竹糖とよばれる。

最初に史料でサトウキビ栽培の伝播を確認できるのはインドである。製糖が始まったのもインドだと考えられているが、詳細は不明である。最初は、おそらくあまり精度が高くない甘味料だったと思われるが、インドではさまざまな宗教で砂糖が使用されたようである。たとえば、釈迦の一族（シャーキャ族）の名前もサッカラとつながりがあるとされ、仏教儀式にも使用された。インドで広く宗教儀式に使用され、しかも持ち運びができるものになったことは、砂糖の伝播に大きな意味をもった。砂糖は、東方へも、西方へも広がっていくのである（図1）。

(2) 砂糖生産の西方ルート

砂糖生産の東方ルート、西方ルートのなかで世界史的にいって重要なのは西方ルートである。すでにササン朝末期のペルシアでサトウキビが栽培されていたが、そこから、イスラーム化しつつあるイラクのバグダッドに入った。一〇世紀ぐらいにはさらに西進し、シリアあたりで生産されるようになる。バグダッドで書かれた料理書には、多くの甘い料理が登場する。イスラーム世界が地中海沿岸に広がると、この地域でもサトウキビが栽培されるようになる。サトウキビ栽培には熱帯で多雨が望ましいので、乾燥している地中海沿岸地域では灌漑システムが必要であったが、エジプトのナイル川流域のように水に恵まれている地域においては、製糖技術が発達し、大規模に砂糖が生産されるようになった。一〇世紀末頃にはエジプトが世界の製糖業の中心となり、砂糖商人の活躍の場となった。一方、イスラーム世界に属していた時期に、シチリア島、スペイン南部のアンダルシア地域にも砂糖生産が広がった。イスラーム世界での砂糖生産の発展は、技術の発展はもちろん、ヨーロッパ世界に砂糖を伝えたという点でも注目されるべきである[1]。

中世後期にキリスト教徒が支配することになったシチリア島やアンダルシア地域で砂糖の生産が継続されたことはもちろん、イスラーム世界から砂糖を輸入していたヴェネツィアも、支配下にあったキプロス島、クレタ島などで砂糖生産を始めた。ニーズが高まり、イベリア半島のポルトガル人、スペイン人たちはよりよい栽培地を求めて、マデイラ諸島、あるいはカナリア諸島でサトウキビを栽培したが、さらに栽培に適した地を求めてアフリカ西海岸を南下した。ついに、ポルトガル人は理想的な気候に恵まれたギニアのサントメに到達し、そこで砂糖生産を開始した。このような大西洋沿岸地域の砂糖プランテーションでは、現地人を奴隷として使用して砂糖を生産した。

一四九三年、コロンブスが二回目の航海で、西インド諸島のイスパニョーラ島にサトウキビをもたらした。この時から新大陸でのサトウキビの栽培が始まるといわれる。まず本格的に砂糖が生産されたのはポルトガルの植民地ブラジルにおいてである。サトウキビ栽培に理想的な気候のブラジルでは先住民が砂糖生産労働に利用されたが、先住民はヨーロッパ人の持ちこんだ病気と砂糖生産の苛酷な労働で激減したため、アフリカで砂糖生産に利用されていた黒人が連れてこられ奴隷として酷使された。一六世紀には砂糖はブラジル植民地の最大の輸出品となっていたが、一七世紀半ば以降、イギリスやフランスなどが西インド諸島で砂糖プランテーションを開いた。この点については、井野瀬氏の「砂糖が変えたイギリス近代」に詳しい。

一九世紀に入ると、スペインの植民地キューバやアメリカ合衆国がフランスから獲得したルイジアナで、サトウキビの生産が拡大した。アメリカ合衆国のサトウキビ生産はさらに東進し、ハワイに到達した。一九世紀の各地の砂糖生産は、奴隷解放により契約外国人労働者が労働力の中心となり、一九世紀半ば以降ハワイでは多くの日本人が従事した。このほか、イギリス人によってモーリシャス、南アフリカのナタール、オーストラリアなど生産が可能な世界各地にサトウキビ栽培が伝播し、主としてインド人労働者が生産にあたることになる。

ヨーロッパにおける砂糖のニーズはきわめて高いにもかかわらず、サトウキビは寒冷なヨーロッパでは栽培できない。この点で、一八世紀テンサイ（甜菜、サトウダイコン、ビート）から砂糖を作る技術が開発されたことは大きな意味をもった。「甘み」に魅せられたヨーロッパ諸国のうち、サトウキビ生産ができる地域を植民地支配したり砂糖の通商路を確保したりすることができなかった国が、自国内で砂糖を入手することが可能となったからである。一九世紀には、改良されたテンサイを原料とする砂糖生産が、寒冷地で広がることになった。

砂糖は、サトウキビ栽培地の拡大、労働力の確保法、技術革新、テンサイの利用などにより、大量生産が可能になった結果、価格が下落し、かつて考えられなかったほどに簡単に入手することが可能になったのである。

(3) 現在の世界での砂糖生産

それでは、世界的にみると、砂糖生産は現在どうなっているのだろうか。砂糖総生産は長期的にみると増加してきたのだが、最近はあまり変化していない。地域別の生産では一九六〇年代にはヨーロッパが第一位、第二位が北中米であったのに対して、最近は、ヨーロッパの生産が減少気味で、第一位がアジア、第二位が南米となっており、大きく入れ替わっている(図2)。国別では、つねにブラジルがトップを走り、その次がインド、この後に中国やタイが続く(図3)。

アジア、南米の砂糖生産は、ほとんどがサトウキビの甘蔗糖によるものである。これに対して、ヨーロッパの砂糖生産はほぼテンサイ糖であり、世界のテンサイ糖による生産の八割を占める。ヨーロッパでもっとも多く砂糖を生産しているのはロシアであり、フランス、ドイツがこれ

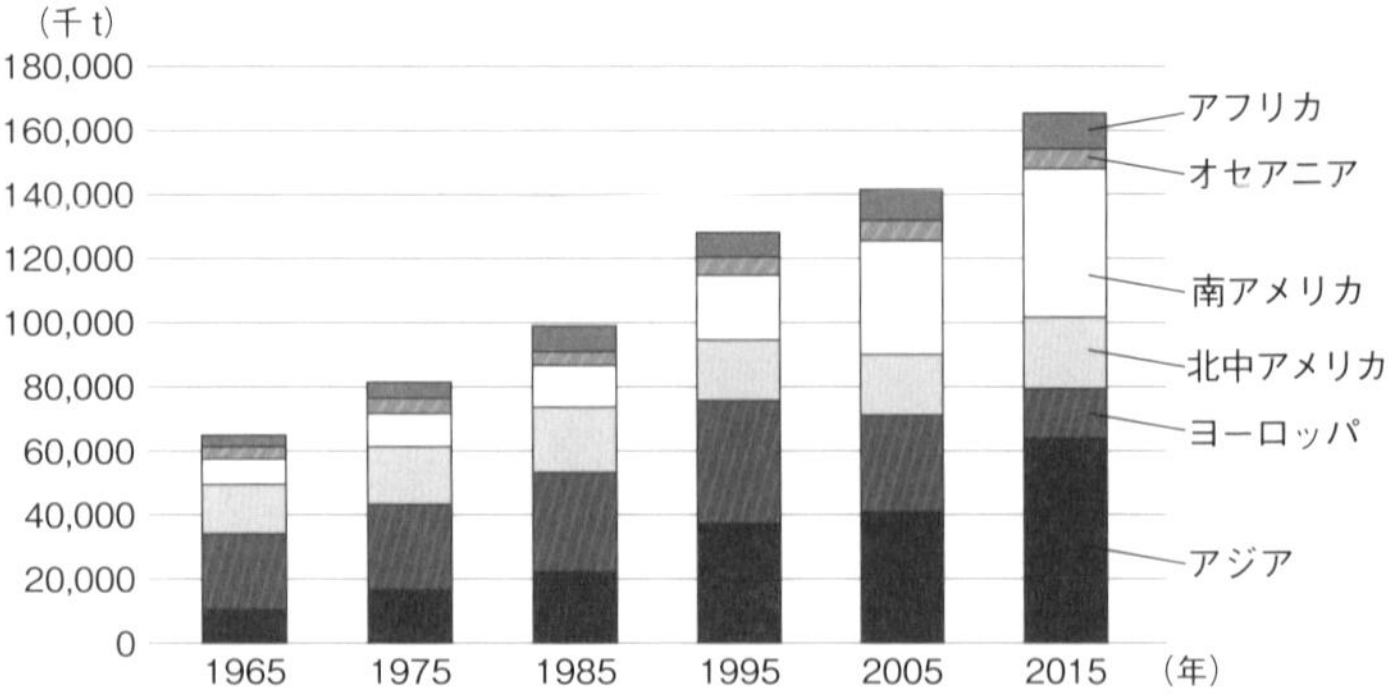

図 2　1965 ～ 2015 年度　世界の地域別砂糖の生産
出典：独立行政法人農畜産業振興機構 「砂糖」需給関係資料より筆者作成。
http://sugar.alic.go.jp/world/data/wd_data.htm

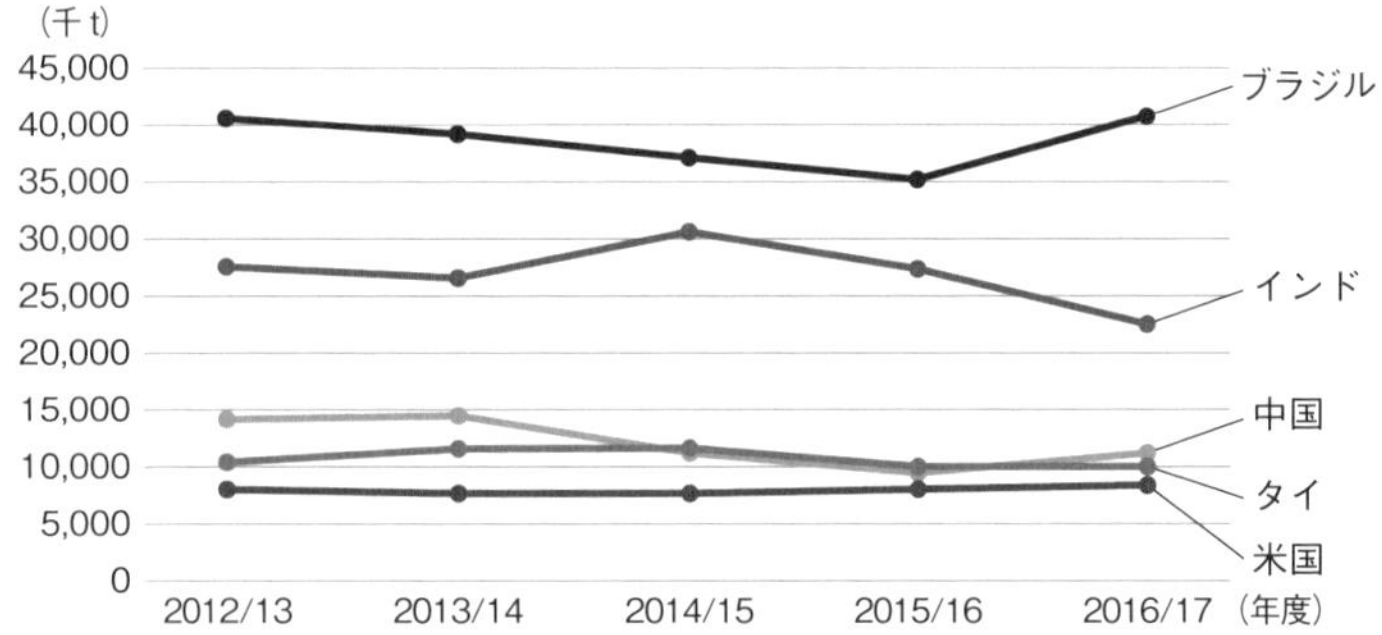

図 3　世界の主要砂糖生産上位国
※ 2014/15 年度は推測値、2015/16 年度、2016/17 年度は予測値
出典：独立行政法人農畜産業振興機構 「砂糖」需給関係資料より筆者作成。
http://sugar.alic.go.jp/world/data/wd_data.htm

に続く。これに対して、次に生産高が多いアメリカ合衆国は、甘蔗糖とテンサイ糖の両方がみられ、ほぼ拮抗している。現在の砂糖は、だいたい三分の二が甘蔗糖、三分の一がテンサイ糖である。ただし、とくに先進国では、異性化糖や人工甘味料などの形で甘味を摂取していることにも留意する必要があろう。

一人当たりの消費量（表1）がもっとも多いのは、世界一の生産国ブラジルである。だが、ブラジルの場合には、砂糖からエタノールを得てエネルギー生産に利用しているので、一人当たりの消費量がそのまま甘い砂糖を食べているということを示すわけではない。生産量第二位のインドは総消費量も多いが、人口も多いので一人当たりの消費量が多いとはいえない。それでも、最近では、インド、中国、インドネシアなどアジア諸国が、ヨーロッパや南北アメリカなどと並んで大消費国に名を連ねており、アジアでの消費が伸びている。[2] 砂糖は貿易量がきわめ

表 1　主要国の 1 人当たり砂糖消費量（2013/14 ～ 2015/16 年度　年度は国際砂糖年度）

（単位：kg/ 粗糖換算）

国	2013/14	2014/15	2015/16
ブラジル	62.9	62.5	60.1
キューバ	54.4	54.7	55.1
エルサルバドル	55.9	55.3	54.7
ベルギー・ルクセンブルク	52.9	51.2	52.3
フランス	52.6	50.8	51.9
スワジランド	44.8	47.9	51.1
オーストラリア	50.2	51.1	51.0
タイ	47.1	48.4	48.4
オランダ	48.1	46.6	47.7
アルゼンチン	44.6	44.2	44.5
オーストリア	43.7	42.2	43.2
ロシア	44.0	43.7	42.4
イギリス	36.2	35.0	35.7
アメリカ合衆国	33.8	33.7	33.0
ドイツ	29.0	28.2	29.0
インド	20.2	20.7	21.2
日本	16.8	16.9	17.2
中国	11.7	11.8	12.0

出典：LMC International「Quarterly Statistical Update, March 2016」2013/14 年度および 2014/15 年度の数値は推定値、2015/16 年度は予測値。

て多い農産物であり、含みつ糖、分みつ糖などさまざまな形で貿易がなされている。粗糖を輸入して精製糖を輸出する場合もあり、特別な協定に基づく貿易もあり、どのような形の貿易であるのかも、砂糖の需給のあり方を考えるためには重要である。

(4) 日本の砂糖生産と消費量

初めて日本に砂糖が入ったのは、奈良時代の鑑真来朝の折だといわれる。正倉院の記録にも「蔗糖」を確認できる。しかし、古代から中世にかけてはほとんど流通することはなかったようである。本格的に史料にみられるようになるのは南蛮人が渡来してからだが、高価な品物で、限られた人びとしか食べられなかった。江戸時代、長崎には唐船、オランダ船によって台湾、中国本土、東南アジアから砂糖がもたらされた。砂糖は船の安定をよくするために船底に積むバラストとしても重要だった。長崎で陸揚げされた砂糖は、最近では「シュガーロード」と命名された長崎街道を通って上方へ、さらに江戸へと運ばれた。琉球では、一六二三年に儀間真常《ぎましんじょう》が中国の福建省から黒砂糖の製糖技術を導入した。一六一〇年に直川智《すなおかわち》が福建省から黒砂糖の製法を持ち帰ったとされる奄美大島でも、一七世紀末には砂糖の生産が始まっており、九州を中心として、南蛮菓子に起源をもつ菓子文化が花開いた。一八世紀になると、八代将軍徳川吉宗の奨励によって、和三盆とよばれる白砂糖が讃岐、阿波を筆頭に西日本、および江戸周辺で生産されるようになっていた。その結果、一八七四(明治七)年には、一人当たりの年間砂糖消費量は一kgほ

図4　明治以降の日本の１人当たり砂糖消費量

出典：グラフは、LMC International「Quanterly Statistical Update March 2016」のデータに加えて、『長期経済統計６　推計と分析　個人消費支出』（大川一司・篠原三代平・梅村又次編）東洋経済新報社、1967年、『数字でみる日本の100年』（改訂第６版、矢野恒太記念会編集）、同会、2013年を参照して筆者作成。

どになっていたとされる（図4）。

しかし、同時に明治時代には安い外国産砂糖が入るようになり、零細な和三盆の生産業者の多くが姿を消す。とりわけ、一八九五年に台湾が日本の支配下に入り、近代的な製糖工場が次々に建設されると、台湾の砂糖である台糖が多く用いられることになった。その結果、砂糖の消費は伸び、一九三九（昭和一四）年には一人当たりの年間消費量が一六・四*kg*に達した。しかし、戦争が激しくなると砂糖は配給制になり、終戦直後にはほとんど手に入らない状況に陥って、一九四六年に一人当たりの年間消費量〇・二*kg*にまで落ちこんだ。これに対して、キューバから砂糖輸入がなされる一方で、代用品としてズルチン、サッカリンなどの人工甘味料が使用された。その後、急速に砂糖消費量は伸び、一九六〇年代には戦前の水準に達し、七三年に一人当たりの年間消費量が二九

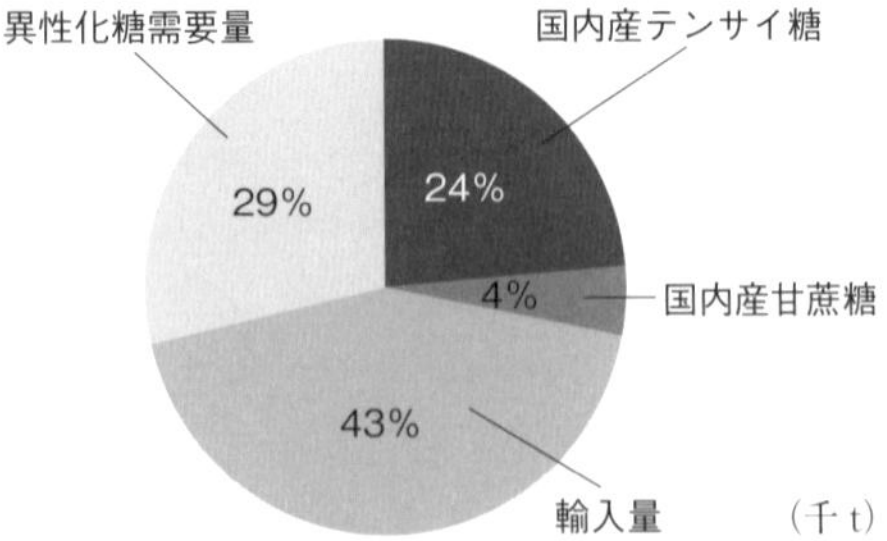

（千 t）

国内産テンサイ糖	国内産甘蔗糖	輸入量	異性化糖需要量
676	129	1,235	818

図5　日本における砂糖生産と輸入糖・異性化糖の需要割合（2015年度）

*kg*とピークに達する。しかし、一九七〇年代半ばから現在にいたるまで、砂糖の年間消費量は減少傾向にある。二〇一五年の砂糖消費は一九八万*t*、一人当たりの年間消費量は一五・三*kg*だが、これに異性化糖八二万*t*の消費、加糖調整品に含まれる糖量三七万*t*を加える必要がある。合計すると、三一七万*t*となり、甘味の摂取量としては一人当たり二四・七*kg*となる（図5。農林水産省「平成二八年度における砂糖及び異性化糖の需給見通し」二〇一七年三月）。

　砂糖の生産についていえば、現在の日本では、北海道でテンサイ糖、沖縄と鹿児島で甘蔗糖が生産されている。生産量においてはテンサイ糖が八割を占めるが、農家数でいえばサトウキビ農家のほうが多い。生産量は一九九〇年代後半に九〇万*t*を超えたが、最近は停滞傾向にある。このほかに香川、徳島の和三盆があるが、きわめて小規模で、統計資料にはみられない。

　砂糖の輸入先は、長らくタイ、オーストラリア、南アフリカ三カ国が中心だったが、二〇一五年には南アフリカからの実績がなくなり、オーストラリア、タイ二カ国になっている。輸入される砂糖はほとんどが粗糖で、国内で精製される。輸入のピークは一九七〇年代前半で、その後は減少しており、なお、これは砂糖の輸入量であって、加糖調製品や菓子類などは含まれていない。

3　甘みがもつ特性

(1) 薬としての甘み

日本でも、世界的にみても、砂糖や蜂蜜などは、もともと薬として利用されていたという。近年、砂糖、甘いものといえば、虫歯や糖尿病の原因であり、肥満や生活習慣病につながるとされ、健康に悪いというイメージだが、伝統的な世界で薬として扱われていたとすれば、どのような薬効があると思われていたのであろうか。

日本の例として、『本朝食鑑』（全一二巻、一六九七年刊）をとりあげる。

これは、日常食品の調和で健康を保つとの観点に立った本草書として代表的なものである。この本では、「蔗糖」は菓部にあり、汁をとって砂糖を作ること、海外から移入されていることが指摘されたうえで、その性格については、著者の人見必大がよく参照している『本草綱目』に詳しいとされている。その『本草綱目』の果部の「甘蔗」では、「気を下し、中を和し、脾気を助け、大腸を利す。大小腸を利し、痰を消し、渇を止め、心胸の煩熱を除き、酒毒を解す」とある。参考までに、同じ『本草綱目』蟲部にある「蜂蜜」では、「五臓を安じ、諸不足に気を益し、中を補し、痛を止め、毒を解し、衆病を除き、あらゆる薬を和す　久しく服すれば、志を強く

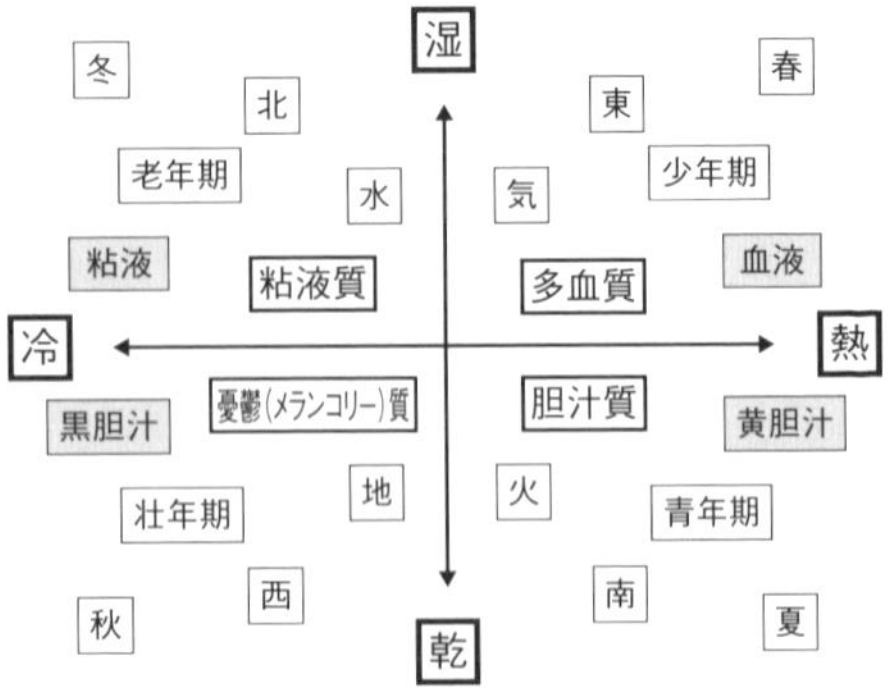

図6　四体液説（人体は4つの体液からなる）

し、身を軽くし、饑《う》えず、老いず、天年を延べ、神仙となる」とされる。砂糖の効能もなかなかだが、蜂蜜にいたっては、まさに万能薬である。[3]

そのためか、あるいは甘味がもつ依存性を意識してか、貝原益軒の『養生訓』（一七一三年）では、砂糖は、食べすぎに注意しなければならない食品とされている

真柳誠氏によれば、現在の中国では、「甘」を陽性として、気力を補い増し、消化を促進し、急迫した症状を緩和すると説明している。個々の食べものにそれぞれなりの薬効があるとしても、栄養に富んだ甘味には、一般に痛みや病気をやさしく抑え、元気を取り戻す効能が認められているようである。[4]

西洋医学はどうか。古代ギリシア・ローマ世界の医学の基本は、ヒポクラテス、ガレノスの伝統をひく体液説に基づく養生学である。この体液説によれば、人間の身体には四つの体液がある（図6）。すなわち、血液、（黄）胆汁、黒胆汁、粘液である。四体液は、それぞれ「熱・冷」「乾・湿」の性格づけがなされているが、さまざまな事物にもまた「熱・冷」「乾・湿」の性格づけがなされている。四体液のバランスを保つためには、それぞれがもっている自然な性格に従

い、欠けているものは補い、過剰なものは排除するか中和させる。この四つの体液のバランスがとれていることが健康である。とすれば、医者の第一の仕事は、事物の性格、環境や人の性格をよく把握して、バランスがとれるように、適切なアドバイスをすることである。さらに、さまざまな症例から、バランスをとるために薬として利用できるものも知っておく必要がある。このような立場から、ギリシア出身でローマ皇帝の侍医となったガレノスは、蜂蜜（砂糖）について次のように述べている。蜂蜜は、「熱い」物質で、若者など「熱い」体質の人の体内では本性よりも熱を帯びて黄胆汁に変わるので勧められない。しかし、老人など「冷たい」体質の人で熱が適度である場合には、血液が生じ、あらゆるタイプの障害を和らげ、除去する。年配者にとっては、万能薬である。

古代ギリシア・ローマの医学は、イスラーム世界でさらに発展をとげ、中世ヨーロッパに伝えられることになる。アッバース朝時代のバグダッドの「知恵の館」で活躍したイブン・マーサワイフ（七七五-八五七）によれば、胆汁が多すぎる者によく、胃に効き目がある。ラーズィー（九世紀後半-一〇世紀初め）は、「砂糖は調和のとれた熱い食べ物で、洗浄力があり、胸や肺の痛みに効く。膀胱の不快感をやわらげるが、腸の調子が悪い時にはあまり多くとらない方がよい。結核患者も摂取しないように。食べ過ぎに注意しなければならないが、不安なら酸っぱい果物をとるのがよい」としている。(5)

中世イスラーム医学を取り入れたヨーロッパ世界では、さまざまなイスラームの医学書が翻訳

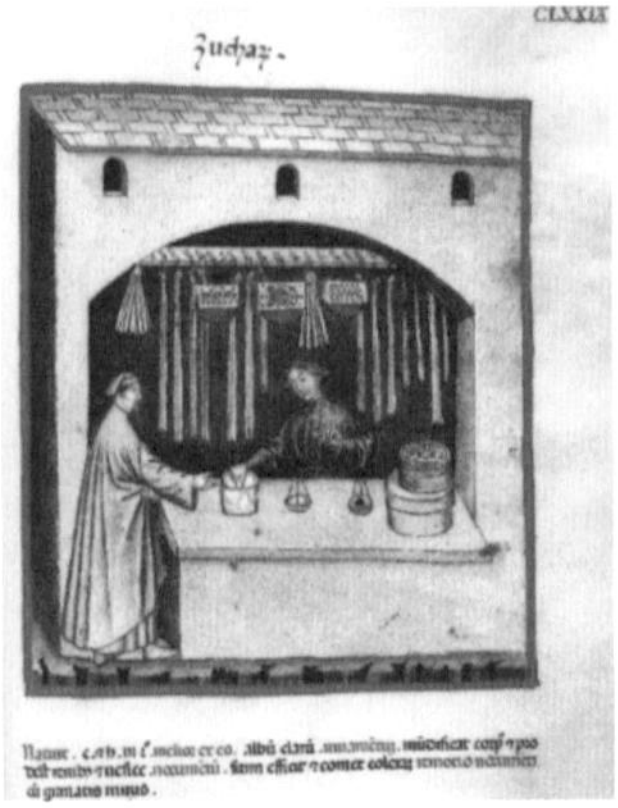

図8　写本に描かれた砂糖
薬屋で購入されている様子が示されている。
Theatrum Sanitatis, Roma, Bib. Casanatense, 179.

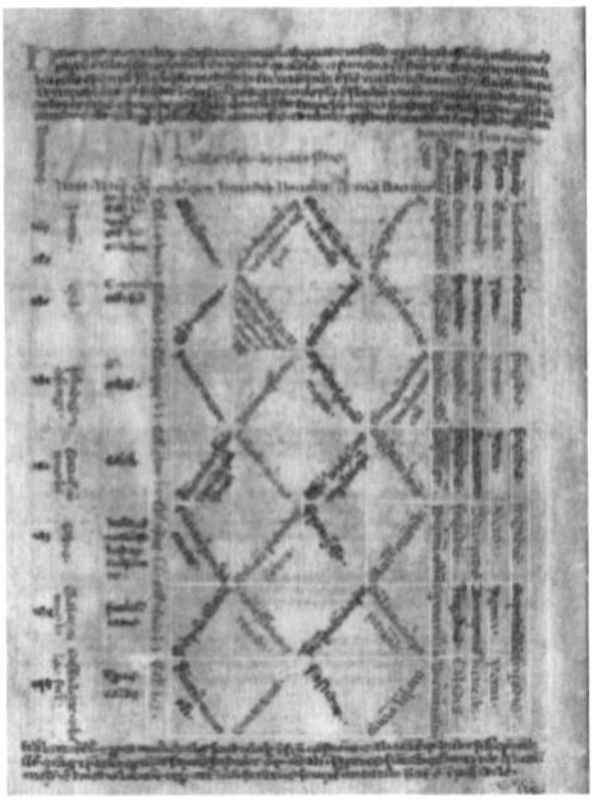

図7　イブン・ブトラーンの『健康全書』の写本の一つ。第25表。
Tacuinum Sanitatis Roma, Bib. Angelicana, 1082.（14世紀末、イタリア、最上部に「砂糖」がある。）

されたが、そのなかでも事物の性格がわかりやすく参照できるとして利用されたのが、イブン・ブトラーンの『健康全書』（タクイヌム・サニターティス）である。この本は一つの見開き表が七項目という形で、「熱・冷」「乾・湿」のレベルから、どんなものを選ぶべきか、どんな効能があるか、どんな季節、地域、年齢の人に向くかなどの情報を簡単に示している。その列挙されている項目の大半が、食べ物である。その第二五表に、砂糖、蜂蜜、ナッツの菓子、小麦粉を使った甘い料理などがあげられている（図7）。

この項目表によれば、砂糖は、熱性度がレベル1、湿潤度が2で、選ぶとすれば、白くて純粋なものがよい。気質、年齢、季節、地域を問わず、どんな人にも有効で、内臓の痛みを和らげ、腎臓・膀胱によいが、喉が渇き、胆汁質が強くなるリスクがある。その予防にはザクロと合わせる。悪くない血液をつくるのにプラスである。

蜂蜜は、熱性度と乾燥度がいずれもレベル2である。効能としては、痛みを和らげ、リフレッシュし、腐敗を防ぐが、喉が渇く。予防のためには酸味のあるリンゴを合わせるとよい。温かい血液をつくるのにプラスなので、季節なら冬、冷たい気質をもつ老人、山岳地域の人びとに向いているとされている。

中世の医学では事物の熱冷乾湿の性格にレベル4までの段階を示すことによって、バランスをとる時の参考にした。スパイスやニンニクのように強烈な性格を有するもののレベルは高く、いわば薬として機能した。まさしく薬味である。これに比べると、砂糖には薬効が示されているとはいえ、万能薬である。あるいは、とりわけ疫病などに有効とされた柑橘類など酸っぱい食べものを食べやすくするために利用された。イスラーム世界、あるいは中世末期のヨーロッパ世界で「甘酸っぱい料理」が多くみられたのも、ここに一因がある。ちなみに、その後ルネサンス期のヨーロッパでは甘い料理が人気だったといわれるが、これも「甘み」が心地よいことに加えて、どんな人にとっても身体によい、つまり健康的な食だと考えられたからと思われる。

一方、シロップ、飴などの甘味料が苦い薬を飲む時に使用されるように、甘味料は強い性格をもつものを食べやすく飲みやすくするという意味でも欠かせない存在であり、貴重な薬として長らく薬剤商で扱われるものだったのである（図8）。

(2) 甘みと飲料

甘みは、食べものだけでなく、飲料としても多く摂取される。そもそも、甘味料は、水と親和性があり、保水性にも富む。砂糖は、微生物の増殖を進める水分と結合し、その増殖を抑制することができるので、保存料としても使用できる。すでに古代ギリシアで蜂蜜を使用して果物を保存した例があり、果物のジャムやシロップ漬などを思い浮かべてもらえば納得がいくことだろう。

古代ギリシア・ローマではまた、ワインに蜂蜜をよく入れたし、近世以来ヨーロッパでは、温かい紅茶やコーヒー、ショコラ(ココア)に砂糖をたくさん入れて飲んできた。イスラーム世界から伝来したレモネード(凍らせてあればシャーベット)にも、健康飲料として誕生したコーラをはじめとした多くの清涼飲料水にも、多くの糖分が含まれている。日本では緑茶に通常砂糖を入れないが、世界的にみれば、紅茶同様砂糖を入れることが多い。水を除けば、ペットボトル飲料には「甘み」がつけられていることが普通であるといってよかろう。

現在日本で飲まれている清涼飲料水に使用されている砂糖は砂糖消費量の二割だが、異性化糖の場合は異性化糖消費量の半分を占める。ここではあまり論じることができないが、「甘み」の問題を考える時には、食べものだけでなく、飲料のあり方にも注目する必要があることは指摘しておきたい。

（3）軽食としての菓子

菓子には、本式の食事とは異なって、ちょっと軽く食べるというイメージがある。西洋では甘い菓子はデザートとして食べるのに対して、日本では菓子はおやつとして食べるといわれることが多いのも、このイメージがあるからだろう。そして、おやつといえば「女・子ども」にむすびつけられることも多い。子ども向きにキャラクターがつけられているものをはじめとして、子どもを意識している菓子は山のようにある。甘味処といえば甘いお汁粉、ぜんざい、洋菓子店といえばケーキ、そんなお菓子をにこにこしておいしそうに食べる女性に「お菓子は別腹」と言わせる傾向がある。

しかし、子どもが十時のおやつ、三時のおやつを食べるのは、子どもの胃があまり大きくなく、こまめにエネルギーを補給することが必要だからである。甘い菓子は、簡単にエネルギーを補給するのに便利である。菓子は子どもだけのものではない。肉体労働をする者のエネルギー補給にも使われる。大人がコーヒーブレイク、お茶の時間をとったりするのも、ちょっとした休憩とエネルギー補給である。外国へ行くと、年輩の男性がちょっとチョコレートなどをつまんでいるところはよく目にする。たとえば、イギリスのアフタヌーンティーは、さまざまな夜のつきあいから夕食の時間が遅れるので、おなかおさえのために上流層の女性たちが紅茶と軽食をとったことに始まる。また、食事といえば、昼食と夕食が中心であったヨーロッパ大陸世界で、フランスやイタリアの朝食は、カフェやバールで口にする甘い菓子パンとコーヒーである。[6] これも、空腹を抑えるのための何かを食べるのが朝食（breakfast = break + fast）であるとすれば、共通しているといえる。つまり、簡単に楽しくおしゃべりしながら、ちょっとしたエネルギー補給をするためのものである。エネルギー補給と共食の楽しさという特徴に注目すれば、お菓子を食べることも食事である。

このような軽食としての菓子は、材料、好みしだいで必ずしも甘いとは限らない。日本でもせんべいや餅などは、甘い味のものもあれば醤油味のものなどもある。塩味のポテトチップスなどは甘くない菓子の代表例だろう。現在の菓子協会では、このような塩味の菓子を塩菓子と総称している。甘くない菓子は、英語ではスイーツではなく、スナックである。つまり、菓子は甘いものだというわけではないのだが、それでも、菓子といえば、まず甘い菓子を思い浮かべることが多い。これは、甘い菓子こそが、「甘み」の魅力と機能をもっともよく示す存在であるからといえるのではないだろうか。『広辞苑』でも「菓子」について、「(「菓」はくだものの意）常食のほかに食する嗜好品。昔は多く果実であったが、今は多く米・小麦の粉、餅などに砂糖・餡などを加え、種々の形に作ったものをいう。和菓子と洋菓子とに大別。これに対して果実を水菓子という」としており、果実と「甘み」を加えた嗜好品を想定している。

そして、本格的な食事ではないからこそ、ちょっとした工夫がしやすい。その工夫がじつに芸術的なレベルに達した高級菓子の文化については、本書でも青木氏や吉田氏、橋本氏が示してくれているが、そこまでのハイレベルでなくても同じものを食べることは、人びとを結びつける。

たとえば地域銘菓。日本では、どこかに行ってきた時の土産としてよく菓子が利用される。自分がそこへ行っていなくても、一緒に食べることによって共通体験にしてしまう。あるいは、大量生産の菓子、誰でも知っている菓子であれば、広く好みの菓子を論じることもできる。何かの菓子ブームがあれば、「私も食べたことがある」「あの時はこんなことがあった」と思いを共有することもできる。経験と幸福感を共有するためにも、菓子は贈答品として使用されるのである。

菓子には共有されるひとときの幸福感がある。丸井氏のいうところの「甘み」がもつ「心地よい安らぎ」につながるものだと思う。厳しい世界であればあるほど、それは貴重である。かつて海軍には糧食輸送専門の給糧艦があり、その第一号が「間宮」（一九二三年建造）だった。戦争が激しくなると、一般の国民はほとんど砂糖を食べることはできなかったが、菓子屋は軍需として羊羹などを作っていた。「間宮」でも、徴用された職人がさまざまな和洋菓子を作っていて、各地に展開する兵士に菓子を届けていた。とりわけ人気を博した「間宮羊羹」をはじめ菓子は人気の的で、「飯よりも菓子」の要望があったという。現在「間宮羊羹」はレシピに従って復元されているが、当時を知る人びとに言わせると「もっとおいしかった」らしい(7)。職人たちが腕によりをかけて作った羊羹を、緊張が強いられる戦時において食べることは、まさしく一時の幸福につながるものだったのだろう。飽食の時代で簡単に菓子が食べられる現代の日本では忘れがちな面をここにみることができる。

4 おわりに

現代において、「甘み」の魅力に否定的な動きがある。これは、糖分の摂取は肥満や糖尿病などの生活習慣病につながるという「砂糖の害」が喧伝されたことが大きいだろう。丸井氏が指摘するように甘いものが不健康の原因だと責任を押しつけてしまう。困ったことに、現在は飽食の時代で、やみつきになる「甘み」には、過剰摂取の可能性まである。それならば、とにかく摂取しないように警告を発しつづけることが必要だとみなされる。このような否定的な動きのなかでは、甘いものを食べることを情けない、好ましくないと考えてもおかしくない。あるいは、さらに罪の意識にとらわれてしまうのかもしれない。しかし、それは、あまりにダイエットにいそしむばかりに、必要な栄養すらとれなくなってしまう痩せすぎといわれるモデルのようである。

緊張をほぐし、ゆとりをもてる手助けをしてくれる。あるいは、初めてのものにも手を出す意欲を与えてくれる。「甘み」はそんな存在である。それをもう少し大事にして、元気を出すのも悪くない。伏木氏、丸井氏が語る甘味の魔力はじつに魅力的であり、私たちが現代社会で忘れかけているものの意味を再認識させてくれていると思う。

フォーラムでは、菓子や「甘み」を切り口にして、宮廷と庶民、都市と農村、伝統文化と外来文化、男性と女性、子どもと大人（高齢者）、生理的必要性と嗜好性や依存性、実際の甘さとイメージとしての甘さなど、じつに多彩な対称軸が提示され、活発な議論が交わされた。紙面が許す限り総合討論で紹介するが、これにとどまるものではない。改めて、「甘み」の文化は、食文化の多面性を明示するものであるという思いを強くした。

今回の「甘みの文化」のフォーラムでは、報告の合間においしい菓子、甘いものをいただく機会があったが、これはまさに、参加者の笑顔を誘った。「菓子なんて」という顔をしていた人が、ニコニコしながら「おいしいね。楽しいね」と話していた。この甘い時間は次の議論の活力につながった。まさしくフォーラムは、人をつなぎ、人にやさしい「甘みの文化」の場となっていた。できれば、この本を切り口として、さまざまな形で「甘みの文化」を語り、実践していっていただければ、このテーマを選んだ者として幸せである。

〈注〉

(1) エジプトを中心とするイスラーム世界での砂糖については、英訳もされた佐藤次高氏の『砂糖のイスラーム生活史』(岩波書店、二〇〇八年)が詳しい。
(2) International Sugar Organization, *Sugar Year Book, 2016.*
(3) 人見必大(島田勇雄訳注)一九七七『本朝食鑑2』(東洋文庫三一二)平凡社、一三九頁。李時珍(鈴木真海訳・白井光太郎校注)一九七九『新注国訳本草綱目』春陽堂書店、第九冊三〇頁(甘蔗)、第十冊七〇頁(蜂蜜)。
(4) 真柳誠　二〇一〇「中国の本草論と食」津金昌一郎編『医食同源(食の文化フォーラム28)』ドメス出版。

（5）佐藤次高　二〇〇八『砂糖のイスラーム生活史』岩波書店、一五一－一五四頁。

（6）ドルビー、アンドリュー（大山晶訳）二〇一四『図説 朝食の歴史』原書房。ドルビーは、砂糖についいて、豊かなエネルギー源となる食品で、一日中肉体的負担と戦っていかねばならない人びとの朝食にふさわしいとし、二〇世紀の間に砂糖の入った朝食はヨーロッパとアメリカのほとんどの地域であたりまえになったとしている。

（7）ＮＨＫ番組・歴史秘話ヒストリア「お菓子が戦地にやってきた～海軍のアイドル・給糧艦『間宮』」（二〇一五年一二月二日放映）。

総合討論

牧畜世界の甘み

丸井英二（疫学）　関野さんは北方から陸路モンゴルに入った時に大きな変化があり、お茶も砂糖でなく塩かミルクを入れていたとのことですが、その違いの背景には、地理的・文化的な何かがあると思いますか。

石井智美（栄養学）　モンゴルでは乳茶には塩が定番です。甘みとお茶を考えるうえで特異な習慣を続けている地域といえ、料理に砂糖を加えるのも粥くらい。長く入手できなかったので使わなかったのでしょうが、現在でも消費量は少ないです。

前川健一（海外旅行史）　違いの背景として一つ浮かんだのは牧畜世界だということ。チベットもモンゴルもそうだけれど、それが甘さとなんの関係があるのか。やっぱり乳製品の利用くらいしか思いつかない。一方、極北シベリアでは砂糖を使うような世界がもともと昔からあったのですか。

関野吉晴（文化人類学・医学）　当然コサックとかが来る前は砂糖を使っていないと思う。それが伝わった場合の反応の違い。たぶんモンゴルでも砂糖の存在は知っていただろうけれど、シベリアのほうが反応は大きく甘さにのってしまったと。衣食住のなかで食って一番保守的ですよね。モンゴルは非常に保守的だったんじゃないか。

丸井　砂糖でも塩でも外から入ってきた時、関野さんの話では、ある地域は使わず、ある所は喜んで使うようになる。たとえばモンゴルでは甘いものが入り、それになだれこんでしまってよいはずなのにそうならない。我慢しているのか、受け入れないのか。いわゆる文化として、その違いは何なのでしょうか。

関野　シベリアの場合、圧倒的に白系ロシア人が多く、彼らは砂糖をもともと知っていてシベリアに来たわけです。でもモンゴル人は実際に変わっていない。彼らはチベットとの結びつきが強く、チベットもほとんど砂糖を使っていない文化です。たぶん今は経済的理由で砂糖を使えないことはないにもかかわらず消費量が少ないのは、あまり嬉しいと思わなかったんじゃないか。極北シベリアでは、白人たちもみんな使っていた。そういう複合的なことで、民族性とかではないんじゃないか。

前川　石井さんに教えてほしいんですが、たとえばウランバートルのような都市生活なら、砂糖はすでにかなり入っていますでしょ。

石井　十分あります。ですが地方も都市も問わず、友人のモンゴル人をみても砂糖をたくさん入れるという発想はないんです。たとえばトナカイ遊牧民が紅茶に砂糖を入れるような感覚で。嫌悪感をもっているとかでもない。味覚として、肉の脂肪は甘いという言い方をしますが、砂糖の甘さに対する嗜好性は高くない気がします。じつは私自身もモンゴルの砂糖消費が少ないのが気になっていました。

丸井　そうすると、井野瀬さんのお話の一八、九世紀のイギリスで紅茶にたっぷり砂糖を入れる、そういう毒され方があるはずなのに、なぜモンゴルはそんなに頑張っているのか、やっぱりわかりません。

伏木亨（栄養学）　栄養学的にいうなら、飢えているところに甘いものを持っていけば絶対に誰もが夢中になると思うんです。ところがタンパク質も脂肪も豊富、つまり肉も脂もあるところでは、砂糖はそれほど魅力的じゃないんじゃないか。糖質はタンパク質から作れるしエネルギーは脂肪から供給されるから砂糖の出る幕が本当はないんですよ。だからモンゴルでは相対的に魅力がないんじゃないか。

甘みは異文化との接着剤か

村瀬敬子（文化史）「甘み＝豊かさの象徴」という理論と、「甘み＝異文化の接着剤」理論との関係を、もう少し整理してください。たとえば社会が豊かになると砂糖の意味も変化し、豊かさの象徴から健康に悪いものになると思いますが、その際、接着剤としての甘みはどうなるのでしょう。

岩田三代（食物・生活）　私も、異文化の食べ物を取り入れるのに甘さを加えるのが有効という前川理論はとても興味深かったけれど、タイのソムタムが都会は甘く田舎は甘くないという事実は、都会は金持ち→豊か＝甘さということとつながるのでしょうか。

前川　まず前提として、タイではたぶん甘さそのものへの憧れはあまりないと思う、果物とか甘いものはいくらでも手に入るから。だから戦後まもなくの日本人の甘さへの渇望みたいなものはないんじゃないか。都会の料理の甘さの話も、じつは都会に住むのはほとんど中国系タイ人で、彼らの特徴として砂糖が多くなると同時に唐辛子が減る。それでバンコクなど大都市の料理はあまり辛くなく、田舎へ行くとすごく辛くなる。農村と都市の差以上に、タイ人が食べるものは辛さが強く、中国人のは辛さがほとんど入っていない。都会の料理に田舎の人間が憧れることはあるけれど、そんなに強くはないと思う。ただし歴然として、金持ちが食べている料理はあまり辛くなくて甘みが強い。

岩田　都会のソムタムが非常に甘いのは中華系が多いからとかわされましたが、それなら本来のタイ人も好んでいるとすれば、食べてみたらうまい、やっぱり甘いのがいいというふうに変わって、今ではは都会のタイ人は甘いソムタムを食べるようになったという、さっきの理論の続きができるのかなと。

前川　二世、三世になると味覚が変わるということですよ。あと前川理論を少し補強しておくと、たとえば日本にワインが入ってきた時のポートワインも甘い酒だったし、アメリカの照り焼きソースも甘い。その甘いソースを使って日本料理もどきをアメリカ人が食べはじめたとすると、甘さは接着剤という理論がだんだん強固になっていくんじゃなかろうかと（笑い）。

早川文代（調理科学）　中澤さんのお話でも、明治・大正期に日本の料理が甘くなっていったとのことですが、牛肉の影響はないでしょうか。つまり臭みを消すということで。

南直人（歴史学・総合司会）　牛肉のにおいに慣れない人に食べやすく、これも異文化が入ってきた時、甘みが接着剤になるという議論につながりそうですね。

中澤弥子（調理科学）　実際に砂糖を使えるようになったことが一番の理由だと思います。牛肉の調理では、聞き書きのなかの佐賀県の有田の例で肉煮しめが出ています。砂糖と醤油で牛肉とタマネギとジャガイモを煮ると。すき焼きを楽しむとも書かれており、砂糖と醤油を使うことで牛肉の臭味を消し、食べ慣れたおいしい味に変える方法の一つであったと思います。

早川　もちろん、私も全部が牛肉のせいだとは思っていません。多くの要素の一つとして、外からの食文化もきっかけになったのかと。砂糖を入れてみると肉の臭みが気にならず、それで、どんどんほかの料理にも広まったということがあるのかなと思いまして。

印南敏秀（民俗学）　そうすると、やはり砂糖の供給が重要なわけで、一八世紀を境にビート（テンサイ）糖の工業化が始まり、砂糖の利用や意味が変化したことはわかりましたが、材料や技術にその後も大きな変革があったのか。

井野瀬久美恵（歴史学）　おそらく機械化されるまでも技術革新はあったかと思いますが、私自身はよく存じません。イギリスの場合、西インド諸島でのサトウキビ栽培や本国への輸出は一九世紀半ば以降急激に減る一方、技術革新ではなく、他の植民地にサトウキビ栽培地を拡大するという形で、砂糖需要に対応していたようです。

野菜の甘さ・脂の甘さ

守屋亜記子（文化人類学）　甘さには野菜のもつ甘さもありますね。日本では糖度を上げるため野菜を雪中に埋めたりするし、かつてはニンジンの煮出し汁の甘みを生かし砂糖を加えず煮物を作ったとか。韓国でもだしを取る時にダイコンを入れたりします。こういう野菜の甘さを利用・楽しむ文化は他の国々にもあると思います。

村瀬　サトウキビ以外の甘みが気になります。サツマイモやカボチャといった野菜の甘さはどう位置づけたらいいでしょう。

江頭宏昌（農学）　野菜の甘さに少しコメントを。私は以前トマトの育種を手がけていました。普通の栽培種のトマトの糖分はグルコース（ブドウ糖）とフルクトース（果糖）が中心ですが、もっと甘くする育種をやりたいと、野生種のなかにスクロース（ショ糖）をもつ種があるので、その性質を栽培種に導入して学生たちに試食させました。でも従来のトマトと食べ比べて、せっかく作ったトマトをおいしくない、「もったりした甘さ」だと。やはり糖も種類により野菜のおいしさの印象が変わり、一番好まれるのはフルクトースですっきりした甘さ。野菜にもスクロースを蓄積するもの、グルコース、フルクトースを蓄積するものといろいろあり、それによって甘さの質が変わります。

南　野菜も含めさまざまな甘さがあるけれど、それが砂糖へとだんだん集約されてくるわけですね。

早川　私は肉の脂が甘いという話に興味があります。これはシベリアやアラスカだけの経験ですか。食べる側の生理的な状態で味わいが変わったのか、それとも臭みの少ない肉の脂の香りが甘さを思わせたのか。脂は本来、甘味を呈しないはずなので。

関野　甘さという表現がまずかったのかもしれない。味蕾が甘さを感知したわけではなくて、脂っけの全部落ちたぱさぱさの肉を食べていて、脂身にあたったとたんに甘いと感じたんです。だから「錯覚の甘さ」というか。今までぼそぼそだったのに、滑らかでトロッとして、プルンととろけちゃう味を、舌が甘いと思っちゃう。

森枝卓士（文化人類学）　今のは、遊牧民なんかの話と、そのままつながる話じゃないんですか。

伏木　甘さ自身が、味覚を介した甘さと、それからハッピー、満足、嬉しいの甘さと、両方もっている感じがするな。だから脂がハッピーという意味で甘さの一部をもち、それが共通だから脂を甘いと感じてしまうんじゃないか。

石井　モンゴルの赤ちゃんで、私が驚いたことがあります。生後半年以下の子が、母乳をもらわない時に生の脂をチューチュー吸っていたので、つい反射的にお腹を壊さないかと聞いたら、これは甘いからいいんだと。赤ちゃんも喜んで吸っているんです。つまりグルコース系統の甘みでないものも甘いと判断する。関野さんの脂身のプルンという感覚的な部分とも重なり、甘さの幅として、ひょっとして糖だけではないものも、おいしさとして伝えていかなきゃいけないんじゃないかと感じました。

早川　品質の分析・評価の実験を計画するときなどに、肉について詳しい人にインタビューすると、かなりの確率で脂が甘いという話を聞くんです。脂が甘いとはどういうことだろうかとずっと思ってきました。一つの可能性として、匂いとの関係もあるかと。実際に米油などの後味の甘さはバニリンが関係しているように思います。ならば肉は「臭みがないこと」もあるかなと思ったりします。牧草だけよりトウモロコシも食べている牛のほうが、臭みがなくて甘いと、育てている方は言いますし。関野さんの「脂が甘い」という経験は、ほかの場所でも感じられたんですか。

関野　肉を甘いと感じたのは四五年前、初めてアマゾンに行った時です。じつは行く前、日本では脂身があまり好きじゃなかった。で、向こうへ行って肉ばっかり、それも煮てぼそぼそしている。そこで脂肪に当たった時、甘いと感じたんです。うまいと言ってもよかったのかもしれない。それから脂が好きになりました。たぶん味覚が変わったのかな。

山辺規子（歴史学・コーディネーター）　甘さというと、つい砂糖などの典型的な甘味料をイメージしてしまいますが、古くはまさしく「菓子」であった果実はもちろん、とくに加熱すると甘みの増す野菜は忘れてはならない存在ですね。それに加えて、匂いや食感などで「甘い」と感じてしまう脂や肉。「錯覚の甘さ」という表現も出ましたが、甘いと言ってしまうのであれば、やっぱり甘さの一面を示しているはずで。甘さのもつ意味の広さを改めて感じます。

甘さとジェンダー

藤本憲一（情報美学）　甘党化と、動物・奴隷に対する社会的な態度の変化の同時進行現象、興味深く聞きました。しかもメインファクターとして紅茶と砂糖の嗜好品化、担い手としての女性の役割までふまえて総括すると、「フェミニズム」が最大の基底要因だったのではないか。女性の主体化が一つのトレンドを生んだ点では、私がかつて一九九〇年代半ばに「ポケベル少女革命」とよんで提示した、モバイル文化の普及要因としてのフェミニズムとの共通性を感じます。

井野瀬　確かにこの時、女性たちが砂糖のボイコット運動に参加したことは、彼女たちの政治経験となり、のちに奴隷解放から自分たち自身の解放へという流れがつくられます。砂糖の消費量が上がっていく一八世紀末から一九世紀前半にかけて起こった変化は、まず奴隷の解放、動物の虐待防止、子どもの権利の主張と、自分で自分の権利を口にできない者の代弁から、やがて女性たち自らの解放に向かったといえます。その一連のプロセスで、女性たちは、フェミニズムという表現を使っていなくても、イギリス帝国内からアメリカの女性たちとの連帯へも活動を広げており、フェミニズムの果たした役割が大きいと、私自身も思います。

藤本　フェミニズムという言葉を出しましたが、いわゆる戦闘的なフェミニズムではなく、意識しない普通の女性、多数派の目覚めない女性によるフェミニズム、ということですね。僕がやっている情報通信の研究などでも、男性営業マン、おじさんの持ち物だったポケベルを、若い女の子が換骨奪胎することで今のモバイル文化の流れが大きく展開し、ひいては現代の女性中心のインスタグラム文化などにつながっていく。本人たちの意識しないフェミニズムで、すごくよく似ていますね。

佐伯順子（メディア学・文学）　日本の飲料のCMは、コーヒーはどちらかというと男性向け、紅茶は女性向けということを、以前ゼミの学生が調べたことがあって、井野瀬さんのお話ともつながるので興味深くうかがいました。

井野瀬　コーヒー、紅茶、ココアはほぼ同時期、一七世紀の半ばにイギリスにも伝わります。そしてコーヒーハウスが女性厳禁であったのに対し、女性たちに開かれたのが紅茶、ティーだった。ティーガーデンにはもちろん女性が入れます。この対立概念はそのCMともつながりますね。

中澤　関野さんがフィールドで出会った事例で、甘みへの嗜好や憧れについて、性差が認められたものはありますか。

関野　砂糖、甘みに対する性差の問題は、その社会がどういう社会かによって変わってくると思うんです。たとえばアマゾンの二つの民族、ベネズエラのヤノマミはお酒がないけれどペルーのマチゲンガにはある。で、お酒を醸すのは女性だし材料の粥を持っていくのも女性なので、いくらでも飲める。ですから男女同じように飲んで、興にのれば歌い出し、踊り出し、まったく性差はないんです。

南　この性差の問題は、生理学的にも議論になります。ですから、そう単純には言えない問題だろうとは思いますが、伏木さんのほうで解説をお願いします。

伏木　一〇年あまり前、「味覚と嗜好」をテーマにしたフォーラムでは、確か二〇〇〇年に行われた味の素の五〇〇〇人嗜好調査を基にしていたと思います。そこで男女で明らかに差がある味覚として、一番が酸っぱさ。これは完全に女性が好きで男性はむしろ嫌いだと。甘みも差があったと思います。その時、この差はジェンダーなのかセックスなのか議論になりましたが、むしろ混じっているだろうと。少なくとも私は、当時一人でパフェの店に行くのは恥ずかしいという男性が絶対いるから、ジェンダーは混じっているだろうがセックスはよくわからないというので終わった。その数年後に、大阪大学（当時）の山本隆さんがラットを使い、どうもメスのほうが甘みはやや好きだという学術報告をされた。ただラットの話だし、どこまで拡張できるかはわかりません。私は、セックス差はジェンダーほどはっきりしていないような気がします。

関野　今でも日本では、フルーツパーラーとか男だけで行くと居心地悪い感じがすると思うんで。

吉田菊次郎（菓子研究）　子どもの頃は、男の子も女の子もお菓子が大好きなんですよね。ところがある一定以上の年齢になると、日本の場合、男子一升酒を呑まずして男か、みたいな妙な気取りがあって、男性は甘みから離れてお酒にいくような傾向にあります。もっと男性も自分に正直になって（笑い）、大人になってもどんどんお菓子を食べてほしいというのがお菓子屋としての本音です。ただ最近はそうした気風も、とくに若い人の間ではだいぶ薄らいできたようにも思えますが。それにしてもフランス人は本当に自己に忠実。男性も平気で一人でお菓子を買うし食べながら歩いていますからね。日本の男どもよ、もっと素直になろう、と声を大にして言いたい。

森枝　前からずっと気になっていたんだけれど、たとえばシュワルツェネッガーみたいなマッチョな男が、パフェを食べておかしいと思うかというのは、たぶんよその国はないんじゃない。

関野　いや、南米はマチズムの巣窟ですから。

守屋　日本にはスイーツ男子がいますが、韓国はまだおおっぴらにはいないですね。でもスイーツ好きという男子はチラホラいます。たとえば、韓国では徴兵制により軍隊に入ると、自分の意思では甘いものが買えない生活が二年ぐらい続く。そのなかで一番楽しみなのが日曜日に軍隊内の教会に行くともらえるチョコパイです。それまで信心深いキリスト教徒でもなかったのに、チョコパイ欲しさに教会に通っているのだと。イ・ビョンホンとイ・ヨンエが出た「ＪＳＡ」というドラマは三八度線を境にした南北兵士の交流を描いたものですが、そこでも韓国兵士が「南にくればチョコパイがあるぞ」と、誘惑するのに甘みを使っています。

岩田　『男重宝記』の話で「男のたしなみとしての菓子」という言葉がありましたが、日本で菓子にジェンダーがもちこまれたのはいつ頃からでしょうか。茶道では男も菓子を食べますよね。

青木直己（歴史学）　まさに『男重宝記』は茶道とのかかわりです。茶道はもともと男が主で、大名茶から千家の茶道が広がっています。男のたしなみとして菓子の名前や姿を覚えておく必要があったのでしょう。私は、多くの武家の日記から当時の食生活をみていますが、よく菓子を食べています。とくに大名は菓子産業を支える大量消費者です。嘉祥という儀式では江戸城の大広間に二万個の菓子が並び、大名・旗本に下賜される。こんどは大名・旗本が自分の屋敷に戻り、出入りの菓子屋から菓子を取り寄せ儀式をやる。茶道や行事を通して、菓子は広がっていますし、嗜好品としても実際は男もいっぱい食べているという感じです。

岩田　私も茶道だろうなとは思ったのですが。今でも茶道なら男性がお茶の前に菓子を食べるのは当然ですし。でも私の知っている男性で一竿羊羹を食べる人がいて、おかしいという感じに見られる、そういうジェンダー的なものがあったりします。江戸時代までは区別がなかったのなら、いつ頃から、何で始まったのでしょう。

青木　食を通した性差といった点に、私は詳しくはないんですけれど、菓子に関しては、江戸時代、顕著にはなかったと思っています。近代以降、近代化の過程で何か、そういった差が出てきたのかなと予測はしています。

土産と贈答の菓子

野林厚志（人類学）　郷土菓子といっても、じつはそんなものはもともと存在しないのではないか。むしろ中央集権的に甘いものが中央から地方に広がり、そこで何か違うものに作り変えられたのではないか。郷土料理が地域発祥である一方で、菓子などは逆方向ではないかと思うのですが。

青木　確かにそういう側面はあります。江戸時代の上菓子は都市的なものとの位置づけもできます。京都で生まれ、江戸を媒介に各大名と城下町に広まる。でもそれはあくまで京菓子の系譜です。一方で菓子がもつ由緒性をテコに全国に広がる例もある。有名なのは日本で最初に饅頭を作ったという伝説のある塩瀬饅頭。元禄の初め頃に江戸へ進出し、仙台にも出ていきます。日本各地の地場の菓子をみても、鹿児島のあくまきや仙台駄菓子とか、地域素材を活かしたものがありますから郷土菓子もそれなりに変化しています。さらに都市の影響を受けつつ進化する。たとえば五家宝《ごかぼ》は埼玉県や水戸のお菓子ですが、都市の影響を受けてよい材料を使ってすごくおいしくなっている。都市的なものが五家宝という郷土菓子の進化につながっている例じゃないかと思います。

野林　まさにそこが人類学などからすると問題でして。中央に飲みこまれていくという（笑い）、菓子の方向性。逆に、地方から中央や都市へ影響を与える、いわば、都市の菓子を進化させるという方向には働く力はなかったのですね。

前川　日本では、地方の菓子の多くが鉄道の発達にともなって土産物用の○○饅頭、○○最中などとして生まれたんじゃないか。「ひよ子」もそうだろうし。だから中央の影響がどうこうではなく、各地域が名物として町興しで作り出した非常に新しいものだと思います。そういう菓子が山ほどあるというのが日本の菓子の特徴と考えるとすっきりいくんじゃないかと。

半田章二（生活学）　確かに、鉄道の発達で「ひよ子」や「鶴乃子」などが伝播していったのですが、日本の場合、鉄道の広がりは神社仏閣参りにつながる歴史もあるわけで、人が集まる全国各地の参道や門前には、少なからず土産にもなる名物があったとみなしたほうがいいと思います。その多くは近現代に作られたものかもしれませんが、明治の鉄道網の発達以前から、それこそ長命寺の桜もちとか京都・今宮神社のあぶり餅とか、なかには長い歴史をもつ名物もあったわけですから。

村瀬　前に郷土料理の歴史を調べたのですが、特定の食べ物が郷土料理や郷土食として語られる際は、中央から地方を見る視線が入っていることが多いです。「郷土」の食べ物が増えるのは近代に入ってからで、それ以前に多いのは「名物」です。菓子も、たとえばお伊勢参りの「名物」というように認識されていました。同じ食べ物でも語られ方で、とらえ方も変わることに注意する必要があります。

森枝　前川さんが詳しいだろうけれど、東南アジアの、大陸部とかはとくに、料理は各地にいろいろ特徴的なものがあるけれど、甘いものに関しては結構共通というか、ほとんどココナツミルクと上新粉を使い、それに砂糖が入る。だいたいそのパターンじゃない？

前川　歴史が新しいから。

森枝　そう。だいたい歴史が新しいとなると、やっぱり砂糖とともに上から降りてきたのか。さっきからの話と共通するところがあるような感じがする。

南　やっぱりそこに料理とは違う、菓子のある種の特殊性がある。都市的であり、宮廷とか上流階級から下がってくる、そういうイメージ。それは菓子の特殊性と言えるのかもしれません。

中嶋康博（経済学）　これも特殊性かもしれませんけれど、日本では贈答品の四割近くが菓子類とのことでした。旅行土産としての菓子に注目してみると、日本ほど発達している国はないと思うのですが。

吉田　贈答の四割近くがお菓子類というのは、甘い物を商っている者にとって大変ありがたいことです。あまり仰々しくなく、相手にも気を遣わせない手頃なお菓子は、コミュニケーションツールとしても重宝されます。日本は贈答の習慣が非常に多いですね。たとえば季節のごあいさつ。お年賀や夏のお中元があり、とくに暮れのお歳暮などは最大の贈答イベントです。また桃の節句の雛菓子や端午の節句のちまきや柏餅等々、各年中行事に決まりもののお菓子がある。もちろん外国でも季節行事や祭事につきものの菓子はあります。春のイースターにはチョコレートでできたイースターエッグ、結婚式などにはドラジェなど。でも日本ほど季節を尊ぶ国はないんじゃないか。それにしっかりお菓子がむすびついています。

　先ほどのお話のように、旅のお土産にも帰省土産にもお菓子は定番。だから日本中どこでもその土地の銘菓があります。ヨーロッパにも地方の銘菓はあるし、スイスへ行けばチョコレートを食べたい。でも、銘菓はあってもそれを土産に持っていくかというと、その習慣は日本ほどではないと思います。フランス人が友人を訪ねるなら、花とかシャンパンなんかを持っていくんじゃないかな。

　それと、何より日本がすごいと思うのは百貨店の品ぞろえ、一つのフロアに日本全国はおろか、海外ブランドのお菓子までもが集まっています。百貨店のワンフロアが全部菓子で埋め尽くされている国なんて、日本の他にはないんじゃないかと思うくらい。これは日本の特徴といえるでしょう。

山辺　一般的に菓子を旅行土産に持っていく習慣があるかといえば、たぶんないんじゃないか。ただ免税店などでも最近チョコレートがとても増えていますし、トルコあたりだと、非常に多くの菓子が積まれていて、三パックいくらという安売りもやったりしますから、変化があるのかもしれません。

守屋　この贈答に占める菓子の割合を見て、だいぶ韓国とは違うなと。韓国ではデコレーションしていないケーキはパンという認識です。日本人が韓国に行く時菓子を持っていくと、「こんなパンを持ってきて」（笑い）、自分を軽く考えていると思われてしまうところがある。やっぱり大事な方には、菓子ではないものを選ぶ必要があったりして。でも日本のことをよく知っている方なら、日本の高級銘菓には絶大な信頼があって通用すると思います。

韓国でも年末年始の贈答品、お正月やお盆の土産には、日本と同様ちょっとしたものを持っていくのですが、菓子にあたるのは干し柿のセットなど、三〇個、四〇個の詰め合わせで、数千円から一万円ぐらいします。そういうものは一つの贈答品として認識される傾向にあります。

中嶋　日本に来ると外国人も意識が変わるのでしょうか。最近インバウンド観光で来た中国の方が、空港などでたくさんお菓子を買いこんでいる。じつはそういうニーズは潜在的にすごくあるけれども、実現できたのは日本だけで、菓子産業の力が強く、最先端を行っているのかもしれません。それは土産物文化があったからそういう仕組みを作ってきたのであって、ほかの国はなかったから発展しなかったのだとしても、これからは海外でももっと空港の土産品の棚をお菓子で埋めていこうということになるのでしょうか。

阿良田麻里子（文化人類学）　島嶼部東南アジアの方から言うと、たとえばインドネシアでは、手土産としてお菓子を持っていくことはあまりないと思います。手土産とお土産は別に考えたほうがいいのではないでしょうか。日常的にちょっと近所に遊びに行く時手土産にお菓子を買うことと、遠くに行って名物をお土産として買って帰るのは、相当違う文化ですので。東南アジアのいろんな国に行きますが、やはりどこでも空港にはお菓子が置いてあり、お土産に買って帰るのは普通です。またイベント時のお菓子ということでは、インドネシアでは、イスラームの断食明けの大祭の時、ごく普通の菓子などを籠にいっぱい詰め合わせたものを持って挨拶に行ったりします。ただ、日常的に遊びに行く時に手土産を持っていかないと気がすまないというのは、ちょっと特殊な感覚かなと思います。

中嶋　個人的な体験による感想ですが、日本の空港やターミナル駅に売っているものは、おいしくて種類も多く、選び放題という感じがしますが、海外の場合、同じ空港に何度か行くと、買うものがなくなってしまいますね。

阿良田　同感です。それでついヨーロッパのチョコレートを買ってしまったりしますよね。東南アジアに行っているのにね（笑い）。

南　ヨーロッパの空港はどこでも、だいたい同じスイスチョコレートが置いてあるという、ある意味EUで平均化されているということかもしれませんが。

村瀬　嗜好品としての甘みの文化を考えると、「甘いもの」は、社交のためのメディアではないかと思います。たとえば日本のお茶会の菓子、イギリスのティーの菓子、それから現代の「お茶する」時の甘みと。こうした点から「甘み」の文化をとらえ直す必要があるように思います。

南　村瀬さんの専門はメディア学ということもあり、たいへん妥当なご指摘だと思います。社交のためのメディア、あるいはコミュニケーションツールとしての「甘み」ということですね。
村瀬　菓子は社会・文化的な意味が大きい食べ物です。たとえば、私たちの生理的な必要性とはあまり関係なく、デパートの菓子売り場は広くて、多種多様な商品が置かれています。菓子は嗜好品として定着していて、それゆえ一緒に食べることでコミュニケーションを促進することもあるでしょう。また他家を訪ねる時の手土産や、お詫びに持参する菓子折りなど、人間関係を調整するメディアとしての役割も大きいように思います。

砂糖の種類と甘さの質

石井　上菓子における「上品な甘さ」についておたずねします。対になる言葉に「くどい、下品な甘さ」があり、これは添加量によると思うのですが、そのホドのよさの判断を知りたいです。
青木　上品な甘さ、くどい甘さ、そのホドのよさって相当個人差があると思います。たとえば私がいた虎屋の羊羹はほかと比べると少し甘さが強めです。ただ虎屋の場合、白ザラ糖を使うので砂糖の甘味が浮き出ない、甘みは少し強いけれど後味がよい、それが虎屋の甘さだと思っています。でもホドよさの感覚はやっぱり個人差があるので、なかなか一口では言えないと思いますね。
小林哲（マーケティング）　和菓子と洋菓子の甘さの質に違いはあるのでしょうか。あるとすれば、それはどのような違いでしょうか。
前川　フランス菓子と和菓子との比較はいわば異種格闘技で、違う種類の甘さだと思います。

吉田　和菓子と洋菓子の甘さの違いといっても、五味のなかでの甘さ、スイーツということでは双方一緒だと思うんですね。ただお砂糖の使い方はやっぱり違う。和菓子の場合、上白糖を主に使っていますが、吸湿性に富んでいるのでしっとりした風合いになる。あるいはお菓子によっては三温糖を使ったり、糖度の低いものを使ったり……。一方スポンジケーキなど作る場合でも欧米ではサラサラのグラニュー糖タイプのものを使う。お菓子によってもっと荒々しい味を求める時にはカソナード（赤砂糖）を好んで使う場合もありますが、それでもだいたいグラニュー糖タイプのものですませてしまう。求めるお菓子に対して細かく砂糖の種類を使い分けるという、この使い分けに関しては和菓子の世界のほうがとても進んでいますね。洋菓子の世界はわりと無頓着。もし、しとり（湿）気が欲しかったらシロップに浸したりするなど、非常に即物的な解決をしています。

小林　甘さの議論をする時、甘さのタイプの違いみたいな話もあるんじゃないでしょうか。たとえば固い甘さや柔らかい甘さといったような。単に甘いか甘くないかという一元的なものではなく、いろんなタイプの甘さがあり、洋菓子と和菓子で求める甘さのタイプが違うのではないでしょうか。

吉田　甘さの強弱なら、ヨーロッパのほうがずっと強いですね。日本の場合、淡い甘さを尊ぶところがあるでしょ。私も向こうで働いていた時、日本人らしく淡い甘さにすると、「おまえは何を食べさせたいんだ」と文句を言われた。甘いお菓子はしっかり甘くしろ、酸っぱいものはしっかり酸っぱくしろ、フランボワーズを食べさせたいならしっかり入れろと。日本の場合、フランボワーズでも、食べて飲み込んだ時に香りが鼻からすっと抜ける、これが上品だと。でもそんなのフランスじゃ通じない。比べるに日本人のほうが、よろずたおやかなんですね。

早川　ブラジル人のデータですが、苺ジャムは甘みが強くて持続するものが好まれていました。日本人は、口に甘みが残るのは好まないように思います。「甘くなくておいしい」というのは、甘みが残らなくておいしいということではないかと思うのですが。

青木　虎屋に在職中、菓子を食べ続ける日というのがありました。官能検査で二〜三時間ごとに菓子を食べる。最初はいいけれど途中できつくなってきて（笑い）。でもアンケート書かなきゃいけなくて。感触や甘味についてしっかりした甘み、くどい甘み、ぼやけているとか、そういった表現をしたように記憶しています。ちなみに私にとって虎屋はすっきりした甘さですけれど。

早川　私も食品について人が感じる味や香りの評価を行っています。塩味と酸味に関しては、それぞれさまざまな質の表現があります。たとえば「尖った酸味」とか、「丸い酸味」とか。塩味に関してもそのような使い方があります。甘さに関しては、「すっきりした」や「しつこい」など持続に関する表現が多いように思っていました。今、質の違う甘さの話になったので、もっとさまざまな甘みの質の表現があるのかなと。

青木　確かあったと思います。虎屋には食品の化学的な研究所があります。確か評価の基準はあったと思います。虎屋の菓子の甘みの質について、それなりに評価していました。

川崎寛也（調理科学）　一番わかりやすいスクロースの質は濃度だけ、強度だけです。で、質の問題になるのは甘味料なんですよね。今、問題になっているのは人工甘味料をどうやって砂糖の質に近づけるか。人工甘味料は、単に甘みが強いから少量で甘いというだけでなく、質が違うんです。ただその甘さの質を言葉で表現するのが非常に難しい。で、アメリカなどで展示会へ行っても、結局、人工甘味料の会社がプレゼンしているのは、砂糖の質にどれだけ近づけたかということです。

調理と甘み

森枝　なぜ砂糖や甘みが料理に、ある時期から用いられるようになったかについて、もう少し議論ができたら面白いポイントになるんじゃないか。

山田仁史（文化人類学）　五味のうち、鹹《かん》（しおからさ）とか、辛さ、苦さ、それに酸味、これらはどれも苦労や困難を表す比喩に使われていますけれど、甘さだけは特別な味覚ですよね。で、砂糖の話というのは、外から内、上から下、という歴史なのかなと思うんです。つまり、ヨーロッパにしても東アジア、日本にしても、外から入ってきた砂糖という文化が、ステータスシンボルとか贅沢品であったのが、上から下に降りてくる歴史というのを語ってるなあという気がして。その歴史は二段階ぐらいに分けて考えることができるんじゃないか。一つは、地中海を通してのヨーロッパ・イスラーム圏、そして東シナ海をめぐっての東アジア圏内での交流。二つ目は、大西洋・インド洋を介して西と東がつながった時代。これが大きな見取り図として描けるんじゃないかと思います。

南　すごく大雑把ですが、近代に入ってくると、いろんな意味で異文化のグローバル化が進んできます。日本も東南アジアもそうでしょう。そういう時に、いわゆる異文化の接着剤としての「甘み」、砂糖が使われるというのは、一つの解釈としてありえる。だから、ある時期からそれぞれの地域とか国の調理の発達を考えてみると、一般的に砂糖を使うようになっているかもしれません。

森枝　この話、一つは砂糖以前の甘みを考えてみるということ。麹やみりん、京都あたりの白味噌なども砂糖以前の甘みです。庶民レベルの柿なども含めて、どういう具合に料理に甘みを使っていたかということが前段としてあって、そのうえで砂糖が入ってくる話をちゃんとやったら、すごく面白い。

江頭　私が漬け物に使う調味料について聞き取り調査をしていたときに言われたのは、たぶん戦後までもなくだと思いますが、砂糖は高くてとても農家では使えず、基本的に塩と味噌を中心に使い、甘みには柿を使っていたと。で、砂糖の価格がどう歴史的に変動してきたのかというところが、砂糖を料理に使うようになったことと絡んでくるんじゃないかと思ったのですけれど。

青木　紀州の下級藩士の日記のなかに、自炊の記述が出てきます。そこでは幕末には普通に砂糖を調味料として使っている。ですので料理に砂糖を使う文化は幕末には成立していたと思います。

江頭　おそらく東北の山形などでは、北前船などで運んでこないと手に入らない貴重品だったと思うので、そのへんの地域性、差もあるかもしれませんね。

青木　深井甚三先生の研究によると、金沢あたりの日本海側でも、一八三〇年代を境に砂糖の流通量がぐっと増え、それで菓子のほうに普及すると。ただ料理についてはふれられていませんが。

佐藤洋一郎（農学）　私がずっと考えているのは食品としての保存性の問題です。甘みの材料は、芋類、麴とか、果実などいろいろあるけれど、これらは季節性が強い。このような甘み素材を使って料理すると、料理自身にも強い旬が現れる。ところが、人間も社会も忙しくなると、調理にかける手間も徐々に削がれていく。すると砂糖みたいに一年中、簡単に使えてずっと置いておけるものが重要になってくる。そういう性質により砂糖は、安直にインスタント食品みたいな感じで広まっていったという要素もあるのではと思っています。

岩田　「調理と甘み」で砂糖の利用を考える時、二つの要因があったんじゃないかと。一つはたぶん、「甘いはおいしい、贅沢」ということ。やっぱり「おいしくて贅沢と思える」なら、料理にも使えばいいじゃんという要因。もう一つは調理性です。保存はもちろんですが、以前砂糖の使用が低迷した時に、砂糖を使わないと出ないおいしさがあると砂糖の業界が頑張っていました。照りが出るとか、柔らかくなるとか。この両方から、日本の料理に砂糖が使われてきたのかなと感じています。

南　日本料理の話が出てきますが、西洋料理と甘みの関係はどうですか。

川崎　少なくとも現代フランス料理とイタリア料理では、砂糖を食材の下処理、ソースなどに使うことはあまりないと思います。近世まで、イタリアではある程度使われていたとのことですが、なぜ使われなくなっていったのか、食文化的観点も含め議論をうかがいたいところです。

吉田　私もあちらに住んでいましたが、一連の食事のなかで砂糖を使う料理というのはほとんど見かけないですね。ただ青リンゴのソースとか、果糖を使ったものなどはありますが。

北山晴一（社会学）　フランス料理で砂糖が使われないという話、基本的にはそうですが、フランス料理といってもいつの時代のものかを考えなきゃいけない。ルネサンスから一七、八世紀頃までの料理と今の料理とは違うし、その後も給仕法が大きく変わることでデザートの意味も大きく変化したりしたからです。この給仕法が変わるのは一九世紀半ば。それ以前は、第一サービス、第二サービス、第三サービスという形で、大テーブルに大皿でいろんな料理がバーンと出てくる。各サービスの幕間にあるのがアントルメ。「間のもの」ということで、甘いものも甘くないものも混じっていたんです。ちなみに余興的な出し物のアントルメもあった。ところが給仕法が変わって、今の前菜（アントレ）、メイン、デザートという形で整序されることにより、甘くない料理と甘い料理がはっきり分けられ、甘いアントルメはデザートに吸収された。その結果、そこでデザートの文化度、つまり食事における位置が上がるんです。以前のアントルメのように、甘いものと甘くないものの混在はダメだということになった。フランス料理では肉料理の下ごしらえに砂糖は使わない、これが一七世紀のラ・ヴァレンヌ以来の原則です。ただし料理人のなかにはこの大原則を逆手にとって、たとえばアントレで使う料理の名前にデザートで使っていた名前を用いるなど自分のオリジナリティを主張する人がいる。だから肉料理に砂糖を使っても不思議はない。大混乱ですね。

山辺　西洋では、そもそも料理にまったく砂糖、あるいは甘い物を使わないかのような話になっていますが、ルネサンス以前のレシピには砂糖を使った料理があります。とくに中世後期には、甘酸っぱい料理が多く出てくる。それが流行だったんです。流行が去ると甘い料理はみられなくなりますね。もう一つ注目したい点は、フランス料理のオートキュイジィーヌの世界ではないところで、甘いトマトケチャップのようなものを大量に使う料理があること。ケチャップが普及するのは二〇世紀に入ってからなので、現在の給仕法になってからです。そういう料理も考えておかないと、西洋人が食べる料理を考える時には不十分じゃないかと。もちろんご指摘のように、フランス料理の下ごしらえに砂糖を使うかと言ったら、それは違うでしょう。

北山　ジビエという野鳥獣の肉の場合は、事情が少し異なるという話を付け加えておかないと。ジビエをよく使うオーストリア宮廷料理の場合は、鹿でも鳩の料理でも、肉料理のお皿にジャムやクーリのようなものが添えられて出てきますね。下ごしらえではなく、あくまで添えて食べます。これは非常に特殊なケース、特殊な階級の人たちのものだったはずですが、ところが今では、少しも珍しいことではなくなった、ということも言い添えておきたいと思います。

川崎　調理における甘味とコクを考えると、日本料理ではコクを増すためわずかな甘味を感じさせることがある。フランス料理では甘味に頼らず脂のコクがある。それなら日本料理では甘味のコク、フランス料理では脂のコクという構図が描けないか。もう一つはだしと甘味の関係。だしを強くすると甘味は不要で、甘いと酒に合わない。ご飯に合わせるか酒に合わせるかでも、甘味の使い方が異なるのではないかと思います。

甘いはうまい

早川　デンプン系食品のパスタやご飯などの評価をしていると、「甘い」と「うまい」をほとんど同義で使っている人も多いんじゃないかと思う時があります。たとえば、「この飯はうまみがあって」と言っているうちに、じつは甘みの話になっていたりします。デンプン系食品のように、際立った味がない時は、甘み、うまみ、おいしさの区別が曖昧になってくるのかなと考えています。

藤本　関連して。幕末から明治にかけて、調理にみりん・砂糖という甘さが浸透してきたとのことですが、「甘煮」=「うまに」と読ませたように、当時の味覚評価語としての「うまさ」が「甘さ」と同一視されていたのか。さらに今日「うま味」が、いわゆる「UMAMI」として「だし」的な味覚をさすようになっていますが、甘味から「うま味」がはっきり分離しはじめたのはいつ頃なんでしょう。

中澤　江戸時代後期の料理書に「甘煮」＝「うまに」と書いてあったので、もしかしたら「うま味」と「甘味」を同じように考えていたのかなと思いながら、何かヒントはないかと資料をあたっていました。明治期の料理書には甘煮＝「うまに」の調理でみりんや砂糖を用いる記載があり、大正期にはみりんや砂糖を多く用いて甘く調味するものを甘煮とする料理書がありました。ただ、うま味の誕生という視点ではみていませんでした。甘いという字をうまい味、おいしい味と考えていた人と、甘い味と考えていた人と、混在していたのではないかと思います。

藤本　全世界的にみると、歴史家＝政治家のエリック・ウィリアムズが指摘したようにコロンブス以降、いわゆる砂糖ブームがあって、そのうまさに世界中がやられた。嗜好品としての砂糖です。お茶やコーヒーもその一環で、砂糖を消費するための一つのメディアと考えることもできる。うまさが甘さに引っ張られていった時代と考えられるかもしれない。それが今どうも一段落した、もう甘さのブームは終わったということで僕らは客観視できている。それとは違う「うま味」というものを見出していける。しかも日本独自の和食のうまさとして見出していける時代かなと。僕らほら吹きは考えていいんですけれど（笑い）、実証的に真面目な研究者の方にも聞いてみたかったんです。

川崎　うま味と「おいしさ」は別の話ですし、甘味も同様です。日本料理の場合とくに「和をもって尊しとなす」で、丸くする、甘味とわからない、塩味とはわからない、そういうことのほうが大切だと、現代の料理人はそう言うてます。じゃあコクを出すにはどうするか。やはりうま味ばっかりではダメで、だしをどんなに濃くひいてもコクにはならない。いろんなものを合わせていくなかで、砂糖をちょっと入れるとコクが増すんや、と言うんですね。コクって料理ではとても重要で、もしかすると現代の料理にとって、とくに重要なのかもしれません。

糖質と生活習慣病

中嶋　異性化糖のインパクトはどう考えるべきでしょう。砂糖消費減少の背景には異性化糖への代替があり、大口需要者はコーラをはじめとする清涼飲料水です。甘みの摂取ルートとしての清涼飲料水の拡大にも目を向ける必要があると思います。とくに注目したいのは、肥満の原因なるかどうかです。

橋本周子（フランス文化史・思想史）　井野瀬さんのお話では温かい飲み物に砂糖が加わる点が大きな柱とされ、確かに紅茶・コーヒーを含めてそういう印象はあります。でも同じ時代、とくに一八世紀ぐらいになると、社交の舞台で飲まれたのは紅茶やコーヒーだけでなく、清涼飲料水もある。清涼飲料水と訳すとなんですが、シロップの水割りとか、花びらなどで香りづけしたものに砂糖を入れたものなどです。私の認識では、イギリスで先に流行り、それがイギリス趣味としてフランスで利用され、爆発的に人気を得るのは革命前夜ぐらい、一九世紀にかけて消費量が増えていくと思います。たぶん砂糖の消費という点ではこれが結構大事かと。というのも、温かいコーヒーをガブ飲みするのはかなり難しいけれど冷たいものなら相対的にたくさん飲めると思いますから。しかもこの話は、その後の欧米を中心とした清涼飲料水の膨大な消費、まさに現代につながってきますので。

井野瀬　イギリス趣味として広がっていくということですね。それはどういう冷たいものですか。

橋本　イメージでいうとリキュールみたいなもので、たぶん濃縮した液体があって、それを水で割った感じだと思います。

井野瀬　一八世紀だと、上流階級の間で流行っている贅沢品の一つの段階ではないかと思いますが。

橋本　もちろん一八世紀末ぐらいだと上流階級というイメージが強いですが、一九世紀以降になるとだんだん大衆化が進んでいきます。「清涼飲料を売る職業」を表す「リモナディエ」がいわゆる「カフェ」を意味するようになることとも、このことは関係しています。そう考えると、ついコーヒーのほうに着目しがちですけれど、こちらのほうがむしろ大きく広がっていくという印象があります。

山辺　清涼飲料水の広がりには、そういうルーツがあるのですね。今や大量に消費されている清涼飲料水における異性化糖の利用が肥満につながるというご指摘がありましたが、現在の糖質制限の問題はどうでしょうか？

関野　私の医学部の友人で、何人かが糖尿病にかかって、糖質制限をして、糖尿病薬を服薬せずに血糖をコントロールしていると言っています。いっさい炭水化物を摂らなければ薬を飲まずにいられると。すでに一〇年ぐらいやっているらしくて、今はいいけれど不安だと言うんですね、これからも糖質制限を続けられるのか。炭水化物を摂らないでいられるのかと。日本糖尿病学会は糖質制限を推奨していないからです。一方、米国糖尿病学会は二〇〇八年から糖質制限食を肯定するようになりました。低血糖食で血糖管理とインスリン感受性が改善、ＨＤＬコレステロールの有意な改善がみられたそうです（a systematic review of the literature, 2000. Diabetes Care, 35：434-435, 2012)。

七〇〇万年の人類史のなかで、デンプン食が中心になったのはここ一万年ほどのことですから、まだ人間の消化器官の進化が追いつかず、炭水化物中心の食事に対応できていないということじゃないでしょうか。私はタンパク質、脂肪は必須栄養素だと思うけれど、炭水化物は必須じゃないと思っています。グルコースだけが利用できるといわれてきた脳も、糖新生によってタンパク質を利用でき、脂肪酸からできるケトン体も使えることがわかってきましたし。

伏木　糖尿病の患者に対しては、糖質を厳しく制限するとすっと治る例が多いと思います。私も医学部の人たちに聞いてみましたが、一番効くのは確かだと。しかし、多くの人はデンプンを食べない食事についていけず、挫折する人がいるとは言っていました。で、今流行りの糖質制限ですけれど、糖尿病患者に糖質制限をすると劇的に効くので、予防にも使えるんじゃないかと思い立ったのが、たぶん最初だろう。しかし、予防と治療はまったく逆だと私は思います。糖質ではなく脂質を制限し、トータルカロリーも減らして肥満しないようにするのがまず先ではないか。なぜなら脂肪組織はいろんなサイトカインを出して、それが糖尿病の悪化につながりますから、あまりよくない（サイトカインは体細胞やマクロファージなどから分泌される生理活性物質で、たとえば細胞内に脂肪をいっぱい貯めこんだ脂肪細胞からはTNF-αとよばれる糖尿病を悪化させる因子が放出される）。

では糖質制限はまったく無意味かというと、私たちは昔の人に比べたら運動量が激減しているから、その分の糖質は少なくてもいいだろう。そういう意味で糖質は軽く制限し、ほかのタンパク質や油脂はそんなに無茶に摂らないというのが長い意味では正しいと思います。

関野　正しいと言い切れますか（笑い）。

伏木　まあ何か起こったら責任を取るかと言われると、ちょっと困るけれど。ただ自分の今までの学術的な経験からは、それが一番正しいと、言い切りたいと思っています。

関野　ＮＨＫの番組の見解がそれなんですね。私は見ていないんだけど、糖質制限の番組をやったらしくて。糖質制限は効果があるがケトン体に問題があるので適度に減らす、というのがＮＨＫの正解らしい。医者として私も、いろいろと病気じゃない人にも聞かれて、高血圧も高脂血症もみんな運動とカロリー制限が一番いいわけで、やっぱり糖を制限したほうがいいと思うんです。でもそうじゃないと伏木さんがおっしゃるんなら、僕もそう言おうかなと思って（笑い）。

伏木　運動量が減った分だけ糖質を制限して。しかし実際はもっと運動すべきですね。運動をまったくしないで、食事だけで最適のところを探すのは非常に難しいと思う。そこに運動を加えると、多少の幅があっても結構フィットできるから。運動を加えて、糖質は適度に制限というのがいいかな。

南　私もよく「ロカボ」を勧められるんですが、いかがなものかという気もします。この問題は、医学的な話というよりむしろフードファディズムとか、もう少し社会学的にみたほうがいいような気がします。確かに怪しげな○○ダイエットよりはよさそうだし、「ロカボ」というのは結構効き目はあるので、それなりに流行っていると思うんですが。ただ、物事には必ずやりすぎというのがあって、それがまた宗教化していくという面もありますので。

甘みを嫌いになれるのか

小林　人間は、先天的に好ましいと思う「甘み」を嫌いになれるんでしょうか。かつて日本の男性は「甘いから嫌い」といい、また最近では「甘くないからおいしい」という言い方もあります。甘いものを好む味覚の生理（体内）と、それを嫌う味覚の社会性（体外）とをどう整合的に説明したらよいのでしょうか。たとえば、ここで言う〝嫌い〟というのは、好きではない（プラスではないがマイナスでもない）という意味で、本来マイナスの意味する嫌いとは異なるという言葉の用法の問題として説明することもできます。また、丸井さんのいう個人の甘み感覚と集団の甘み感覚を区別するというのも、その違いを整合的に説明する方法になりえます。ところで、伏木さんの話をお聞きすると、糖は嫌いになっても、甘みは嫌いにならないように思うのですが、どうでしょうか。

伏木 確かに、一般に質問でよく出てくる嫌いとかいうのは、いわゆる好きじゃないということですよね。相対的に嫌い。つまり、酒に比べたら好きじゃないという感じ。で、ゼロからマイナス側へ振れる嫌いが存在するかという意味では、嫌悪学習でのネズミの中毒、あれはマイナス側ですね。

小林 ただ、あれは糖に対する嫌悪ですよね。「甘み」自体が否定されたわけじゃない。

伏木 いや違う。あれは「甘み」に対してです。というのは、ネズミに砂糖をなめさせ中毒を起こさせた実験がある。その時にいろんな合成甘味料を順番になめさせると、ネズミにとって甘くないアスパルテームは平気でなめた。でもほかの甘味料は全部忌避、つまり「甘み」を忌避したわけです。

小林 ということは、生理的に甘みを嫌いになることもありうると。同様に、文化など対外的な要因によって、生理的に甘みを嫌いになることはあるのでしょうか。

伏木 僕は、そこまで徹底的に「甘み」を忌避している人には出会ったこともないし。そうすると、糖が摂れなくなってしまうから、そこまでいかないように何かブレーキがかかっているのではないかと、私個人はそう思いますが。

丸井 私もそう思います。生理的な話、あるいは生物学的な話がベースラインとしてあって、そこに付加的な部分として文化があり、いじれるところです。だから飢餓状態にある時に、文化的な話というのはほとんど成立しないと思います。

上野吉一（動物学） その嫌悪学習というのは。かなり刺激特異性が強いんですね。だから「甘み」に対してというのは、ネズミを用いた「実験」としてだから成立しえた。人間が「甘み」すべてに対してだけゲーゲー吐きまくるほど気持ち悪くなる状況を、現実世界で経験するかというと、まずありえない。で、それに加えて、ケーキを食べても、「甘み」という味だけでなく、ケーキの匂いや形、色などを付随して学習しちゃうんですよ。そうすると、この類のケーキは嫌いでも饅頭は食えるという話になっちゃう。だからそういう意味で、人間が「甘み」をジェネラルに嫌いになることは、理論的には起こりうるだろうけれど、現実にはありえない。そう理解するのがいいんだと思う。

伏木 そのとおりです。

川崎 ただ、実際のところ、知り合いで積極的に「甘み」が嫌いという人もいますので、脳はそこまで単純ではないのかなと思っています。

山辺 必ず糖は必要、摂らなければいけないから本質的には嫌いにならない、という話が出ているんですが、拒食症の女性で、とりわけ甘いものを見るとぞっとする例があります。栄養的には一九七〇年代のレベルすら摂れていない。一日の摂取カロリーからいっても非常に問題がある。でも甘いものを見ると、こんな恐ろしいものは食べられないという反応について、少しコメントいただけるとありがたいのですが。

伏木 それはもう「甘み」に対する積極的な忌避が起こっているのでしょうね。「甘み」が、カロリーというのを全部背負っていて、こういう味がするものは私にとって絶対に食べちゃいけないものだという、強い抑制がかかる。それで嫌いになっている。特殊な例としてはあるでしょうね。

丸井 あえて言えば、それは「甘み」を忌避しているのではなくて、「甘み」をもたらす具体的にあるモノを嫌がっているということ。「甘み」というのは、やはり甘いモノとは別です。

伏木 「甘み」全体が嫌いなんじゃないの。

南 「甘み」をどう定義するかという話もありますし、また心理学的な話で、おそらくこれは宗教的なタブーの話ともかかわってくるし、なかなか尽きない話になるかと思います。

「甘み」は文化がつくるのか

岩田 「甘み」は文化がつくるというお話でしたが、西洋人は本当に羊羹を甘いと感じないのか。かなり砂糖は入っていますが。今、羊羹やケーキを嫌いという子が散見されます。それは文化的な原因か、あるいはテクスチャーゆえか、はたまた飽食社会ゆえの甘さへの忌避なのか、いかがでしょう。

丸井 正直、西洋人が羊羹を甘いと思っているかいないかはわかりません（笑い）。私が言おうとしていたのは、生理学的に似たように感じるだろうから、だいたいこんなものだろうというのはある。ただし、人によって感じ方が違うことは当然あるはずで、そういう分布を考えれば端のほうにいる人たちもいることになります。でも、あるモノを使って、たとえばこれくらいの羊羹は甘いんだということを、ある社会なり文化が決める。いわば同じ物差しとして文化がみんなの感覚を揃えていく。それを合意と言ったのです。ですから、羊羹が西洋人にとって今までそういう文化的了解の外にあったとすれば、おいしいと思わないだろうし、よくわからないだろう。ただ食べつづけていって、日本人の知り合いもたくさんできて、これは甘くておいしいものと本人が了解していったら、日本人と同じようにおいしいとか、甘いとか言い出すのではないかと思います。

早川　ちょっと角度は違いますが、やはり文化との関連で。「甘い」「甘みがある」と感じるのは、社会的合意（文化）によるよりも、生物としての生理的受容がおもな規定要因で、それを増強するもの、たとえば香りなどの効果は、文化や学習の影響を受けると考えられないでしょうか。一例ですが、ある研究で、日本人とドイツ人を比較した時、小豆の香りで甘味が増強されるのは日本人だけでした。

丸井　そうです。ですから甘味の増強、それは生理学的に増強されているというのではなく、小豆の香りを、餡や羊羹などとつなげて甘いと表現するのであって、甘味が本当にそれで高まったという生理学的な話ではないでしょう。

南　早川さんは、何か実験をされたということですか。

早川　産業技術総合研究所の小早川達さんが行った実験です。鼻をつまんだ条件とつままない条件での甘味の感じ方の比較で、マシュマロではどちらの国民も香りがあると甘みを感じやすくなるけれど、羊羹では、日本人は甘みを感じやすくなり、ドイツ人ではそのようなことは起こらないという結果でした。小豆の香りが甘みと結びついているのは日本人だけだからです。それがすごく腑に落ちたので、甘みの感じ方は、ベースは生理学的なもので、それを左右する要因として文化的なものがある。さらに、その甘みを良しとするかという価値観も、文化の影響を受けると思います。

岩田　その文化によって増強される部分があるというあたりまでは、なんとなく私的には納得できたかなあという感じです。さっき丸井さんが「甘い」と「おいしい」を、ちょっと同じようにお使いになった感じがあって。羊羹をおいしいと感じるか感じないかは、とても文化的に左右されると思うんですが、砂糖を入れているものに対して甘いと感じないのか。たとえば私たちがあまり食べ慣れない西洋菓子を食べても甘いとは思う、おいしいとは思わなくても。その文化的な部分がどのへんまで影響を及ぼすのでしょうか。

上野　甘味に対して強い嗜好性をもったり、より高い濃度を一層求めるということが報酬系とつながっているということは、生物学的・進化論的背景をもって成立しています。一方で、文化的な枠組みのなかで「甘み」を利用するという側面がある。ヒトが「甘み」を利用するなかに見出せる光と影は、文化的文脈としてだけでなく、生物学的特性と現実の利用（たとえば、容易に甘味物質が手に入るようになった）とのズレというとらえ方もあるのではないかと思います。

言葉が甘さを「つくる」

藤本　まあ大事なのは、人間の「甘い」という現実は、言葉をもとにできているということですね。だから感覚は別に関係ない。関係ないというと語弊がありますが、たとえば新生児を実験室に集めて甘い実験ができるかというと、それは言葉がないので人間の実験ではない。先ほどのドイツ人と日本人を集めて実験しても、閉ざされたところでの実験で、しかも「甘い」と〝süß〟の翻訳が適切にされているかどうかもわからない。原理的にみて、二つの単語の翻訳はきわめて不確定ですね。

結局、人間というのは言語共同体に生まれ育ち、強制的にこれを甘いと思えというふうに仕込まれて育つ。その一人一人、言語体験の違う人間に対して実験ができるかというと大変難しい。人間は、たとえ辛いものでも甘いと言う可能性がある。ナチスのように政府と科学者が贋の真理を語ってしまうと、人間の共同体によって言葉の意味さえ変わってしまうわけですから。甘いという言葉にもスウィートという言葉にも意味の広がりがあり、簡単に翻訳もできないし、基本的には生理的、心理的に対応しているという必要もない。甘いとされるその強制された範囲でしか、どんな子どもも生きていけない。生涯をかけて、意味は少しずつ教育と経験で変わっていくでしょうが、ゆるやかにしか変わっていかない。ということで、まあ言語、心理、生理、並行説で（笑）、いいんじゃないかなと。

南　ありがとうございます。ようやく何となくわかってきて。丸井さんの言われることに反論でもなく、むしろ別の言葉に翻訳をしてくださったように思います。

藤本　これでいいのでしょうかという、質問です。違うと言われたらちょっと困るんですけれど。

丸井　いいえ、違わないです。

南　今、藤本さんが言われた言葉の問題、じつは食文化とか味を語るうえで、とても大事な話だと思います。それぞれの文化によって言葉があり、こういう感覚はこの言葉という。おそらく「甘み」とか「甘い」にもそれはあると思いますので、重要な指摘と思います。

川崎　その件で、じつは苦労しているのが僕とたぶん早川さんかと。官能評価です。食品の研究開発をしているのですが、何をするかというと、この食品の甘味は五点、うま味は三点、バニラの香りは五点というふうに全部ラベリングし点数を付けなければいけないんです。その時にどうやるか。たとえば羊羹とマシュマロを実際に食べてもらい、感じた言葉を全部出す。実際はそんなに違いのある食品の評価はしませんが、共通のものを探る。羊羹とマシュマロって全然違うものなんだけれど、共通の感覚があるよね、じゃあそれを甘味という言葉にしようと。グループワークで一〇人ぐらいでやるんですが、少なくともそのなかで言葉を決めていく。逆にいえば、甘味という言葉でなくても全員に共通認識さえあれば、これを「〇〇」という感覚にしようと決め、後で「〇〇」の点数づけができる。これが「言葉出し」というステップです。でも食品の場合、見せ合うことのできない口の中のことを表に出すのでとても難しくて。官能評価の世界ではそういうやり方を苦労してやっている、ということです。

丸井　おそらくそれが、私が説明しようとした、文化が甘みを定義していくということを、非常に小さいコミュニティで操作的に行っているのだと思いますね。それが大きい規模で、もっとダイナミックに現実には起きているんじゃないかと。それを、きわめて実験的にされていると思います。

中嶋　実験に使う試料というのは、たとえばグルコース一つに決めていますよね。それのおかげで、糖度は測れて指標化が容易にできているのですが、さっきから言われている「甘み」というのは、それプラスいろんな要素が入りこんでいるようです。「甘み」という指標を作ろうとすると、そこが難しいのではないかと思います。伏木さんの議論は、丸井さんの議論とはだいぶ差があるんじゃないか。その差を埋めているのが文化という要素なのかな、という印象を持ちましたが、いかがでしょう。

伏木　われわれも結局、今でも食品開発のところに動物実験などを導入しているのは、人間の、いわゆる「甘み」という言葉のなかにもっている複雑な、ごちゃごちゃしたところあたりが読み切れないので、動物のような単純系を使ってとりあえずベースを決め、それから文化を足していこうということではないかと思っています。言われるとおり、グルコースがあって、そのグルコースの信号プラス人間的な何かというあたりが、たぶん私と丸井さんの間にある部分じゃないかと思います。

上野　あえて、心理屋さんは私しかいないので、心理の弁護をしたい。まさにその、言語を使うことで私たち人間は理解し合っていると思っていること自体が、いかがなもんじゃと（笑い）。そこで共通に思っているようなものが、じつは裏ではいろいろ食い違いがあったり、逆に言語の表現が異なっていたとしても共通に感じている世界があったりする。そう考えていくと、動物との間にも私たちは共有の世界をもっている可能性もありますよね。そのレベルの世界に足を突っこもうというのが心理学で。だからそういう意味で、心理屋としては、言語でしっかり考えていけばなんていうのは、あえて言えばですけれど、「ダメなんだ」っていうことで（大笑い）。

岩田　上野さんの話と似ているかもしれませんが。言葉が文化を規定するというのはそのとおりと思うんですね。ただ言われるように、日本人がイメージする甘いと、アメリカ人やイギリス人がイメージするスウィートは、一〇〇％は重ならないかもしれない。たぶん重ならない、あわいみたいなところがあるんだろうと。でも両方とも生物であり人間である以上、生理学的な反応として、たとえば私たちが辛いと思うものを相手がスウィートと言うとは思えないので。イメージしているものを官能試験みたいなところで突き合わせていくと、やはりそんなに文化と生理が相反発するのではなく、伏木さんと丸井さんの間にも橋は架けうるのではないかと（笑）。

B級グルメとやみつきの味

中澤　おいしいもの、いわゆるB級グルメはみんな「脂肪、砂糖、だし」ということでしたが、どれも甘味が関係しているとお考えですか。

伏木　基本的に油、砂糖、だしは独立したもので、油は甘く感じる部分があるかもしれませんが、糖質とはまったく違います。それから、油、砂糖、だしはたぶんアミノ酸ペプチド（タンパク質）を連想させる味わいで。つまり脳が、タンパク質と糖質と脂質という三大栄養素を摂ろうと頑張っているわけで、それは動物も人間も、子どもでも大人でもまったく共通。だからB級グルメは、人間にとって必要な栄養素に向かう行動なので誰が食べてもおいしい、という意味で三つを並べました。でも三つに甘味は共通していません、アミノ酸のなかには甘味をもっているものもありますが。やはりこの場合のだしは、うま味が強いという意味がある。油も甘く錯覚する時もあるけれど甘味とは関係ない。

落合雪野（民族植物学）　報酬としての甘みの議論（やみつき、やめられない）に関連して、東南アジアの人がうま味調味料をガバッと料理に加える行動を思い出しました。結晶化した甘みとしての砂糖がやめられないように、うま味調味料がやめられない状態に多くの人が陥っています。これは、同じような「受容―反応」の結果に基づくものなんでしょうか。

伏木　去年の秋、パリに一〇日ほどいて、フランス料理を食べる意気ごみだったんですが、途中で嫌になってね、結局中華料理屋へ行きました。そこもグルタミン酸ナトリウムを使っていると思うんですけどね、ものすごくおいしく感じました。これが私の欲しかった味やと思ったんですよ。これはたぶん日本のだしの味だろうと。そういう意味では、グルタミン酸ナトリウム、料理にこのうま味が強いことは、たぶん甘みと脂肪とだしの三要素のうち、だしを強化した料理だとは言えると思います。

山本志乃（民俗学）　人類にとっての「甘み」の必要性は生理的なものなのか、嗜好的なものなのか、どちらに近いと思われますか。

岩田　関野さんは砂糖以前の原初的な甘みとして、動物の脂や果実、蜂蜜、炭水化物、乳糖などあげられました。それらを人間は、生物学的に体が欲しているから摂っていたのか、あるいは嗜好品として食べたかったのか。言わば精神的な側面が大きいのでしょうか。

伏木　砂糖はエネルギーのある物質ですが「甘み」は単なるシグナルです。甘みを生理的に欲するのか嗜好品として欲するのか、重要な問題だと思うんですが、明らかに脳が別々の部位で処理しているようです。恒常性維持、つまり生きていくうえで大事な食べ物を食べる、そういう視床下部が行うものは生理的にコントロールしている。エネルギーが足りない、あるいは疲れたから糖を食べようと。ところがそれが度を越すと報酬系という脳の別の部位が働いて、やみつきというか中毒性というか、そういう経路に至ってしまう。おそらく濃度の問題でしょう。つまり、普通の食べ物のなかで穏やかに食べているうちは完全に生理的な欲求で、度を越して甘いものばかり食べていると報酬系に至ってしまう。この二つは両方存在し、人間も動物も同じです。

南　それプラス文化的要素も。ステータスシンボルとか。

伏木　もちろんあると思います。

山本　では、甘いものをどんどん摂っていけば、どんどん欲しくなるように変わるのでしょうか。もともとある嗜好性が、経験によってより強くなると考えてよろしいですか。

岩田　関野さんのお話を聴いていて、自然のなかの果物とか乳糖とか、それらはたぶん生物学的に必要、体が欲するという部分があるのかなとは思ったんです。でも蜂蜜の甘さとか、ちょっとなめたら生物学的欲求をどんどん越えていきそうな気もする。どのへんで越えちゃうのか。甘みというのはちょっと難しいですね。怖いと言っちゃなんですけれど。

甘みの生理学からみえる未来

西澤治彦（文化人類学）　伏木さんは「甘味の生理」に関してさまざまなことを科学的に明らかにされてきたわけですが、こうしたヒトとしての生理学的な「事実」が、今後、日本や世界の食文化の展開にどんな影響を与えていくとお考えですか。B級グルメが大衆受けする理由として、生理学的な要因以外に何かあると思いますか。

伏木　生理的な事実は、いくつかの動物を使ってヒトとの共通点を探すところあたりから行っています。飽食になっていくと、ヒトは甘味に対してそれほど執着しなくなっていくとか。ダイエットしている人は、すぐに甘味が欲しくなるとか。そういういろんなことが実際に起こっているし、マーケティングでもそういう狙いはあるみたいですが。もっと大きな意味で食の文化の展開というと。

西澤　じつは数年来、とてもおいしい普茶料理（中国の精進料理）の店に通っているのですが、そこの御主人がよく「美味は淡にあり」ということを言うんですね。薄味と「淡」とは違うのだと。精進料理なので椎茸のだしとかも出ますが、ある時、吸い物を出されて、だしについてうかがったら、「椎茸は強すぎるからマイタケで出しています」と言われました。言われてみると、これがマイタケのだしなのか、と微妙な味わいが識別できるようになるのですね。それに対して、世の中の食べ物には、「わかりやすいおいしさ」というのがある。B級グルメがまさにそうですね。誰が考えてもマイタケだしの吸い物より、ラーメンとか餃子、ホットドックとかのほうがおいしさはストレートにわかると思う。そうすると、これはグローバリゼーションとかかわってくる問題ですが、文化を超えて世界に広がる料理というのは、いわゆるB級グルメ的なものばかりになってしまうのではないか。鍛錬しないとわからない奥深い味というのは、片隅に追いやられてしまうのではないか。いい悪いは別にして、そういった生理学的な仕組みというのは、今後の世界の食文化を、大きく左右する力があるのではないか、と思うのですが。

伏木　今、日本の食が海外にどんどん進出し、ニューヨークとかでも寿司やラーメン、丼などが一気に広がっていってますよね。で、日本の料理は、結局B級グルメ（寿司はB級グルメといったら失礼だが）的な形で世界に受け入れられていくのか、と考える向きもあります。しかし、日本の料理人さんたちが向こうのレストランへ行くと、やはり高級な店は日本の料理の、日本人が感じるよさもきちんと理解してくれていると。最初は一挙に和食が海外に出ていったためB級グルメ的なとっかかりやすいところから広まっていったけれど、最終的には日本人がよしとしているところを理解してもらえる方向に行きそうだ、という感想をもって帰ってきました。ですから、生理的なものは極端なところですが、その上にある文化の部分もこれからは広まっていくんじゃないかと思いますけれど。

西澤　おそらくアメリカだと、ニューヨークとかカリフォルニアとか都市部に住んでいるコスモポリタンはそうですね。中西部とかだと、日本料理のよさをわかってもらうには、時間がかかると思います。文化の話が出ましたが、本当のおいしい日本料理を食べつづけていけば学習され、微妙な違いがわかってくることもあると思います。要するに、将来的には二極分化していくんじゃないでしょうか。オーセンティックなものの味の違いがわかる人もいてほしいですが、実際には、誰が食べてもうまい、というような味が主流になってしまうんじゃないかという危惧があります。それでいいのかもしれませんけれど。

伏木　数としてそちらが優勢になるのは、たぶんそうなるでしょうね。やはり自分の国の料理、文化に合うようなものにどんどん仕立てあげていくとか。あるいはB級グルメ的な共通点のあるものから拾い上げていくとか。そういうものが先に行くし、たぶん主流になるとは思います。

南　ちょっと話が甘みとは違う方向に行きましたけれども。こういう、将来人類の食文化がどうなっていくのかについて、いかがでしょう。

中嶋　甘み、つまり糖分は人が生きるため、食べるための誘因物質であり、食を構成する基本要素であることはよくわかりました。人類は、その甘み部分を砂糖として抽出する手段を見つけ、食を再構成することに成功し、それが食文化につながったと解釈できるように思いました。

南　「甘み」が、人類の食文化の重要な構成要素ということで、非常に大きな話ですけれど、もうちょっと付け加えていただけますか。

中嶋　味の要素もいろいろあることを紹介いただいたのですが、そういったなかで、砂糖はもっとも純粋に要素を抽出し、操作可能にする手段になっているのかもしれません。それゆえに、それぞれの食文化にある、「甘み」に基づいた料理なりお菓子なりを再構成できるし、別の世界に移していくこともできるという、世界的な意味での食文化、それを再構築するんじゃないかと思ったわけです。

さらに言うなら、そこにはある種要素還元的に料理を見直すような部分があるんじゃないかと感じます。ちょっと脱線しますが、B級グルメは甘みと油とうま味を組み合わせて料理を作っている。その発想のきっかけになったのが甘みかなと。それを突き詰めていくならば、AIを使って新しい料理をどんどん作れるんじゃないか。二、三年前にNHK特集でそういう話を扱っていました。今ほどAIの話は盛りあがっていない頃で、それを見た時非常にビックリした記憶があります。食事はこういう要素から成り立っているよという科学的なベースができてしまえば、その後は発想に囚われないような料理をコンピュータが作れてしまう。それはある意味、食文化への脅威ではないかと思った次第です。

伏木　ひゃっ、AIというところは想像しませんでした。やはり、自由な発想でとんでもないものができてくるというのは、これからどんどん起こりうると思います。そういう最後の、要素に還元してそれを再構成することによって、いろんな機械的な事務的な組み合わせでもって、さまざまなものができてくることはありえると、私も思います。

「甘みの文化」を考える文献

執筆者による推薦・解題により構成（各解題末尾に推薦者名を記す）。
※（　）内は刊行年、サイズ（高さ）、総ページ数。なお、総ページ数のコンマで区切られた数字は別付ノンブル部分。

■青木直己著『図説和菓子の歴史』
筑摩書房　ちくま学芸文庫（2017 : 15cm : 272p）
饅頭、羊羹、カステラ、金平糖などなど、時々の外来文化の影響を受けつつ多種多様に発展してきた和菓子。多数の図版と平易な解説により和菓子の歴史が体系的に学べる入門書。（青木）

■池上俊一著『お菓子でたどるフランス史』
岩波書店　岩波ジュニア新書（2013 : 18cm : 224, 4p）
ジュニア向けではあるが、フランス菓子に特化して書かれたという点で貴重な一冊。コンパクトに、菓子や菓子職人と時代との関連を理解することのできる好著。（橋本）

■伊沢紘生著『新世界ザル―アマゾンの熱帯雨林に野生の生きざまを追う』（上・下）
東京大学出版会（2014 : 20cm : 上 413p : 下 498p）
アフリカの大型類人猿に背を向けて南米の新世界ザル研究に赴き三〇年以上にわたり観察。その学びが、自然界を律する「競争の裏側の論理」と生物種すべてがもつ「種の誇り」だ。そこに行きつく過程を体験記風に記す。（関野）

■石山俊・縄田浩志著『アラブのなりわい生態系2　ナツメヤシ』
臨川書店（2013 : 20 cm : 315, 3p）
『マングローブ』などをとりあげている「アラブのなりわい生態系」シリーズの一冊。ナツメヤシに関するあらゆる事柄を詰めこんだ貴重な本。網羅的な構成なので、食べ物としてのナツメヤシの記述は多くない。（前川）

■磯野真穂著『なぜふつうに食べられないのか―拒食と過食の文化人類学』

春秋社（2015：20cm：284, 15p）

摂食障害について文化人類学の視点で綿密に行った四年間のインタビュー調査により得られた「語り」から食の本質を探った本。とくに過食をする際、菓子パンならできるがキャベツがだめなのは何故かという考察は興味深い。（中澤）

■伊藤汎監修『砂糖の文化誌―日本人と砂糖』

八坂書房（2008：20cm：303p）

農畜産業振興機構の機関誌『砂糖類情報』の一九九九年から二〇〇八年に掲載された砂糖に関する記事をまとめたもので、多角的な視点から日本人と砂糖とのかかわりを論じている。（山辺）

■ウィリアムズ、エリック著（田中浩訳）『帝国主義と知識人―イギリスの歴史家たちと西インド』

岩波書店（1979：19cm：394, 6p）

イギリスの砂糖植民地の一つだったトリニダード・トバゴの首相を務めた著者は、「砂糖あるところ奴隷あり」という言葉を残している。西インドの盛衰とかかわらせて砂糖を議論する本書は、帝国主義批判の書としても興味深い。（井野瀬）

■植村正治著『日本製糖技術史―1700～1900』

清文堂出版（1998：22cm：488p）

江戸期から明治末にかけて、日本における製糖業の技術移転・普及の過程を克明に追った労作。内外の広汎な文献資料を渉猟、高い実証性を有する研究成果となっている。（青木）

■ウォルター、チップ著（長野敬・赤松眞紀訳）『人類進化700万年の物語―私たちだけがなぜ生き残れたのか』

青土社（2014：20cm：282, 24p, 図版 16p）

地球上に最初期のヒトが出現して以来、二七種もの人類が現れては消え、私たち現生人類だけが残った。華奢な身体とひきかえに数々の利点を手に入れた現生人類は苛酷な環境をいかに生き延びたか。七〇〇万年の足跡に新たな光を当てる全人類史。（関野）

■牛嶋英俊著『飴と飴売りの文化史』 弦書房（2009；21cm；183p）
本書は日本古来の菓子である飴を「飴売り」というユニークな文化としてとりあげ、文献史学の限界を民俗学、考古学などの手法で埋めていった菓子研究の画期的な労作である。（八百）

■大森荘蔵著　飯田隆・丹治信春・野家啓一・野矢茂樹編『大森荘蔵セレクション』（平凡社ライブラリー748）　平凡社（2011；16cm；494p）
自分で考えることが大事だとつくづく感じさせられる。外部あるいは他者と自分と世界とのかかわりを再考する時に日本人が立ち戻る思想のひとつ。同じく『田辺元哲学選I　種の論理』（岩波文庫）もまた類と種と個を再考するための手がかりとしたい。（丸井）

■川北稔著『砂糖の世界史』 岩波書店　岩波ジュニア新書（1996；18cm；208p）
世界商品となった砂糖を、世界システム論や歴史人類学の方法を使って考察し、イギリス近代史をわかりやすく平易な文体で読み解く。世界史の教養書としても読みごたえがある。（井野瀬）

■日下部裕子・和田有史編『味わいの認知科学—舌の先から脳の向こうまで』 勁草書房（2011；20cm；230, 35p）
味覚の知覚と認知について、生理学、心理学など幅広い分野から最新の情報を網羅している。味覚受容からおいしさまでの道筋が丁寧に解説されている。（伏木）

■栗原堅三著『味と香りの話』 岩波書店　岩波新書（1998；18cm；249p）
一九九八年当時の最先端の知見に基づき、味覚と嗅覚の神経生理学的メカニズムをわかりやすくまとめた本。ミラクルフルーツが酸っぱいものを甘く感じさせる理由やウイスキーを判別する人工臭いセンサーの開発など面白いエピソードも満載。（中澤）

■Krebs, John 著（伊藤佑子・伊藤俊洋共訳）『食—90億人が食べていくために』 丸善出版（2015；18cm；212p）
人類の進化を基礎にした食の歴史、味覚の成り立ちから食文化の形成、食に潜む数々の危険、近代栄養学の歴史と現代社会が抱える問題、とくに世界的な肥満の増加など、食の来し方行く末と世界規模のパースペクティブを示す本。（中澤）

■佐藤次高著『砂糖のイスラーム生活史』
岩波書店（2008：20cm：241, 58p）
感動的名品である。砂糖を通してイスラームの生活の歴史を眺めるという発想がいい。当然、サトウキビの砂糖の話が中心だが、それ以前の時代の、「甘さとイスラーム世界」の記述もある。（前川）

■鶴見良行・宮内泰介編著『ヤシの実のアジア学』
コモンズ（1996：22cm：349p）
おもに東南アジアのヤシを扱ったもっとも詳しい本。『アラブのなりわい生態系2　ナツメヤシ』と合わせて読むと、アジアのヤシがある程度把握できる。この本の出版時よりも、アブラヤシやココヤシの製品需要がより高まっているので、続編の出版を期待する。（前川）

■日本味と匂学会編『味のなんでも小事典―甘いものはなぜ別腹？―』
講談社　ブルーバックス（2004：18cm：290p）
味覚の周辺について、さまざまな疑問を平易に解説した入門書である。化学、生理学、分子生物学、心理学などの専門家による味覚の事典。（伏木）

■橋本仁・高田明和編『砂糖の科学』（シリーズ〈食品の科学〉）朝倉書店（2006：22cm：232p）
砂糖、糖類について、歴史、種類、製造法、物質としての特性、健康上の問題、甘味料の特徴、食生活などについて、簡潔にまとめている。（山辺）

■ブロン、ジョルジュ／ブロン、ジェルメーヌ著（杉富士雄ほか訳）『フランス料理の歴史―その栄光の軌跡』
三洋出版貿易（1982：22cm：447p）
Bibliothece Gastronomiae 1 Festins de tous les temps の邦訳。調理および製菓の歴史を人類の曙にまでさかのぼり、文化的背景を軸にして、一粒の麦より現代にいたるまでを詳細に解説。（吉田）

■ベイトソン、グレゴリー著（佐藤良明訳）『精神と自然―生きた世界の認識論　改訂版』

新思索社（2001：20cm：325p）

関係とパターンを考えるうえで、規制の枠組みにとらわれない柔軟な思考プロセスには、いつも脱帽である。モノとことを再考していく時に立ち戻りたい本。（丸井）

■マッケイド、ジョン著（中里京子訳）『おいしさの人類史―人類初のひと嚙みから「うまみ革命」まで』

河出書房新社（2016：20cm：279, 22p）

味覚の起源から「うまみ革命」DNAまで。甘味のみならず、味覚のあり方をグローバルな視点から考えている。（山辺）

■ミンツ、シドニー・W著（川北稔・和田光弘訳）『甘さと権力―砂糖が語る近代史』

平凡社（1988：20cm：434p）

砂糖を素材に、人間・社会・モノの相互関係とその変化のなかに、ヨーロッパ近代、とりわけイギリス近代を読み解き、近代世界システムの展開、それを支えた植民地との関係を考えた砂糖研究の名著。（井野瀬）

■宗田哲男著『ケトン体が人類を救う―糖質制限でなぜ健康になるのか』

光文社　光文社新書（2015：18cm：350p）

著者は多くの赤ちゃんや胎児の臍帯血や絨毛のケトン体濃度を多数測定、基準値の二〇～三〇倍になったことで、ヒトが本来ブドウ糖ではなくケトン体をエネルギー源としていたことを暗示する。人類の食を考えるうえで重要な発見だ。（関野）

■モンタニェ、プロスペル著『ラルース料理百科事典』全六巻・別巻

三洋出版貿易（1975-79：27cm：1-6 計 1873p ＋別巻 173p）

世界的に信頼を得ている食の分野におけるフランスの百科事典 Nouveau Larousse gastronomique の邦訳。製菓を含む調理全般を、故事来歴も交えて解説。古今このジャンルのバイブルといわれてきた大書。（吉田）

■八百啓介著『砂糖の通った道――菓子から見た社会史』　弦書房（2011；19cm；195p）
本書は菓子という「主人公」の履歴を聞き取り調査と社会史的手法で掘り起こすことによって、北部九州における菓子文化の先進性と古代以来の外来文化の重層性を関連づけている。（八百）

■山本隆著『脳と味覚―おいしく味わう脳のしくみ』（ブレインサイエンス・シリーズ18）　共立出版（1996；22cm；232p）
味覚から脳へのメカニズムを平易に解説した、もっとも詳しく学術的な本。味覚を理解するための入門から専門家までが利用できる。（伏木）

■吉田菊次郎著『西洋菓子彷徨始末―洋菓子の日本史』　朝文社（1994；20cm；357p）
日本における製菓の歴史書。神代に始まり、唐菓子から和菓子へ、そして南蛮菓子、和蘭菓子、西洋菓子から洋菓子への道のりを、国の歩みに沿った形で物語風に解説。年表付き。増補改訂版が『西洋菓子　日本のあゆみ』（2012）、姉妹編が『西洋菓子　世界のあゆみ』（2013）、ともに朝文社。（吉田）

■Jackson, Mark 著『The History of Medicine』　Oneworld Publications（2014；20cm；256p）
近代西洋医学の歴史はじつは短く直線的である。本書は従来の医の歴史とは異なる視点で書かれていて刺激的。治療と予防について、病気の原因を突き止めることが本当に幸せなことなのか、再考してみてもいいのではないか。（丸井）

あとがき

編者　山辺規子

思い出がある。

私の祖父は、無類の砂糖好きだった。製菓に関係したわけではないが、シュガーロードが通る佐賀県出身だったからかもしれない。同郷者に江崎グリコの創業者江崎利一氏がいる。明治人としては珍しく洋行の経験があり、砂糖の輸入が難しくなることを直感したためか、第二次世界大戦が始まったとたんに、とにかくできるかぎりの砂糖を買いこんだという。しかも、食べるのは祖父だけ。伯父たちも、「砂糖が食べられるのはおじいちゃんだけだった。うらやましかった」とよく思い出話をしていた。伯父たちがそれほど甘党だったとは思えない。食べたいのに食べられない。たぶん、砂糖がそれだけ貴重なものだったのだろう。私が覚えているのは一九六〇年代の最晩年の祖父だが、その祖父が使うテーブルの上には、祖父専用の砂糖壺が置いてあり、どんなものにもよく砂糖をかけていた。そして、痩身のまま、九〇歳近くの天寿を全うした。

私が結婚した相手の実家は、洋菓子屋だった。祖父が田舎から大阪に出てきて菓子の修業をし、洋菓子を作ることになったとのこと。家に漂う甘い香り。食べていなくても、おなかがいっぱいになる。家族の話に、自然に新しい菓子や菓子屋のあり方が出てくる。残念ながら店を閉めてからかなりの年月が過ぎているが、「やっぱりうちの菓子が一番おいしいなぁ」と言いながら、みんなでケーキを食べた思い出は心に残っている。

食の文化フォーラムで、これまでとりあげていてもおかしくないのにとりあげられていない「甘味」あるいは「菓子」をとりあげてみたいが、そのコーディネーターをやってくれという話が出た時に、私の頭によぎったのは、このような思い出だった。

正直言って、私は「甘味」の専門家でもなく、「菓子」の専門家でもない。これでコーディネーターという重要な役割を果たすことができるのか。その時までにかかわったことがある「甘味」といえば、大学で大学院生たちが「お菓子をテーマにして歴史的に考えてみたい」と言ってきたため、奈良に関係する菓子について勉強する場をもち、実際に幻の甘味料といわれる甘葛煎《あまずらせん》を復元する作業にも加わったぐらいである。じつに頼りない。

しかしながら、この話があった時期は、食の文化フォーラムに参加してからそれなりに時間がたち、さらに企画委員会にも名を連ねるようになったところで、自分ができることは何だろうかと考えた時期でもあった。お酒の飲めない私は、酒を酌み交わしながら自由闊達な議論を繰り広げる古典古代のシュンポジオン（シンポジウム）の担い手にはなれない。でも、コーヒーやお茶と一緒においしいお菓子を食べながら、あるいは甘みのある料理を食べながら楽しく話をする世界なら身の置き所がありそうだ。このテーマであれば、自分として何かができるかもしれない。自分のなかの思い出に向き合いながら、何か因縁めいたものを感じて、コーディネーター役を引き受けた。そして、いろいろ考えた末に、「甘みの文化」をテーマとした。

実際には、準備に向けた作業を始めた時にも、フォーラムでコメントをする時も議論の統括をする時にも、力不足を痛感した。いろいろな本やデータに目を通しながら、どうしたらまとめられるのだろうと思うことしきり。フォーラムが終わってから、本書をまとめるにあたって、何かヒントを得られるのではないかと、二〇一七年春に伊勢で開催された菓子博覧会にも足を伸ばした。そこでは、日本人パティシエの手になるピエス・モンテと伝統和菓子が作り出す芸術の世界、列をつくって全国銘菓を買い求める人びとの姿が目に焼きついた。こんな「お菓子の現在」につながることを示すことができているだろうか。せっかく面白くてすばらしい論題をとりあげていながら、それが生かせていないとすれば、それは編者である私の責任だと改めて思い知らされた。

それでも、食の文化フォーラム「甘みの文化」がなんとかその成果を誇ることができる形になったのは、フォーラムの運営に尽力してくださっている公益財団法人味の素食の文化センター、総合司会を務めてくださった企画委員長の南直人さんをはじめ、多くの方々のおかげである。このフォーラムは、自然科学、社会科学、人文科学のさまざまな分野の研究者、ジャーナリスト、あるいは実践の場で食とかかわる方、そして毎年のテーマに関係するスペシャリストが参加している。報告者の多様性は特筆すべきものである。そして、その報告について、繰り広げられる議論がじつに豊かですごい。毎年のあとがきで多くの方が語っているように、総合討論でそのすべてを紹介できないのが残念である。このような討論ができるのは、長年にわたって、自由にして幅広い討論の場とするために、このフォーラムを大事にしてきた方々の努力の賜物であり、フォーラムに参加してくださった皆さんの協力があってのことである。すばらしい仲間に恵まれたことを感謝したい。

この食の文化フォーラム「甘みの文化」をもって、ずっとフォーラムを支えてきてくださった財団の山中フサ子さんが卒業された。この「甘みの文化」については、テーマが決まってから、フォーラムを進めるにあたっても、山中さんにはいろいろご配慮いただいた。フォーラムを続けられるのは、味の素食の文化センターがこのフォーラムの運営にあたってくださっているからにほかならないが、そのなかでも山中さんが果たしてくださった役割は大きかったと思う。改めて、御礼申しあげたい。

そして、この本を形にするのにあたって、誰よりも力を尽くしてくださったのが編集にあたってくださった夏目恵子さん。さまざまな課題に対処できたのも、夏目さんあってのことであった。どういう言葉でお礼を申しあげたらよいかわからない。すばらしい編集者とともに本を世に送り出すことができるのは、編者として幸せである。この本の編者を務めることができたことは、私にとって新たなマイ・スイート・メモリーとなった。

この本を手にとってくださった方も含めて、すべての関係される皆様に感謝を。

二〇一六年度食の文化フォーラム「甘みの文化」開催記録

第三五年度「甘みの文化」主催者挨拶（要旨）―二〇一七年三月四日開催時―

公益財団法人 味の素食の文化センター理事長　伊藤雅俊

理事長の伊藤でございます。第三回のセッションの開催にあたりまして、ご挨拶を申し上げます。

本年度のフォーラムは、「甘みの文化」ですけれども、すでに、これまで「甘みへのあこがれ」、そして「甘みの深化」について、ご講演や討論を繰り広げていただき、今回はその締めくくりのセッションとなりました。今回、私は「甘みの文化」で、こんなに幅の広い、議論ができるのかということに改めて、驚いています。それぞれ多種多様な専門家であるフォーラムの会員の皆様方が、オープンにと言いますか、とってもヘビーに、意見交換されて、多様さを許容して飲みこみ、言いたいことは言う。私は、「食の文化フォーラム」ならではの文化を、再認識しています。

本日は、三回目のセッション「甘みの魔力」ですが、先ほど伏木先生、丸井先生ともお話ししましたが、英語の「スイート」には、味覚の甘い、という以外に、優しいとか、好感がもてるとか、愛らしいとか、まさにスイートだと。味以外に広く、よい意味として、好まれて使われているのですが、日本語の「甘い」は、味以外に、厳しい言葉として使われています。ピントが甘い、女性に甘いとか、仕事に甘いとか。我々は、甘いを何故か、思慮不足とか軟弱などの言葉として使います。甘いを、塩辛い使い方をするのは何故でしょうか？　日本人の甘みの歴史や文化に、理由があるのかもしれないと思います。

今日のフォーラムは「甘みの魔力」、愛らしいという魔力ではありません。様々な角度からの甘みの新たな視点や、その未来の方向など、幅広いご議論の展開を楽しみにさせていただきます。

本日はどうもありがとうございます。

二〇一六年六月四日（第一回）「甘みへのあこがれ」

午前10時　開　会
10時5分　オリエンテーション　事務局
10時15分　主旨説明　コーディネーター　山辺　規子
10時30分　「甘みの発見」　関野　吉晴
11時30分　「アジアの甘さ」　前川　健一
（昼食）
午後1時30分　「甘党化するイギリス近代とその顚末——砂糖の世界史」　井野瀬久美惠
（コーヒーブレイク）
3時　ミニプログラム
3時30分　全体討論　総合司会　南　直人　コーディネーター　山辺　規子
6時～8時　懇親会

（出席者）34名

言語・文学・思想
阿良田麻里子　東京工業大学
佐伯　順子　同志社大学大学院

歴史・考古
南　直人　京都橘大学
山辺　規子　奈良女子大学

社会・経済
小林　哲　大阪市立大学
中嶋　康博　東京大学大学院

人類学
落合　雪野　龍谷大学
野林　厚志　国立民族学博物館
守屋亜記子　女子栄養大学
山田　仁史　東北大学大学院

民俗学
印南　敏秀　愛知大学
山本　志乃　旅の文化研究所

生活学　藤本　憲一　武庫川女子大学
　　　　半田　章二　㈱シィー・ディー・アイ
　　　　村瀬　敬子　佛教大学
農林・畜産・水産　江頭　宏昌　山形大学
　　　　佐藤洋一郎　人間文化研究機構
　　　　石井　智美　酪農学園大学
動物学　上野　吉一　名古屋市東山動植物園
食品・加工・調理　飯野　久和　昭和女子大学大学院
　　　　中澤　弥子　長野県短期大学
　　　　早川　文代　食品総合研究所
　　　　川崎　寛也　味の素㈱イノベーション研究所
栄養・生理　伏木　亨　龍谷大学
ジャーナリズム　岩田　三代　ジャーナリスト
　　　　前川　健一　ライター
　　　　森枝　卓士　フォト・ジャーナリスト
ゲストスピーカー　関野　吉晴　武蔵野美術大学
　　　　井野瀬久美恵　甲南大学
　　　　青木　直己　元虎屋文庫
　　　　吉田菊次郎　㈱ブールミッシュ
　　　　丸井　英二　人間総合科学大学
特別会員　八百　啓介　北九州市立大学
　　　　橋本　周子　滋賀県立大学

二〇一六年一〇月一日（第二回）「甘みの深化」

午前10時　開　会
　10時5分　オリエンテーション　事務局
　10時15分　主旨説明　コーディネーター　山辺　規子
　10時30分　「和菓子の歴史と甘味――独占から普遍へ（前近代を中心に）」　青木　直己
　11時30分　「西洋のお菓子」　吉田菊次郎
　（昼食）
午後1時30分　「調理と甘み」　中澤　弥子

（コーヒーブレイク）

3時　ミニプログラム

3時30分　全体討論

6時～8時　懇親会

（出席者）29名

言語・文化・思想	阿良田麻里子	東京工業大学
	石井　正己	東京学芸大学
	佐伯　順子	同志社大学大学院
	南　直人	京都橘大学
歴史・考古	山辺　規子	奈良女子大学
社会・経済	小林　哲	大阪市立大学
	中嶋　康博	東京大学大学院
人類学	落合　雪野	龍谷大学
	西澤　治彦	武蔵大学
	野林　厚志	国立民族学博物館
	守屋亜記子	女子栄養大学
	山田　仁史	東北大学大学院
生活学	半田　章二	㈱シー・ディー・アイ
	藤本　憲一	武庫川女子大学
	村瀬　敬子	佛教大学

総合司会　南　直人

コーディネーター　山辺　規子

農林・畜産・水産	江頭　宏昌	山形大学
	佐藤洋一郎	人間文化研究機構
	石井　智美	酪農学園大学
動物学	上野　吉一	名古屋市東山動植物園
食品・加工・調理	川崎　寛也	味の素㈱イノベーション研究所
	中澤　弥子	長野県短期大学
	早川　文代	農研機構食品研究部門
医学	松村　康弘	文教大学
ジャーナリズム	岩田　三代	ジャーナリスト
	前川　健一	ライター
	森枝　卓士	フォト・ジャーナリスト
ゲストスピーカー	井野瀬久美惠	甲南大学
	青木　直己	元虎屋文庫
	吉田菊次郎	㈱ブールミッシュ

二〇一七年三月四日（第三回）「甘みの魔力」

午前10時　開　会

10時5分　オリエンテーション　事務局

10時10分　主旨説明　コーディネーター　山辺　規子

10時30分「甘味の生理学」　伏木　亨

11時30分「甘みの光と影」　丸井　英二

（昼食）

午後1時30分　総括講演「甘みの文化」　山辺　規子

（コーヒーブレイク）

3時10分　ミニ講座

3時30分　全体討論　総合司会　南　直人　コーディネーター　山辺　規子

6時～8時　懇親会

（出席者）30名

言語・文化・思想　佐伯　順子　同志社大学大学院　落合　雪野　龍谷大学

歴史・考古　南　直人　京都橘大学　西澤　治彦　武蔵大学

山辺　規子　奈良女子大学　山田　仁史　東北大学大学院

社会・経済　小林　哲　大阪市立大学　生活学　半田　章二　㈱シー・ディー・アイ

中嶋　康博　東京大学大学院　藤本　憲一　武庫川女子大学

人類学　梅﨑　昌裕　東京大学大学院　村瀬　敬子　佛教大学

農林・畜産・水産　江頭　宏昌　山形大学
　　　　　　　　　石井　智美　酪農学園大学
動物学　　　　　　上野　吉一　名古屋市東山動植物園
食品・加工・調理　川崎　寛也　味の素㈱イノベーション研究所
　　　　　　　　　中澤　弥子　長野県短期大学
　　　　　　　　　早川　文代　農研機構食品研究部門
栄養・生理　　　　伏木　亨　龍谷大学
医学　　　　　　　松村　康弘　文教大学
ジャーナリズム　　岩田　三代　ジャーナリスト
　　　　　　　　　前川　健一　ライター
　　　　　　　　　森枝　卓士　フォト・ジャーナリスト
ゲストスピーカー　関野　吉晴　武蔵野美術大学
　　　　　　　　　井野瀬久美惠　甲南大学
　　　　　　　　　青木　直己　元虎屋文庫
　　　　　　　　　吉田菊次郎　㈱ブールミッシュ
　　　　　　　　　丸井　英二　人間総合科学大学
特別会員　　　　　八百　啓介　北九州市立大学
　　　　　　　　　橋本　周子　滋賀県立大学

執筆者紹介（五十音順）

青木直己（あおき・なおみ）

一九五四年生まれ。立正大学大学院博士後期課程修了。立正大学文学部助手などを経て、一九八九年株式会社虎屋入社、虎屋文庫研究主幹として和菓子に関する調査・研究に従事。二〇一三年同社退職。現在、東京学芸大学などで講師をするほか、時代劇ドラマなどの考証を行う。専門分野は食文化史、日本近世史。主な著書に、『図説和菓子の歴史』など。

井野瀬久美惠（いのせ・くみえ）

一九五八年生まれ。京都大学大学院文学研究科博士課程修了。博士（文学）。追手門学院大学文学部専任講師、甲南大学文学部助教授を経て、現在、甲南大学文学部教授。専門分野はイギリス近現代史、大英帝国史、ジェンダー史。主な著書に、『植民地経験のゆくえ』『大英帝国という経験』（以上単著）、『イギリス文化史』（編著）など。

関野吉晴（せきの・よしはる）

一九四九年生まれ。一橋大学法学部、横浜市立大学医学部卒業。一橋大学在学中に探検部を創設しアマゾン川全域を踏査。その後、中南米への旅を重ね、九三年より、アフリカ大陸から南米まで人類が四〇〇万年かけて移動した「グレートジャーニー」を逆にたどる旅に出、二〇〇二年タンザニア、ラエトリにゴール。〇四年七月から新グレートジャーニー「日本人の来た道」をスタートさせた。現在、武蔵野美術大学教授（文化人類学）。著書に、『グレートジャーニー全記録Ⅰ　移動編　我々は何処から来たのか』『グレートジャーニー全記録Ⅱ　寄道編　我々は何処に行くのか』、写真集『南米大陸』ほか。

中澤弥子（なかざわ・ひろこ）

一九六四年生まれ。東京大学大学院医学系研究科博士課程修了。博士（保健学）。現在、長野県短期大学生活科学科教授。専門分野は調理科学、食育。主な著書に、『食材と調理（和食文化ブックレット６）』『日本の食文化 新版「和食」の継承と食育』（ともに共著）など。

橋本周子（はしもと・ちかこ）

一九八二年生まれ。京都大学大学院人間・環境学研究科博士後期課程修了。博士（人間・環境学）。専門分野は食の思想史、文化史。現在、滋賀県立大学人間文化学部助教。主な著書に、『美食家の誕生――グリモと〈食〉のフランス革命』（第三一回渋沢・クローデル賞ルイ・ヴィトン・ジャパン特別賞受賞）。

伏木　亨（ふしき・とおる）

一九五三年生まれ。京都大学大学院博士課程修了。農学博士。京都大学大学院農学研究科教授を経て、現在、龍谷大学農学部食品栄養学科教授・食の嗜好研究センター長。専門分野は農芸化学、栄養科学。主な著書に、『コクと旨味の秘密』『人間は脳で食べている』『おいしさを科学する』『味覚と嗜好のサイエンス』など。

前川健一（まえかわ・けんいち）
一九五二年生まれ。ライター。立教大学観光学部兼任講師（トラベル・ジャーナリズム論）。食文化のほか、旅行史、交通史など興味は多岐にわたる。主な著書に、『東南アジアの日常茶飯』『タイの日常茶飯』『バンコクの好奇心』『異国憧憬——戦後海外旅行外史』『東南アジアの三輪車』など。

丸井英二（まるい・えいじ）
一九四八年生まれ。東京大学大学院医学系研究科博士課程修了。保健学博士。東京大学教授、国立国際医療センター研究所部長、順天堂大学医学部公衆衛生学教室教授を経て、現在、人間総合科学大学人間科学部教授。専門分野は疫学、公衆衛生学、国際保健学、健康の社会史。主な著書に、『飢餓』『改訂6版 新簡明衛生公衆衛生』『疫学／保健統計』（ともに編著）、『国際保健・国際看護』（共編）など。

南　直人（みなみ・なおと）
一九五七年生まれ。京都大学文学部卒業。大阪大学大学院文学研究科修士課程修了。博士（文学）。現在、京都橘大学文学部教授。専門分野は西洋史学、食文化研究。主な著書に、『ヨーロッパの舌はどう変わったか——十九世紀食卓革命』『世界の食文化18　ドイツ』（ともに単著）、『新・食文化入門』（共編著）『〈世界〉食事の歴史——先史から現代まで』（共監訳）など。

八百啓介（やお・けいすけ）
一九五八年生まれ。九州大学大学院文学研究科博士後期課程単位取得退学。文学博士。現在、北九州市立大学文学部教授。専門分野は近世日本の生活文化、文化交流史。主な著書に、『近世オランダ貿易と鎖国』『砂糖の通った道——菓子から見た社会史』など。

山辺規子（やまべ・のりこ）
一九五六年生まれ。京都大学大学院文学研究科博士（後期）課程単位取得退学。京都橘女子大学（現・京都橘大学）文学部講師、助教授を経て、現在、奈良女子大学研究院人文科学系教授。専門分野は西洋史学・食文化研究。主な著書に、『大学で学ぶ西洋史——古代・中世編』『イタリア都市社会史入門』『地中海ヨーロッパ』（ともに共編著）、『伝統食の未来』（分担執筆）、共訳書として『ヨーロッパの食文化』『〈世界〉食事の歴史——先史から現代まで』など。

吉田菊次郎（よしだ・きくじろう）
一九四四年生まれ。明治大学商学部産業経営学科卒業。スイス・バーゼル市・コバ国際製菓学校卒業。現在、（株）ブールミッシュ代表取締役社長、大手前大学客員教授、全日本洋菓子工業会常任理事、日本アイスクリーム協会理事、日本食生活文化財団評議員、フランス料理アカデミー・フランス本部会員、厚生労働省による「若者の人間力を高めるための国民会議」「職場のいじめ、嫌がらせ問題に関する円卓会議」各委員、俳号・南舟子。専門分野は菓子を中心とした食文化。主な著書に、『あめ細工』『パティスリー』『西洋菓子　世界のあゆみ』『デパートB1物語』『洋菓子百科事典』『左見右見』など。

食の文化フォーラム 35
甘みの文化

2017 年 10 月 5 日　第 1 刷発行
定価　本体 2500 円 + 税
編　者　山辺規子
企　画　公益財団法人 味の素食の文化センター
発行者　佐久間光恵
発行所　株式会社 ドメス出版
東京都文京区白山 3-2-4　〒 112-0001
振替　00180-2-48766
電話　03-3811-5615
FAX　03-3811-5635
http://www.domesu.co.jp/
印刷所　株式会社 教文堂
製本所　株式会社 明光社

乱丁・落丁の場合はおとりかえいたします

ISBN 978-4-8107-0836-3　C0036

◉食の文化フォーラム◉

◆第一期フォーラム

1 食のことば　柴田　武・石毛直道編
2 日本の風土と食　田村眞八郎・石毛直道編
3 調理の文化　杉田浩一・石毛直道編
4 醱酵と食の文化　小崎道雄・石毛直道編
5 食とからだ　豊川裕之・石毛直道編
6 外来の食の文化　熊倉功夫・石毛直道編
7 家庭の食事空間　山口昌伴・石毛直道編＊
8 食事作法の思想　井上忠司・石毛直道編＊
9 食の美学　熊倉功夫・石毛直道編
10 食の思想　熊倉功夫・石毛直道編
11 外食の文化　田村眞八郎・石毛直道編
12 国際化時代の食　田村眞八郎・石毛直道編
13 都市化と食　高田公理・石毛直道編
14 日本の食・１００年〈のむ〉　熊倉功夫・石毛直道編
15 日本の食・１００年〈つくる〉　杉田浩一・石毛直道編
16 日本の食・１００年〈たべる〉　田村眞八郎・石毛直道編

◆第二期フォーラム

17 飢　餓　丸井英二編○
18 食とジェンダー　竹井恵美子編○
19 食と教育　江原絢子編○
20 旅と食　神崎宣武編○
21 食と大地　原田信男編○
22 料理屋のコスモロジー　高田公理編○
23 食と科学技術　舛重正一編○
24 味覚と嗜好　伏木　亨編○
25 食を育む水　疋田正博編○
26 米と魚　佐藤洋一郎編○
27 伝統食の未来　岩田三代編○
28 「医食同源」―食とからだ・こころ　津金昌一郎編○

◆第三期フォーラム

29 食の経済　中嶋康博編☆
30 火と食　朝倉敏夫編☆
31 料理すること―その変容と社会性　森枝卓士編☆
32 宗教と食　南　直人編☆
33 野生から家畜へ　松井　章編☆
34 人間と作物―採集から栽培へ　江頭宏昌編☆

無印2300円　＊印2000円　☆印2500円　○印2800円（表示金額は本体価格）